westermann

Alfons Axmann, Manfred Scherer



# Betrifft Sozialkunde/Wirtschaftslehre

Lernbaustein 1

1. Auflage

Bestellnummer 02766

Die in diesem Produkt gemachten Angaben zu Unternehmen (Namen, Internet- und E-Mail-Adressen, Handelsregistereintragungen, Bankverbindungen, Steuer-, Telefon- und Faxnummern und alle weiteren Angaben) sind i. d. R. fiktiv, d. h., sie stehen in keinem Zusammenhang mit einem real existierenden Unternehmen in der dargestellten oder einer ähnlichen Form. Dies gilt auch für alle Kunden, Lieferanten und sonstigen Geschäftspartner der Unternehmen wie z. B. Kreditinstitute, Versicherungsunternehmen und andere Dienstleistungsunternehmen. Ausschließlich zum Zwecke der Authentizität werden die Namen real existierender Unternehmen und z. B. im Fall von Kreditinstituten auch deren IBANs und BICs verwendet.

Die in diesem Werk aufgeführten Internetadressen sind auf dem Stand zum Zeitpunkt der Drucklegung. Die ständige Aktualität der Adressen kann vonseiten des Verlages nicht gewährleistet werden. Darüber hinaus übernimmt der Verlag keine Verantwortung für die Inhalte dieser Seiten.

BiBox westermann

inkl. E-Book

Dieses Lehrwerk ist auch als BiBox erhältlich. In unserem Webshop unter www.westermann.de finden Sie hierzu unter der Bestellnummer des Ihnen vorliegenden Bandes weiterführende Informationen zum passenden digitalen Schulbuch.

**service@westermann.de**
**www.westermann.de**

Bildungsverlag EINS GmbH
Ettore-Bugatti-Straße 6-14, 51149 Köln

ISBN 978-3-427-**02766**-9

westermann GRUPPE

Vorwort ... 5

## Lernbaustein 1
## Arbeitswelt, Wirtschaft und Gesellschaft

1 Grundlagen des Ausbildungs- und Arbeitsverhältnisses ... 8
1.1 Berufsausbildung als Investition ... 8
1.2 Das duale System der Berufsausbildung ... 10
1.3 Der Arbeitsvertrag ... 14

2 Schutz am Arbeitsplatz ... 17
2.1 Arbeitsschutz gestern und heute ... 17
2.2 Jugendarbeitsschutz ... 20
2.3 Das Arbeitszeitgesetz ... 23
2.4 Kündigungsschutz ... 24
2.5 Mutterschutz ... 27
2.6 Schwerbehindertenschutz ... 29
2.7 Humanisierung der Arbeit ... 31
2.8 Technischer Arbeitsschutz ... 33

3 Der Betrieb als soziales System ... 39
3.1 Der Betrieb als soziale Organisation ... 39
3.2 Soziale Beziehungen am Arbeitsplatz ... 41
3.3 Spannungen und Konflikte ... 44
3.4 Arbeitsgerichtsbarkeit ... 47
3.5 Das Betriebsverfassungsgesetz ... 49
3.6 Der Betriebsrat als Interessenvertretung ... 51
3.7 Die Jugend- und Auszubildendenvertretung ... 55
3.8 Wahlen zum Betriebsrat ... 56
3.9 Mitbestimmung auf Unternehmensebene ... 57
3.10 Sozialpartner im Wirtschafts- und Arbeitsleben ... 60
3.11 Tarifverträge ... 62
3.12 Arbeitskampf ... 64

4 Grundlagen des Vertragswesens ... 68
4.1 Rechts- und Geschäftsfähigkeit ... 68
4.2 Abschluss des Kaufvertrages (Verbrauchervertrag) ... 73
4.3 Lieferungsbedingungen ... 77
4.4 Zahlungsbedingungen ... 79
4.5 Allgemeine Geschäftsbedingungen ... 81
4.6 Erfüllung des Kaufvertrages ... 83
4.7 Schlechtleistung (mangelhafte Lieferung) ... 85
4.8 Nicht-rechtzeitig-Lieferung (Lieferungsverzug) ... 88
4.9 Gläubigerverzug (Annahmeverzug) ... 91
4.10 Nicht-rechtzeitig-Zahlung (Zahlungsverzug) ... 92
4.11 Verjährung von Forderungen ... 96
4.12 Ratenkauf (Teilzahlungsgeschäft) ... 98
4.13 Mietvertrag ... 100
4.14 Einkaufen im Internet ... 104
4.15 Dienstvertrag, Werkvertrag und Werklieferungsvertrag ... 106
4.16 Leasingvertrag ... 108

5 Zahlungsverkehr ... 111
5.1 Zahlungsarten ... 112
5.2 Zahlungsmöglichkeiten ... 113

6 Wirtschaftsbürger und volkswirtschaftliche Grundlagen ... 120
6.1 Bedürfnisse, Bedarf und Güter ... 122
6.2 Sharing-Economy: Teilen, Tauschen und Verleihen ... 125
6.3 Einflüsse auf die Entscheidungen von Konsumenten ... 127
6.4 Sparen und Konsumieren ... 129
6.5 Anlageformen und Vermögensbildung ... 131
6.6 Kredite ... 134
6.7 Überschuldung und Verbraucherinsolvenz ... 136
6.8 Produktionsfaktoren ... 139
6.9 Ökonomisches Prinzip ... 141
6.10 Der Wirtschaftskreislauf ... 143
6.11 Währung ... 145

7 Das Unternehmen im Wirtschaftsprozess ... 149
7.1 Wirtschaftsbereiche und Wertschöpfungskette ... 149
7.2 Aufbau eines Betriebes ... 151
7.3 Betriebliche Grundfunktionen ... 155
7.4 Beschaffung ... 156
7.4.1 Personalbeschaffung ... 157
7.4.2 Kapitalbeschaffung ... 158
7.4.3 Materialbeschaffung und Lagerhaltung ... 159
7.5 Produktion ... 160
7.6 Absatz ... 162
7.7 Unternehmensziele ... 166
7.8 Betriebliche Kennziffern ... 168

8 Gründung und Rechtsformen von Unternehmen ... 171
8.1 Die Bedeutung von Existenzgründungen ... 171
8.2 Voraussetzungen für die Unternehmensgründung ... 172
8.3 Wege in die Selbstständigkeit ... 173
8.4 Fördermittel und Anmeldung ... 175
8.5 Rechtsformen von Unternehmen ... 177
8.5.1 Die Einzelunternehmung ... 178
8.5.2 Personengesellschaften ... 179
8.5.3 Kapitalgesellschaften ... 182
8.6 Unternehmenszusammenschlüsse ... 186
8.7 Unternehmensinsolvenz ... 189

Sachwortverzeichnis ... 192

Bildquellenverzeichnis ... 194

# Vorwort

Liebe Schülerinnen und Schüler,

täglich übermitteln uns die Medien die aktuellen Nachrichten aus Deutschland und der ganzen Welt. Hinter Schlagworten wie Arbeitslosigkeit, Eurokrise, Globalisierung, Klimakatastrophe, Terrorismus usw. verbergen sich wirtschaftliche und politische Entscheidungen, Prozesse und Probleme, die jeden von uns betreffen.

Unsere Demokratie braucht aktive Bürgerinnen und Bürger, die sich mit aktuellen Themen auseinandersetzen, sich in die Politik einmischen und den eigenen Standpunkt vertreten. Ein sinnvolles und verantwortungsbewusstes Verhalten setzt voraus, dass wir die wirtschaftlichen und politischen Zusammenhänge und Sachverhalte kennen, verstehen und beurteilen können.

**„Betrifft Sozialkunde/Wirtschaftslehre“** will dazu einen Beitrag leisten. Autoren und Verlag haben ein Lehr- und Arbeitsbuch entwickelt, das sowohl gemeinsames Lernen im Unterricht als auch selbstorganisiertes Lernen ermöglicht. Das Buch eignet sich im besonderen Maße auch für die Prüfungsvorbereitung.

Das Lehr- und Arbeitsbuch umfasst den **Lernbaustein 1**, der vom Lehrplan Sozialkunde/Wirtschaftslehre für Rheinland-Pfalz vorgegeben ist. Der Lernbaustein ist in mehrere Lernbereiche oder Kapitel gegliedert. Jedes Kapitel beginnt mit einem interessanten Einstieg plus Erschließungsfragen zu der nachfolgenden Thematik. Informationstexte vermitteln die notwendigen Kenntnisse und werden durch grafische Darstellungen, Statistiken, Fotos, Karikaturen und Quellentexte ergänzt. Die zahlreichen Erarbeitungsfragen zu den Materialien und dem Informationstext bilden die Grundlage für einen lebendigen Unterricht.

Am Ende jedes Lernbereichs – bzw. bei sehr großen Lernbereichen am Ende jedes größeren thematischen Abschnitts – gibt es einen grafisch besonders hervorgehobenen Block:

- **Wiederholungsaufgaben** prüfen das erworbene Wissen noch einmal strukturiert.
- **Handlungsimpulse** bieten Ideen und Vorschläge für Projekte und handlungsorientierte Aufgabenstellungen.

Eine kleine Aufgabenlegende:

**Einstiegs- und Erarbeitungsfragen zu bestimmten Materialien sind in violetter Farbe gekennzeichnet.**

**Erarbeitungsfragen zum gesamten Kapitel sind mit diesem Symbol gekennzeichnet.**

Wir wünschen Ihnen bei der Arbeit mit „Betrifft Sozialkunde/Wirtschaftslehre“ viel Spaß und Erfolg. Kritik und Anregungen nehmen wir gerne entgegen.

Die Verfasser und die Verlagsredaktion

# Arbeitswelt, Wirtschaft und Gesellschaft

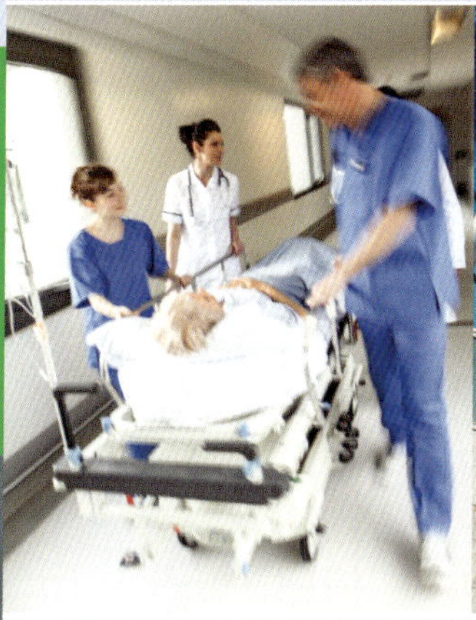

# 1 Grundlagen des Ausbildungs- und Arbeitsverhältnisses

## 1.1 Berufsausbildung als Investition

Sabine wird im Sommer ihre Schulausbildung abschließen. Im Berufsorientierungsunterricht und im Betriebspraktikum hat sie festgestellt, dass sie sich für Technik begeistern kann. Sabine sucht deshalb eine Ausbildungsstelle in einem technischen Beruf und entdeckt folgende Anzeige:

**Ausbildung bei Breitbach-Lima AG**
*– eine Investition in die Zukunft.*

Eine qualifizierte Berufsausbildung ist heute wichtiger denn je. Wir haben darin Erfahrung. Auszubildende werden ständig in unserem Werk von erfahrenen Ausbildern betreut.

Zum 1. September suchen wir

**Auszubildende**

als
- Industriemechaniker/-in (Fachrichtung Betriebstechnik)
- Elektroniker/-in für Betriebstechnik

Bei mittlerer Reife oder gutem Hauptschulabschluss haben Sie die Möglichkeit, in unser lernzielorientiertes Ausbildungsprogramm einzusteigen. Modernste Hydraulik, Pneumatik und elektronische Steuerungstechnik erwarten Sie. Außerdem wird die Ausbildung durch Werksunterricht und zentrale Lehrgänge begleitet.

Moderne Fertigungsverfahren bieten später vielfältige Möglichkeiten der beruflichen Entfaltung und Weiterbildung zur produktionsorientierten Führungskraft. Das sind Ausbildungsmöglichkeiten und Sozialleistungen, die nur ein großes Unternehmen bieten kann. Bitte senden Sie Ihre Bewerbungsunterlagen mit Angabe Ihres Berufswunsches an uns.

1. **Wieso ist eine Berufsausbildung „eine Investition in die Zukunft“?**
2. **Welche Gründe sprechen dafür, dass sich Sabine bei dem Unternehmen bewerben soll?**

Wie Sabine steht jeder Jugendliche am Ende seiner Schulzeit vor der wichtigen Frage, ob er eine qualifizierte Berufsausbildung – und damit ein **Ausbildungsverhältnis** – beginnen soll.

Wie in einem dichten Wegenetz gibt es verschiedene Möglichkeiten, ein Berufsziel zu erreichen: ein schulischer Berufsabschluss, eine duale Ausbildung oder ein Studium. Die meisten Wege sind miteinander verbunden. So ist es z. B. möglich, eine Ausbildung mit einem Studium zu kombinieren. Die Entscheidung für den Weg über eine duale Ausbildung ist keine Sackgasse, sondern bietet viele Möglichkeiten zur beruflichen Weiterqualifizierung.

## Eine gute Ausbildung ist wichtig

Zu den Faktoren, die die Verdienstmöglichkeiten bestimmen, zählen allen voran die Ausbildung und der Beruf. Dass sich Investitionen in Schule und Ausbildung lohnen, zeigt sich an den signifikanten Unterschieden in der Höhe der Verdienste zwischen den einzelnen Ausbildungsgruppen. Während Akademiker im Jahr 2015 mit 6497 € brutto an der Spitze der Einkommensskala lagen, kamen Vollzeitbeschäftigte ohne Berufsausbildung und einem Schulabschluss unterhalb des Abiturs lediglich auf einen Durchschnittsbetrag von 2030 €. In der größten Arbeitnehmergruppe der Personen mit einem Schulabschluss unterhalb des Abiturs und einer abgeschlossenen Berufsausbildung betrug das Durchschnittseinkommen 2945 €.

*Autorentext*

Der hohe Anteil an Auszubildenden lässt sich u. a. durch folgende Überlegungen erklären:

- Die **Facharbeiterausbildung** bietet eine sichere Grundlage (Schlüsselqualifikation) für das gesamte Arbeitsleben.
- **Berufliche Aufstiegsmöglichkeiten** sind ohne Ausbildung kaum möglich.
- Die **berufliche Mobilität,** z. B. ein Arbeitsplatzwechsel, ist größer.
- Das **Arbeitsplatzrisiko** ist geringer, längerfristige Arbeitlosigkeit seltener.

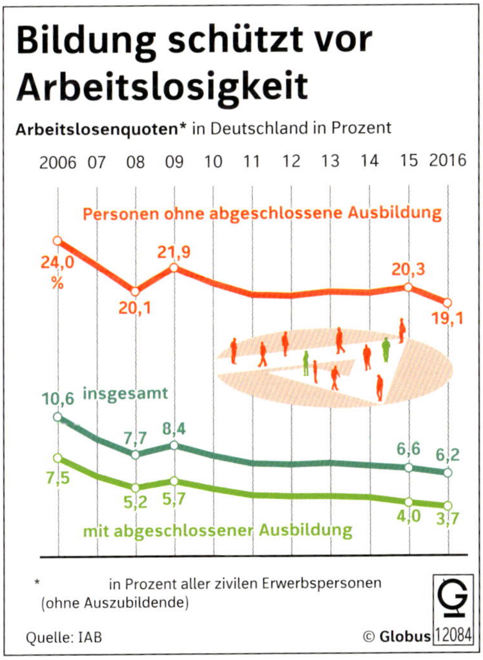


1. **„Lehrjahre sind keine Herrenjahre."**
   **Finden Sie diese Aussage zutreffend? Begründen Sie Ihre Meinung.**
2. **Wie lässt sich erklären, dass die Arbeitslosigkeit bei Menschen ohne Berufsausbildung wesentlich höher ist als bei Menschen mit einer beruflichen Ausbildung.**

# 1.2 Das duale System der Berufsausbildung

## Berufsausbildungsvertrag

(§§ 10, 11 Berufsbildungsgesetz – BBiG)

**Zwischen dem/der Ausbildenden (Ausbildungsbetrieb)**
**Öffentlicher Dienst** ☐

| KNR | IHK-Firmenident-Nr. | Tel.-Nr. |
|---|---|---|
| 145 | | 03643 342208 |

Anschrift des/der Ausbildenden (Ausbildungsbetrieb)
Schwarz GmbH
Dresdner Str. 66
99425 Weimar

Straße, Haus-Nr.: Dresdner Str. 66
PLZ: 99425 | Ort: Weimar
E-Mail-Adresse des/der Ausbildenden (Angabe freiwillig): dsch@elektro-schwarz.de
Verantwortliche/r Ausbilder/in: Dieter Scholl

**und dem/der Auszubildenden**
**männlich** ☐ **weiblich** ☒ **unbestimmt** ☐
**Berufsausbildung im Rahmen eines dualen Studiums** ☐

| Name | Vorname |
|---|---|
| Unger | Nicole |

Straße, Haus-Nr.: Mannheimer Str. 9
PLZ: 99425 | Ort: Weimar
Geburtsdatum: 06.05.2002 | Staatsangehörigkeit: deutsch
E-Mail-Adresse (Angabe freiwillig): | Mobil-/Tel.-Nr. (Angabe freiwillig):
Gesetzlicher Vertreter[1]: Eltern
Namen, Vornamen der gesetzlichen Vertreter: Monika und Herbert Unger
Straße, Haus-Nr.: Mannheimer Str. 9
PLZ: 99425 | Ort: Weimar

**wird nachstehender Vertrag zur Ausbildung im Ausbildungsberuf** Elektronikerin für Geräte und Systeme

mit der Fachrichtung / dem Schwerpunkt / der/den Wahlqualifikation/en / dem/den Wahlbaustein/en etc. nach **Maßgabe der Ausbildungsordnung[2] geschlossen.**

**Änderungen des wesentlichen Vertragsinhaltes sind vom/von der Ausbildenden unverzüglich zur Eintragung in das Verzeichnis der Berufsausbildungsverhältnisse bei der Industrie- und Handelskammer anzuzeigen.**

**Die beigefügten Angaben zur sachlichen und zeitlichen Gliederung des Ausbildungsablaufs (Ausbildungsplan) sowie die umseitigen Regelungen sind Bestandteil dieses Vertrages.**

**A** Die Ausbildungszeit beträgt nach der Ausbildungsordnung 42 Monate.
☐ Es wird eine Verkürzung der Ausbildungszeit um ____ Monate beantragt
Verkürzungsgrund:
Das Berufsausbildungsverhältnis beginnt am 31.08.2019 und endet am 31.01.2023 .

**B** Die Probezeit (Nr. 1.2) beträgt 4 Monate.[3]

**C** Die Ausbildung findet statt in [Name/Anschrift der Ausbildungsstätte(n)]

und den mit dem Betriebssitz für die Ausbildung üblicherweise zusammenhängenden Bau-, Montage- und sonstigen Arbeitsstellen statt.

**D** Ausbildungsmaßnahmen außerhalb der Ausbildungsstätte(n) sind für den folgenden Zeitraum in der/den folgenden Ausbildungsstätte(n) vorgesehen (hierzu zählen auch Auslandsaufenthalte) (Nr. 3.12):

**E** Der/Die Ausbildende zahlt dem/der Auszubildenden eine angemessene Vergütung (Nr. 5); diese beträgt zurzeit monatlich brutto

| € | 947 | 1000 | 1066 | 1120 |
|---|---|---|---|---|
| im | ersten | zweiten | dritten | vierten |

Ausbildungsjahr.

**F** Die regelmäßige Ausbildungszeit in Stunden beträgt täglich[4] 8,00 und wöchentlich ____ .
Teilzeitausbildung wird beantragt (Nr. 6.2): ja ☐ nein ☐

1) Vertretungsberechtigt sind beide Eltern gemeinsam, soweit nicht die Vertretungsberechtigung nur einem Elternteil zusteht. Ist ein Vormund bestellt, so bedarf dieser zum Abschluss des Ausbildungsvertrages der Genehmigung des Vormundschaftsgerichts.
2) Solange die Ausbildungsordnung nicht erlassen ist, sind gem. § 104 Abs. 1 BBiG die bisherigen Ordnungsmittel anzuwenden.
3) Die Probezeit muss mindestens einen Monat und darf höchstens vier Monate betragen.
4) Das Jugendarbeitsschutzgesetz sowie für das Ausbildungsverhältnis geltende tarifvertragliche Regelungen und Betriebsvereinbarungen sind zu beachten.

**G** Es besteht ein Urlaubsanspruch

| im Kalenderjahr | 2019 | 2020 | 2021 | 2022 | 2023 |
|---|---|---|---|---|---|
| Werktage | 13,00 | 27,00 | 25,00 | 24,00 | 2,00 |
| Arbeitstage | | | | | |

**H** Der Ausbildungsnachweis wird wie folgt geführt:
schriftlich ☐ elektronisch ☐

**I** Hinweise auf anzuwendende Tarifverträge und Betriebsvereinbarungen; sonstige Vereinbarungen (Nr. 11):

**J** Die umseitigen Bestimmungen sind Gegenstand dieses Vertrages und werden anerkannt.

Ort, Datum: Weimar, 20.01.2019

Der/Die Ausbildende: Nicole Unger
Dieter Scholl
Stempel und Unterschrift

Der/Die Auszubildende:
Nicole Unger
Vor- und Familienname

Der/Die gesetzlichen Vertreter/in des/der Auszubildenden
Monika Unger Herbert Unger
Vater und Mutter/Vormund

1. a) **Weshalb muss der Berufsausbildungsvertrag schriftlich abgefasst werden?**
   b) **Wer hat den Vertrag unterschrieben?**
2. **Welche Stellen werden über den Berufsausbildungsvertrag informiert?**
3. **Welche Unterlagen sind dem Vertrag beizufügen?**
4. **Wie werden die Vertragspartner im Berufsausbildungsvertrag genannt?**
5. **Der Vertrag muss bestimmte Mindestangaben enthalten. Welche sind dies?**

Die Berufsausbildung ist ein wichtiger Abschnitt im beruflichen Leben. Aus diesem Grund hat der Gesetzgeber die Vertragsfreiheit beim Abschluss eines Berufsausbildungsvertrages eingeschränkt. Die gesetzliche Grundlage des Berufsausbildungsverhältnisses bildet für die Bundesrepublik Deutschland das **Berufsbildungsgesetz (BBiG)**. Für die Ausbildung im Handwerk gelten außerdem die Bestimmungen der Handwerksordnung.

Die praktische Ausbildung erfolgt in erster Linie im Betrieb, die fachtheoretische Ausbildung vor allem in der Berufsschule. Die Ausbildung an zwei Lernorten wird als das **duale System der Berufsausbildung** bezeichnet.

Für den Ausbildungsvertrag ist die **Schriftform** zwingend vorgeschrieben. Anderenfalls ist der Vertrag ungültig. Dies unterstreicht die Bedeutung der Ausbildung. Das Berufsbildungsgesetz soll eine qualifizierte und einheitliche Berufsausbildung gewährleisten.

Der Ausbildungsvertrag muss der zuständigen Kammer durch den Ausbildungsbetrieb mit den erforderlichen Unterlagen vorgelegt werden. Dazu gehören die ärztliche Bescheinigung über die Erstuntersuchung (bei Jugendlichen) sowie eventuelle Nachweise über die Vorbildung (bei verkürzter Ausbildungsdauer). Nach Überprüfung erfolgt die Eintragung in das Verzeichnis der Berufsausbildungsverhältnisse, im Handwerk in die sogenannte Lehrlingsrolle.

| Ausbildungsbetriebe | Zuständige Kammer<br>Zuständige Stelle |
|---|---|
| Handwerk | Handwerkskammer |
| Industrie, Handel, Banken, Versicherungen | Industrie- und Handelskammer |
| Landwirtschaft | Landwirtschaftskammer |
| Freie Berufe, z. B. Ärzte, Apotheker, Rechtsanwälte | Ärzte-, Apotheker-, Rechtsanwaltskammer |
| Hauswirtschaft | z. B. Landwirtschaftskammer, Bezirksregierung |

Die Kammern überwachen die Berufsausbildung und die Eignung der Ausbildungsbetriebe. Sie führen die Abschlussprüfung durch und organisieren die überbetriebliche Ausbildung. Die Kammern sind auch zuständig, wenn eine Auszubildende oder ein Auszubildender die Ausbildung verkürzen will oder verlängern muss.

**Vertragspartner** des Berufsausbildungsvertrages sind der Auszubildende und der Ausbildende. Bei Minderjährigen ist zusätzlich die Unterschrift des gesetzlichen Vertreters erforderlich. Ausbilden darf, wer neben der beruflichen Qualifikation die Ausbilder-Eignungsprüfung abgelegt hat. Für die Ausbildung im Handwerk ist nach der Handwerksordnung die Meisterprüfung erforderlich. Dies gilt nicht für zulassungsfreie Handwerksbetriebe und das handwerkliche Gewerbe.

Der Berufsausbildungsvertrag muss folgende **Mindestangaben** enthalten:

1. Art, sachliche und zeitliche Gliederung sowie Ziel der Berufsausbildung,
2. Beginn und Dauer der Berufsausbildung,
3. Ausbildungsmaßnahmen außerhalb der Ausbildungsstätte,
4. Dauer der regelmäßigen täglichen Ausbildungszeit,
5. Dauer der Probezeit,
6. Zahlung und Höhe der Vergütung,
7. Dauer des Urlaubs,
8. Voraussetzungen, unter denen der Ausbildungsvertrag gekündigt werden kann,
9. Hinweis auf die Tarifverträge, Betriebs- oder Dienstvereinbarungen, die auf das Berufsausbildungsverhältnis anzuwenden sind.

Die Angaben zur sachlichen und zeitlichen Gliederung der Berufsausbildung müssen sich an der **Ausbildungsordnung** orientieren. In der Ausbildungsordnung sind für jeden staatlich anerkannten Ausbildungsberuf festgelegt:

- das Berufsbild: Kenntnisse und Fertigkeiten,
- der Ausbildungsrahmenplan: sachlicher und inhaltlicher Ablauf,
- die Prüfung: Fächer und Anforderungen für die Zwischen- und Abschlussprüfung.

Der Betrieb soll nach dem Ausbildungsrahmenplan einen betrieblichen Ausbildungsplan erstellen. In der Bundesrepublik Deutschland gibt es zurzeit rund 330 anerkannte Ausbildungsberufe.

Das Ausbildungsverhältnis beginnt mit der **Probezeit**. Sie dauert mindestens einen, höchstens vier Monate. Während dieser Zeit können beide Vertragspartner ohne Angabe von Gründen den Vertrag schriftlich und ohne Fristen kündigen. Die Probezeit ermöglicht beiden Seiten ein gegenseitiges Kennenlernen. Der Auszubildende soll prüfen, ob er den richtigen Beruf und den richtigen Ausbildungsbetrieb gewählt hat. Andererseits kann der Betrieb feststellen, ob der Auszubildende für Beruf und Betrieb geeignet ist.

Eine fristlose **Kündigung** nach der Probezeit ist nur aus wichtigem Grund (z. B. Diebstahl, Tätlichkeit) möglich. Der Auszubildende kann mit einer Frist von vier Wochen kündigen, wenn er die Ausbildung abbrechen oder einen anderen Beruf erlernen will. Kündigungen müssen schriftlich und begründet erfolgen.

Die Ausbildung endet mit Ablauf der vereinbarten Ausbildungszeit. Findet die **Abschlussprüfung** vorher statt, endet das Berufsausbildungsverhältnis mit der Mitteilung über die bestandene Prüfung. Zur Prüfung zugelassen wird, wer die Ausbildung ordnungsgemäß durchlaufen, an der Zwischenprüfung teilgenommen und vorgeschriebene Ausbildungs- und Tätigkeitsnachweishefte geführt hat. Wenn die Prüfung nicht bestanden wird, verlängert sich auf Verlangen des Auszubildenden das Berufsausbildungsverhältnis bis zur nächsten Wiederholungsprüfung. Die Prüfung kann zweimal wiederholt werden. Während der letzten drei Monate der Ausbildung können die Vertragspartner eine Weiterbeschäftigung vereinbaren. Jugendvertreter müssen auf Wunsch weiterbeschäftigt werden.

Im Berufsbildungsgesetz sind für beide Vertragsparteien die **Rechte und Pflichten** geregelt. Aus den Rechten des einen ergeben sich jeweils die Pflichten des anderen. Bereits während der Probezeit haben Auszubildender und Ausbildungsbetrieb alle Rechte und Pflichten, die für das Berufsausbildungsverhältnis gelten:

| Pflichten des Ausbildenden | Pflichten des Auszubildenden |
|---|---|
| – erforderliche Kenntnisse und Fertigkeiten vermitteln | – übertragene Verrichtungen sorgfältig ausführen |
| – selbst ausbilden oder einen Ausbilder beauftragen | – an Ausbildungsmaßnahmen, für die er freigestellt ist, teilnehmen (z. B. Berufsschulbesuch) |
| – Ausbildungsmittel kostenlos zur Verfügung stellen | – den Weisungen von Ausbildendem und Ausbilder folgen |
| – zum Berufsschulbesuch anhalten und für Prüfungen freistellen | – die Betriebsordnung beachten |
| – charakterlich fördern, sittlich und körperlich nicht gefährden | – Werkzeug, Maschinen und Einrichtungen pfleglich behandeln |
| – nur Verrichtungen übertragen, die dem Ausbildungszweck dienen | – über Betriebs- und Geschäftsgeheimnisse Stillschweigen bewahren |
| – bei Beendigung der Ausbildung ein Zeugnis ausstellen | – Ausbildungs- und Tätigkeitsnachweis führen, wenn dies vorgeschrieben ist |

1. **a) Welches Gesetz regelt die Berufsausbildung?**
   **b) Aus welchen Gründen ist die Ausbildung gesetzlich geregelt?**
2. **Erläutern Sie den Begriff »duales System der Berufsausbildung«.**
3. **a) Welche Aufgaben haben die Kammern?**
   **b) Welche Kammer ist für Ihre Ausbildung zuständig?**
4. **Nennen Sie die wichtigsten Inhalte des Berufsausbildungsvertrages.**
5. **Wer darf ausbilden?**
6. **Erklären Sie den Unterschied zwischen Ausbildungsrahmenplan und Ausbildungsplan.**
7. **a) Wie lange dauert die Probezeit?**
   **b) Welchen Zweck hat sie?**
8. **Wann, warum und wie kann das Ausbildungsverhältnis gekündigt werden?**
9. **Unter welchen Voraussetzungen wird der Auszubildende zur Prüfung zugelassen?**
10. **Wann endet das Berufsausbildungsverhältnis?**
11. **Erläutern Sie folgende Pflichten der Vertragspartner:**
    **a) Lernpflicht** **b) Schweigepflicht**
    **c) Berufsschulpflicht** **d) Fürsorgepflicht**
    **e) Sorgfaltspflicht** **f) Weisungsgebundenheit**
    **g) Ausbildungspflicht** **h) Vergütungspflicht**

## 1.3 Der Arbeitsvertrag

Silvia hat ihre Abschlussprüfung als Tischlerin bei der Handwerkskammer mit der Note „gut“ bestanden. Schon zwei Monate vor der Prüfung hat sich Silvia erfolgreich bei der Schreinerei Wolf als Gesellin beworben. Sie soll am 1. August in der Schreinerei anfangen. Ihr neuer Arbeitgeber hat sie gebeten, nach der Gesellenprüfung ins Büro zu kommen, um „die Formalitäten zu erledigen“. Silvia soll alle erforderlichen Unterlagen gleich mitbringen.

**1. a) Welches Vertragsverhältnis geht Silvia nach ihrer Berufsausbildung ein?**
**b) Worin besteht der Unterschied zum Berufsausbildungsverhältnis?**
**2. Welche „Formalitäten“ sollten vertraglich festgelegt werden?**
**3. Führen Sie alle Unterlagen auf, die Silvia ihrem neuen Arbeitgeber vorlegen muss.**

Gegen Ende ihrer Ausbildung stehen die Auszubildenden vor der Entscheidung, wo sie nach der Prüfung arbeiten sollen. Viele werden von ihrem Ausbildungsbetrieb übernommen, andere suchen sich einen neuen Arbeitsplatz. Jedes Arbeitsverhältnis wird durch einen **Arbeitsvertrag** begründet.

Zwischen dem Berufsausbildungsvertrag und einem Arbeitsvertrag bestehen mehrere Unterschiede: Im Ausbildungsverhältnis wird im Rahmen des Berufsbildungsgesetzes die Berufsausbildung geregelt. Das Arbeitsverhältnis beinhaltet die Arbeitsleistung, die der Arbeitnehmer für den Betrieb erbringen muss. Während der Auszubildende eine Vergütung erhält, bezieht der Arbeitnehmer für seine Tätigkeit Lohn oder Gehalt.

Beim Abschluss eines Arbeitsvertrages gilt grundsätzlich **Vertragsfreiheit**. Das bedeutet auch, dass der Vertrag schriftlich oder mündlich abgeschlossen werden kann. Es empfiehlt sich jedoch, den Arbeitsvertrag immer schriftlich abzuschließen. Der Arbeitsvertrag muss alle gesetzlichen Bestimmungen und Vereinbarungen berücksichtigen; dazu zählen z. B. das Jugendarbeitsschutzgesetz, das Kündigungsschutzgesetz oder Tarifverträge und Betriebsvereinbarungen.

In einem Arbeitsvertrag kann alles vereinbart werden, was sich auf die Arbeit des Arbeitnehmers im Betrieb bezieht. In der Regel sollten folgende Vereinbarungen festgehalten werden:

**Inhalte des Arbeitsvertrages:**
- Art der Tätigkeit
- Eintrittstermin des Arbeitnehmers
- Probezeit
- Art und Höhe der Entlohnung
- Arbeitszeit
- Urlaub
- Kündigungsfristen
- Sonstige Leistungen

Für die meisten inhaltlichen Vereinbarungen gelten **gesetzliche Mindestregelungen**. So regelt das Arbeitszeitrechtsgesetz, dass die Wochenarbeitszeit eines volljährigen Arbeitnehmers nicht mehr als 48 und die tägliche Arbeitszeit nicht mehr als zehn Stunden betragen darf. Außerdem muss nach sechs Stunden eine Pause von 30 Minuten gewährt werden. Der gesetzliche Mindesturlaub beträgt nach dem Bundesurlaubsgesetz 24 Werktage. Auch für die Kündigung gelten gesetzliche Mindestregelungen.

Der Arbeitnehmer muss vor Beginn des Arbeitsverhältnisses dem Arbeitgeber folgende Unterlagen vorlegen:

- Arbeitszeugnis
- Steuer-Identifikationsnummer
- Sozialversicherungsnachweis
- Urlaubsnachweis des bisherigen Arbeitgebers

Im Arbeitsverhältnis haben Arbeitgeber und Arbeitnehmer vergleichbare **Rechte und Pflichten** wie beim Berufsausbildungsverhältnis. So muss der Arbeitgeber für die vereinbarte Leistung den vereinbarten Lohn zahlen. Im Krankheitsfall hat der Arbeitnehmer einen Anspruch auf Lohnfortzahlung für die Dauer von sechs Wochen. Zur Fürsorgepflicht des Arbeitgebers gehört es u. a., für die Sicherheit am Arbeitsplatz, für geeignete Aufenthaltsräume und für die Anmeldung der Mitarbeiter bei den gesetzlichen Sozialversicherungsträgern zu sorgen. Der Fürsorgepflicht entspricht die Treuepflicht des Arbeitnehmers. Zur Treuepflicht zählen z. B.

- keine Schwarzarbeit zu verrichten,
- Verschwiegenheit über innerbetriebliche Vorgänge zu wahren,
- Handlungen, die dem Betrieb schaden und Konkurrenz machen, zu unterlassen.

Der Arbeitnehmer haftet für Schäden, die er fahrlässig oder vorsätzlich verursacht hat. Bei Beendigung des Arbeitsverhältnisses hat der Arbeitnehmer einen Anspruch auf ein Arbeitszeugnis.

Der Arbeitsvertrag ist grundsätzlich ein **Einzelvertrag** zwischen Arbeitgeber und Arbeitnehmer. Oft bilden Vereinbarungen in Tarifverträgen die Basis der Arbeitsverträge. Diese **Kollektiv-Arbeitsverträge** werden von den Tarifvertragsparteien (Gewerkschaften und Arbeitgeberverbänden) ausgehandelt.

## Zur Wiederholung

1. Erläutern Sie die wesentlichen Unterschiede zwischen Arbeits- und Berufsausbildungsvertrag.
2. a) Was bedeutet es, dass Arbeitsverträge grundsätzlich frei vereinbart werden können?
   b) Welche Einschränkungen gelten für die Vertragsfreiheit?
   c) Erklären Sie den Unterschied zwischen Einzel- und Kollektiv-Arbeitsvertrag.
3. Nennen Sie die Punkte, die in einem Arbeitsvertrag geregelt werden sollten.
4. Was sehen die gesetzlichen Mindestregelungen vor
   a) für die Arbeitszeit?
   b) für die Pausen?
   c) für den Urlaub?
5. a) Nennen Sie die Rechte und Pflichten der Vertragspartner.
   b) Was ist unter der Fürsorgepflicht des Arbeitgebers zu verstehen?

# Handlungsimpulse

## A Den Berufsausbildungsvertrag überprüfen

Das Berufsbildungsgesetz ist die gesetzliche Grundlage für den Berufsausbildungsvertrag.
Prüfen Sie, ob Ihr Ausbildungsvertrag den gesetzlichen Regelungen entspricht.

## B Mithilfe einer tabellarischen Übersicht Ausbildungsinhalte überprüfen

Der betriebliche Ausbildungsplan orientiert sich an dem bundeseinheitlichen Ausbildungsrahmenplan. Das duale System sieht vor, dass sich Betriebe und Schule abstimmen und ergänzen.
Untersuchen Sie, ob Ausbildungsrahmenplan, betrieblicher Ausbildungsplan und Lehrplan der Schule diese Vorgaben erfüllen.
Erstellen Sie dazu eine tabellarische Übersicht für ein Ausbildungsjahr.

| Ausbildungsrahmenplan | Betrieblicher Ausbildungsplan | Lehrplan der Schule |
|---|---|---|
| | | |

## C Rollenspiel „Ich muss arbeiten."

Spielen Sie die folgende Situation in einem Rollenspiel:

| Patrick, Azubi und Berufsschüler, | Herr Ullemeyer, Klassenlehrer, |
|---|---|
| – hat letzte Woche wiederholt den Berufsschulunterricht versäumt,<br>– hat eine Entschuldigung des Ausbildungsbetriebes: wegen Krankheitsausfällen unabkömmlich,<br>– versäumt den Unterricht ungern. | – will die Entschuldigung nicht mehr annehmen,<br>– weist auf das Berufsbildungsgesetz hin,<br>– ist verärgert, weil Patrick die Klassenarbeit versäumt hat. |

## D Ein Plakat gestalten

Entwerfen Sie ein Plakat zum Thema „Rechte und Pflichten in der Ausbildung".

# 2 Schutz am Arbeitsplatz

## 2.1 Arbeitsschutz gestern und heute

*Trauriges Kapitel der Industrialisierung. Unternehmer bezahlten Arbeiter so schlecht, dass auch Kinder zur Mitarbeit gezwungen waren.*

| Preußisches Regulativ über die Beschäftigung jugendlicher Arbeiter von 1839 | Gesetz zum Schutz der arbeitenden Jugend (Jugendarbeitsschutzgesetz) |
|---|---|
| § 1 Vor zurückgelegtem neunten Lebensjahr darf niemand in einer Fabrik oder bei Berg-, Hütten- und Pochwerken zu einer regelmäßigen Beschäftigung angenommen werden. | § 5 Die Beschäftigung von Kindern ist verboten.<br>§ 2 Kind im Sinne dieses Gesetzes ist, wer noch nicht 15 Jahre alt ist. |

1. **Warum ist Kinderarbeit gesetzlich verboten?**
2. **Vergleichen Sie die beiden Gesetze. Welche Entwicklung für Arbeitsschutzmaßnahmen lässt sich daraus ableiten?**
3. **In welchen anderen Bereichen der Arbeitswelt gab es ähnliche Entwicklungen?**

Ein großes Problem der industriellen Revolution war die Ausbeutung der Arbeiter, die kaum politische Rechte hatten. In der Fabrik waren die Arbeitnehmer in einem beinahe rechtlosen Raum der Willkür der Unternehmer ausgesetzt. Es gab nur mangelhafte Schutzmaßnahmen für die Arbeitnehmer.

Kinder mussten schon sehr früh für den Lebensunterhalt der Familie mitarbeiten, da das Einkommen der Eltern oft zu niedrig war.

Häufig wurden die Kinder in Fabriken, Bergwerken oder in der Landwirtschaft als billige Hilfskräfte eingesetzt. Ein schlechter Gesundheitszustand, mangelhafte Schulbildung und frühes Altern waren die Folge. Nur allmählich setzte sich die Erkenntnis durch, dass Kinder und andere Arbeitnehmer eines besonderen Schutzes bedürfen.

**Entwicklung der Kinderarbeitsschutzgesetze**

| | | Fabriken | | Heimarbeit | | Landarbeit | |
|---|---|---|---|---|---|---|---|
| | | Verbot | erlaubte Höchstarbeitszeit | Verbot | erlaubte Höchstarbeitszeit | Verbot | erlaubte Höchstarbeitszeit |
| **1839** | Preußisches Regulativ | unter neun Jahren | zehn Stunden ab neun Jahren | unbegrenzt erlaubt | | unbegrenzt erlaubt | |
| **1853** | Ergänzungsgesetz | unter zwölf Jahren | sechs Stunden ab zwölf Jahren<br>Fabrikinspektion | unbegrenzt erlaubt | | unbegrenzt erlaubt | |
| **1869** | Gewerbeordnung des Norddeutschen Bundes | wie 1853 | | unbegrenzt erlaubt | | unbegrenzt erlaubt | |
| **1878** | Gewerbeordnung des Deutschen Reiches | wie 1853 | | unbegrenzt erlaubt | | unbegrenzt erlaubt | |
| **1891** | Gewerbeordnungs-Novelle | unter 13 Jahren | sechs Stunden ab 13 Jahren | unbegrenzt erlaubt | | unbegrenzt erlaubt | |
| **1903** | Kinderschutzgesetz | unter 13 Jahren | sechs Stunden ab 13 Jahren<br>gilt auch für andere gewerbliche Betriebe | unter zehn Jahren | drei Stunden ab zehn Jahren | unbegrenzt erlaubt | |
| **1938** | Jugendschutzgesetz | unter 14 Jahren | | unter zwölf Jahren | zwei Stunden ab zehn Jahren | unbegrenzt erlaubt | |
| **1960** | Jugendarbeitsschutzgesetz | unter 14 Jahren | | unter 14 Jahren | | unter zwölf Jahren | ab zwölf Jahren gelegentl. Mitarb. |
| **1976** | Jugendarbeitsschutzgesetz | unter 14 Jahren | | | | unter 13 Jahren | drei Stunden für 13-Jährige |
| **1984** | Ab zwei bzw. sechs Jahren mit behördlicher Genehmigung: Theatervorstellungen, Werbung, Musikaufführung, Rundfunkaufnahmen. Ab 13 Jahren bis zwei Stunden: Zeitungen und Zeitschriften austragen. Mithilfe bei Sportveranstaltungen. | | | | | | |
| **1998** | Jugendarbeitsschutzgesetz und Kinderarbeitsschutzverordnung: Generelles Beschäftigungsverbot unter 15 Jahren.<br>Ausnahmen: Von drei bis sechs Jahren mit behördlicher Genehmigung bei Veranstaltungen bis zu zwei Stunden, bei Kindern über sechs Jahren bis drei Stunden täglich;<br>über 13 Jahre leichte Beschäftigung, z. B. Zeitungsaustragen, bis zu zwei Stunden, in der Landwirtschaft bis zu drei Stunden täglich. | | | | | | |

Was für Kinderarbeit gilt, gilt auch für andere Bereiche der Arbeitswelt. So hat sich die Arbeitszeit in Deutschland in den letzten 100 Jahren mehr als halbiert. Während im 19. Jahrhundert die Sechs-Tage-Woche und der Zwölf- bis 16-Stunden-Tag die Regel waren, arbeiten die meisten Arbeitnehmer heute weniger als 40 Stunden die Woche. Die Verkürzung der Arbeitszeit haben sich die Arbeitnehmer und die Gewerkschaften über Jahrzehnte hinweg erkämpfen müssen.

Erst gegen Ende des 19. Jahrhunderts verabschiedete der Gesetzgeber die ersten Arbeitsschutzgesetze für besondere Personengruppen. So wurde z.B. im Arbeitsschutzgesetz von 1891 die Höchstarbeitszeit für Frauen auf elf Stunden festgelegt und ein Verbot der Nachtarbeit durchgesetzt.

Neben **sozialen Arbeitsschutzbestimmungen** sind technische und medizinische Schutzmaßnahmen verbessert worden. Den Anfang machte die Einführung der Unfallversicherung 1884. In diesem Unfallversicherungsgesetz sind Vorschriften über Betriebsvorrichtungen, Maschinen und Geräte enthalten, um die Sicherheit am Arbeitsplatz zu erhöhen.

1. a) Erläutern Sie, weshalb die Kinderarbeit in den ärmeren Ländern besonders hoch ist.
   b) Welcher Zusammenhang besteht zwischen Armut und Kinderarbeit?
2. Weshalb ist besonders im Bereich der Landwirtschaft die Kinderarbeit so hoch?
3. Welche bei uns angebotenen Produkte haben Kinder angefertigt?
4. Informieren Sie sich bei Kinderschutzorganisationen über Kinderarbeit und Möglichkeiten zur Hilfe.
5. Interpretieren Sie die Grafik „So arbeitet Deutschland“:
   a) Erklären Sie die Begriffe „Normalerwerbstätige“ und „Atypische Beschäftigte“.
   b) Weshalb hat die Zahl der atypisch Beschäftigten besonders in der Zeitarbeit zugenommen?
   c) Weshalb ist die Zahl der atypisch Beschäftigten bei den Teilzeitbeschäftigten besonders hoch?
   d) Weshalb sind besonders Frauen in atypischen Beschäftigungsverhältnissen?
6. Nur noch 36 % der Unternehmen schreiben den Arbeitnehmern die Anwesenheit am Arbeitsplatz genau vor. Führen Sie Gründe für die zunehmende Flexibilisierung der Arbeitszeiten an.

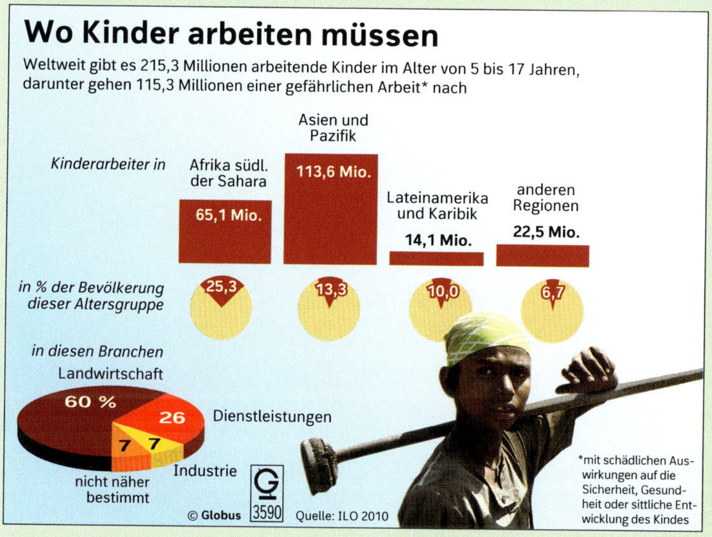


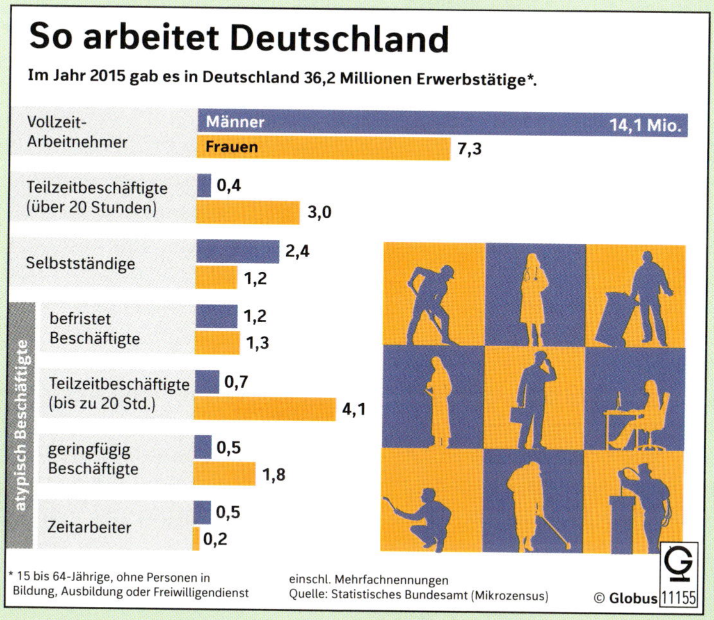

## 2.2 Jugendarbeitsschutz

*Andrea*

Andrea (17) und Dominique (18) sind bei der Firma Auto Dahlmann als Mechatronikerinnen in der Ausbildung. Sie sind beide im ersten Ausbildungsjahr und Schülerinnen der Berufsschulklasse MtK-IA. Heute ist Berufsschultag. Ein Fachlehrer ist erkrankt. Deshalb muss der Unterricht in der siebten und achten Stunde ausfallen. Dominique und Andrea sind sich nicht im Klaren darüber, ob sie wegen des Unterrichtsausfalls nachmittags noch in den Betrieb müssen.

*Dominique*

1. **Müssen Andrea und Dominique am Nachmittag in den Betrieb? Begründen Sie Ihre Meinung.**
2. **Welche Regelungen gelten grundsätzlich für den Besuch der Berufsschule?**
3. **Warum werden Jugendliche im Arbeitsleben besonders geschützt?**

Junge Leute vom 15. bis zum 18. Lebensjahr gelten nach dem Jugendarbeitsschutzgesetz als Jugendliche. Jugendliche sind körperlich und geistig noch in der Entwicklung. An sie können im Arbeitsleben keinesfalls die gleichen Anforderungen gestellt werden wie an Erwachsene. Überforderungen würden zu Entwicklungsstörungen führen. Deshalb werden Jugendliche, die in einem Ausbildungs- oder Arbeitsverhältnis beschäftigt sind, durch das Jugendarbeitsschutzgesetz besonders geschützt.

Das „Gesetz zum Schutze der arbeitenden Jugend" enthält Vorschriften über die tägliche und wöchentliche Arbeitszeit, die Ruhepausen, die Freizeit, die Freistellung an Berufsschultagen und über Beschäftigungsverbote. Im Jugendarbeitsschutzgesetz ist festgelegt, mit welchen Arbeiten Jugendliche beschäftigt werden können, damit sie nicht in ihrer Gesundheit gefährdet werden.

**Kinderarbeit** ist in der Bundesrepublik grundsätzlich verboten. Ausnahmen sind nur bei geringer Beschäftigung gestattet, z. B. das Austragen von Zeitungen und Zeitschriften bis zu zwei Stunden am Tag oder das Mithelfen in der Landwirtschaft und bei der Ernte bis zu drei Stunden. Besondere Ausnahmen kann das Gewerbeaufsichtsamt erteilen, etwa für Werbeveranstaltungen, für Musikaufführungen oder bei Fernsehauftritten.

Die Gewerbeaufsichtsämter bzw. die Bergämter überwachen die **Einhaltung der Vorschriften** des Jugendarbeitsschutzgesetzes. Bei Verstößen sollte sich der Jugendliche zuerst an seine Ausbilder oder Vorgesetzten wenden; weitere Ansprechpartner sind die Jugendvertretung oder der Betriebsrat, die Lehrer an der Berufschule oder die Ausbildungsberater der Kammer. Beschwerden sind auch direkt beim Gewerbeaufsichtsamt möglich.

Verstöße gegen die gesetzlichen Bestimmungen sind keine „Kavaliersdelikte". Sie werden in der Regel als Ordnungswidrigkeit, in besonders schweren Fällen auch als Straftaten geahndet.

## Jugendarbeitsschutzbestimmungen auf einen Blick

### Arbeitszeit

- 6:00–20:00 Uhr (Ausnahmen: z. B. Bäcker, Gaststätten, Schichtdienst)
- 5-Tage-Woche
- 40 Stunden wöchentlich
- 8 Stunden täglich (Ausnahme: 8,5 Stunden)

### Berufsschule

- Freistellung durch Arbeitgeber
- Berufsschultag gilt als Arbeitstag
- keine Beschäftigung, wenn der Unterricht vor 9:00 Uhr beginnt
- keine Beschäftigung nach mehr als 5 Unterrichtsstunden

### Ruhepausen

- Mindestdauer 15 Minuten
- spätestens bei 4,5 Stunden
- bei 4,5 bis 6 Stunden Arbeitszeit 30 Minuten
- bei 6 Stunden Arbeitszeit 60 Minuten

### Freizeit

- mind. 12 Stunden am Tag zwischen den Arbeitszeiten

### Urlaub

Ist der Jugendliche zu Beginn des Kalenderjahres noch nicht

- 16 Jahre: 30 Werktage
- 17 Jahre: 27 Werktage
- 18 Jahre: 25 Werktage
- grundsätzlich während der Berufsschulferien

### Freistellung

- für überbetriebliche Ausbildung
- für Prüfungen
- einen Arbeitstag vor der schriftlichen Abschlussprüfung

### Ärztliche Untersuchung

- Erstuntersuchung vor Beschäftigungsbeginn
- Nachuntersuchung nach einem Jahr

### Beschäftigungsverbot

- Nachtarbeit
- an Samstagen, Sonn- und Feiertagen (Ausnahmen: Ausgleich durch Freistellung an einem anderen Tag)
- Akkordarbeiten
- gefährliche und schwere Arbeiten

### Kinderarbeit

- grundsätzlich verboten
- Ausnahmen bei geringer Beschäftigung

Nehmen Sie zur Lösung der folgenden Aufgaben auch das Jugendarbeitsschutzgesetz zu Hilfe.

**1. Wer ist im Sinne des Gesetzes Jugendlicher?**

**2. Zu welchen Bereichen enthält das Jugendarbeitsschutzgesetz (JArbSchG) Bestimmungen zum Schutze von jungen Auszubildenden und Beschäftigten?**

**3. Welche Behörde ist zuständig für die Überwachung des JArbSchG?**

**4. Was sollte ein Auszubildender tun, wenn er glaubt, dass in seinem Ausbildungsbetrieb gegen Vorschriften des Jugendarbeitsschutzgesetzes verstoßen wird?**

**5. Sabine (16) ist Auszubildende als Goldschmiedin. Die Betriebsferien fallen zum Teil in die Schulzeit. Sabine besucht deshalb an zwei Tagen während ihres Urlaubs die Berufsschule. Hat Sabine Anspruch auf zwei zusätzliche Urlaubstage? Begründen Sie Ihre Entscheidung.**

**6. Der 13-jährige Stefan trägt zweimal wöchentlich Prospekte aus. In der Regel braucht er etwa zwei Stunden. Verstößt Stefans Tätigkeit gegen das Verbot von Kinderarbeit? Begründen Sie Ihre Meinung.**

**7. Rainer wird heute, am 23. April, 17 Jahre alt. In diesem Jahr hat er bereits 14 Tage Urlaub genommen. Wie viele Tage Resturlaub hat Rainer nach dem JArbSchG noch zur Verfügung?**

**8. Wolfgang (17) hat unentschuldigt den Unterricht am Berufsschultag versäumt. Die Klassenlehrerin hat den Betrieb darüber informiert. Der Meister zieht Wolfgang deshalb einen Tag Urlaub ab. Prüfen Sie, ob die Maßnahme des Meisters rechtens ist.**

**9. Marlene (16) erlernt den Beruf einer Köchin. Normalerweise endet ihre Arbeitszeit um 20:00 Uhr. Heute muss sie jedoch wegen Krankheitsfällen zwei Überstunden machen und bis 22:00 Uhr arbeiten. Ihr Chef will Marlene die Mehrarbeit zusätzlich vergüten.**
   **a) Darf Marlene als Köchin bis 22:00 Uhr arbeiten?**
   **b) Klären Sie, ob Marlene ausnahmsweise zehn Stunden arbeiten darf.**
   **c) Wie lange darf Marlene im Betrieb beschäftigt werden, wenn sie am nächsten Morgen um 8:00 Uhr Berufsschulunterricht hat?**
   **d) Sollte Marlene das Angebot ihres Chefs, Mehrarbeit zu bezahlen, annehmen?**

**10. Jutta (17) arbeitet im Frisiersalon auch samstags.**
   **a) Warum darf Jutta als Jugendliche auch am Samstag beschäftigt werden?**
   **b) Welche Regelung über die wöchentliche Arbeitszeit muss dafür vereinbart sein?**

**11. Maria (17) ist in der Warenannahme beschäftigt. Ihre Arbeitszeit beginnt um 7:15 Uhr. Bisher hatte Maria noch keine Gelegenheit zur Pause. Kurz vor 12:00 Uhr soll Maria noch zwei Lkw-Ladungen annehmen.**
   **a) Wann hat Maria Anspruch auf eine Pause?**
   **b) Wie lange muss die erste Pause mindestens dauern?**
   **c) Wie muss die Pausenregelung von Maria aussehen, wenn sie acht Stunden am Tag beschäftigt ist.**

**12. Jugendliche über 16 Jahre dürfen im Bäckerhandwerk ab 5:00 Uhr, über 17 Jahre bereits ab 4:00 Uhr beschäftigt werden.**
   **a) Warum lässt das Jugendarbeitsschutzgesetz eine solche Regelung zu?**
   **b) Finden Sie diese Ausnahmeregelung richtig?**

## 2.3 Das Arbeitszeitgesetz

### Tödlicher Unfall auf der B 7

**Fahrer wahrscheinlich am Steuer eingeschlafen**

Der schwere Verkehrsunfall in der Nacht vom 23. Mai auf der B 7 ist wahrscheinlich auf Übermüdung des Fahrers zurückzuführen. Der 34-jährige Angestellte war von seiner Arbeitsstelle auf dem Weg nach Hause aus bisher unbekannter Ursache auf gerader Strecke frontal gegen einen Baum gefahren. Die Tatsache, dass keine Bremsspuren vorhanden waren und die Fahrbahn trocken war, legt die Vermutung nahe, dass der Familienvater am Lenkrad eingeschlafen ist. Wie die Polizeidirektion mitteilte, hatte der Angestellte in letzter Zeit regelmäßig bis zu zwölf Stunden täglich in einer Spedition gearbeitet. Auch am Unfalltag war erst nach einem 14-Stunden-Tag Feierabend; das Gewerbeaufsichtsamt ist mittlerweile eingeschaltet worden.

*Autorentext*

**1. Warum ist das Gewerbeaufsichtsamt eingeschaltet worden?**
**2. Wie ist die Arbeitszeit gesetzlich geregelt?**

Arbeit kann einen Menschen körperlich und seelisch überfordern, insbesondere wenn die zeitliche Belastung zu groß wird. Deshalb regelt das Arbeitszeitgesetz die zulässige Höchstarbeitszeit. Es enthält Mindestregelungen, wie sie in allen Arbeitsverträgen berücksichtigt werden müssen. Die meisten Arbeitnehmer haben aufgrund tarifvertraglicher oder betrieblicher Vereinbarungen weitaus bessere Arbeitszeitregelungen.

Das Arbeitszeitgesetz enthält u. a. folgende Bestimmungen:

- Die normale Arbeitszeit beträgt höchstens acht Stunden täglich und 48 Stunden in der Woche. Sie kann auf bis zu zehn Stunden am Tag verlängert werden, wenn innerhalb von sechs Monaten im Durchschnitt acht Stunden werktäglich nicht überschritten werden.
- Zwischen Ende und Beginn der Arbeitszeit muss eine Ruhezeit von elf Stunden liegen.
- Bei einer täglichen Arbeitszeit von mehr als sechs Stunden ist eine Pause von mindestens 30 Minuten vorgeschrieben.

Über die Einhaltung der Arbeitszeitregelungen wachen die Gewerbeaufsichtsämter. Die Arbeitszeitregelungen gelten nicht für Land- und Forstwirtschaft, Gartenbau, Seeschifffahrt und Luftfahrt. Auch für Beschäftigte in Krankenhäusern, Bäckereien und Konditoreien gelten besondere Bestimmungen.

Besonders wichtig für die körperliche und geistige Erholung des Arbeitnehmers ist der Jahresurlaub. Nach dem Mindesturlaubsgesetz für Arbeitnehmer (**Bundesurlaubsgesetz**) müssen bei einer 6-Tage-Woche jedem erwachsenen Arbeitnehmer mindestens 24 Werktage (bei einer 5-Tage-Woche entsprechend 20 Arbeitstage) Urlaub im Jahr gewährt werden. Die meisten Beschäftigten haben nach Manteltarif- oder Betriebsvereinbarung 30 und mehr Urlaubstage. Für alle jugendlichen Arbeitnehmer gelten die Bestimmungen des Jugendarbeitsschutzgesetzes.

Folgende Arbeitnehmergruppen genießen einen **besonderen Kündigungsschutz**:

| Arbeitnehmergruppen | Die Kündigung ist unzulässig |
|---|---|
| • Mitglieder des Betriebsrates und der Jugendvertretung | • während und ein Jahr nach der Amtszeit |
| • Schwangere und Mütter nach der Entbindung | • während der Schwangerschaft und bis zwei Monate nach Ablauf der Mutterschutzfrist |
| • Mütter oder Väter während der Elternzeit | • während der Elternzeit |
| • Schwerbehinderte | • ohne Zustimmung der Hauptfürsorgestelle |

1. **Erkundigen Sie sich, welche Arbeitszeit- und Urlaubsregelungen in Ihrem Ausbildungsbetrieb gelten.**
2. **Die Firmenleitung legt in Absprache mit dem Betriebsrat dreiwöchige Betriebsferien fest. Frau Göllner will ihren Jahresurlaub jedoch vier Wochen später nehmen. Prüfen Sie, ob Frau Göllner ihren Urlaub später nehmen kann.**
3. **Erklären Sie den Unterschied zwischen ordentlicher und außerordentlicher Kündigung.**
4. **Entscheiden und begründen Sie, ob die fristlose oder fristgerechte Kündigung gerechtfertigt ist.**
   a) **Herr Kolovski ist seit zehn Monaten arbeitsunfähig. Laut ärztlichem Gutachten ist nicht abzusehen, wann er wieder arbeitsfähig sein wird. Der Arbeitgeber kündigt Herrn Kolovski fristgerecht.**
   b) **Frau Söller hat bereits zweimal auf ihr Gehalt länger als 14 Tage warten müssen. Als es nochmals passiert, kündigt sie fristlos. Der Arbeitgeber meint, Frau Söller müsse die Kündigungsfrist von vier Wochen zum Monatsende einhalten.**
   c) **Herr Gänger arbeitet seit fünf Monaten in einem Handwerksbetrieb, in dem außer ihm noch vier weitere Gesellen und zwei Auszubildende beschäftigt sind. Herrn Gänger wird mit vierwöchiger Kündigungsfrist gekündigt.**
   d) **Herr Klein arbeitet im gleichen Betrieb wie Herr Gänger. Auch ihm wird wegen fehlender Arbeitsaufträge fristgerecht gekündigt.**
   e) **Frau Winkler beteiligt sich am Warnstreik ihrer Gewerkschaft. Ihr Arbeitgeber kündigt ihr fristlos.**
   f) **Die Firma Kroll GmbH stellt ihren Betrieb auf Schichtarbeit um. Herr Folz weigert sich, in der Nachtschicht zu arbeiten. Ihm wird daraufhin fristlos gekündigt.**
   g) **Frau Kieser, im dritten Monat schwanger, wird bei der Firma Stamm eingestellt. Im Einstellungsgespräch wurde sie nicht gefragt, ob eine Schwangerschaft vorliegt. Als Frau Kieser ihrem Arbeitgeber bei Arbeitsantritt mitteilt, dass sie schwanger ist, spricht dieser ihr die fristlose Kündigung aus.**

## 2.5 Mutterschutz

1. **Warum bedürfen schwangere Frauen eines besonderen Schutzes am Arbeitsplatz?**
2. **Welche Tätigkeiten dürfen werdende Mütter nicht ausüben?**
3. **a) Vor welchen Schwierigkeiten stehen Mütter oft nach der Entbindung in Bezug auf ihren Arbeitsplatz?**
   **b) Wie werden sie geschützt?**

Im Grundgesetz wird ausdrücklich betont: „Jede Mutter hat Anspruch auf den Schutz und die Fürsorge der Gemeinschaft" (Art. 6, IV GG). Dies hat auch Auswirkungen auf das Beschäftigungsverhältnis der Frauen. Um Mutter und Kind vor Gefahren zu schützen, sieht das **Mutterschutzgesetz** für schwangere und stillende Frauen folgende Regelungen vor:

- Beschäftigungsverbot sechs Wochen vor und acht Wochen nach der Geburt des Kindes; auf Wunsch der Mutter ist eine Weiterbeschäftigung vor der Geburt möglich;
- während dieser Zeit Mutterschaftsgeld als Lohnersatz;
- Verbot von schwerer körperlicher Arbeit sowie von längeren Arbeiten im Stehen, von Akkord- und Fließbandarbeit;
- Verbot von Arbeiten mit gesundheitsgefährdenden Stoffen;
- Kündigungsschutz während der Schwangerschaft und vier Monate nach der Entbindung bzw. während der Elternzeit.

Wenn berufstätige Mütter ihre Kinder zu Hause betreuen und erziehen wollten, bedeutete dies in der Vergangenheit oft die Aufgabe ihres Arbeitsplatzes. Die **Elternzeit** bietet Müttern und Vätern heute die Möglichkeit, sich bis zu drei Jahre beurlauben zu lassen. Während der Elternzeit bleibt der Anspruch auf den Arbeitsplatz erhalten. Mütter und Väter können sich die Elternzeit auch teilen.

Mit Zustimmung des Arbeitgebers kann die Elternzeit von bis zu einem Jahr auch aufgespart werden und später (bis zum 8. Lebensjahr des Kindes) in Anspruch genommen werden. Dies gilt z. B. auch, wenn Zwillinge oder kurz nacheinander Geschwisterkinder geboren werden.

Die Elternzeit muss beim Arbeitgeber schriftlich angemeldet werden. Die Anmeldefrist beträgt sechs bzw. acht Wochen, wenn die Elternzeit nach dem Mutterschutz bzw. nach der Geburt beginnen soll. Während der Elternzeit können die Eltern in Betrieben mit mehr als 15 Mitarbeitern auch in Teilzeit bis zu 30 Stunden in der Woche arbeiten.

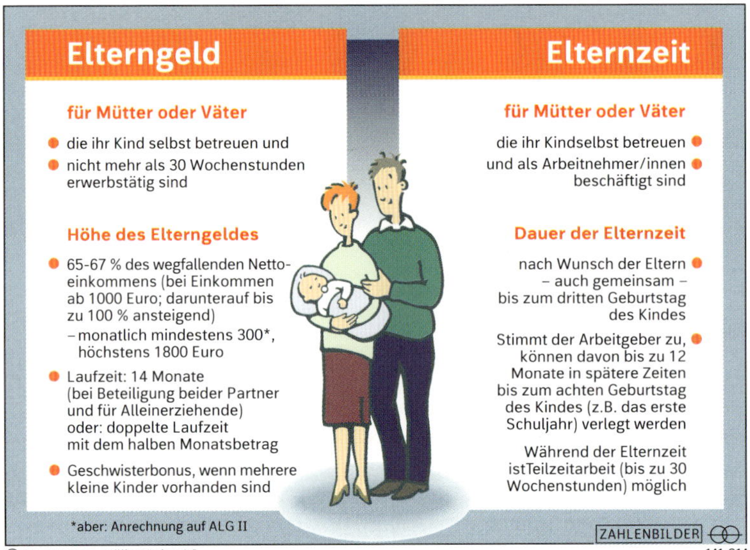

© Bergmoser + Höller Verlag AG 141 214

Berufstätige Eltern, die sich um die Erziehung ihres Kindes kümmern und deshalb zeitweise ihre Beschäftigung ruhen lassen wollen, werden vom Staat durch das Elterngeld unterstützt. Das sogenannte **„ElterngeldPlus“** bietet Möglichkeiten zur Flexibilisierung der Berufspause bzw. der Dauer des Elterngeldes.

Elterngeld wird nur aufgrund eines schriftlichen Antrags gezahlt. Der Antrag ist bei der zuständigen Behörde zu stellen. Unter www.elterngeld.net sind die zuständigen Elterngeldstellen aufgeführt.

1. **Immer mehr Väter (23 %) nehmen die Elternzeit in Anspruch, die meisten jedoch nur für zwei Monate. Diskutieren Sie über diese Tatsache.**
2. **„Die Geburtenrate steigt, wenn sich Familie und Beruf besser vereinbaren lassen.“ Diskutieren Sie diese Aussage.**

## 2.6 Schwerbehindertenschutz

| Schwerbehinderte Menschen nach Ursachen der schwersten Behinderung | in Tausend |
|---|---|
| Allgemeine Krankheiten | 6583 |
| Sonstige, mehrere oder ungenügend bezeichnete Ursachen | 586 |
| Angeborene Behinderung | 290 |
| Arbeits-, Verkehrsunfälle, häusliche Unfälle und sonstige oder nicht näher bezeichnete Unfälle | 1307 |
| Anerkannte Kriegs-, Wehrdienst- oder Zivildienstbeschädigung | 24 |

*Vgl. Statistik: Schwerbehinderte Menschen nach Ursachen der schwersten Behinderung. In: www.destatis.de. Wiesbaden: Statistisches Bundesamt, 2018.*

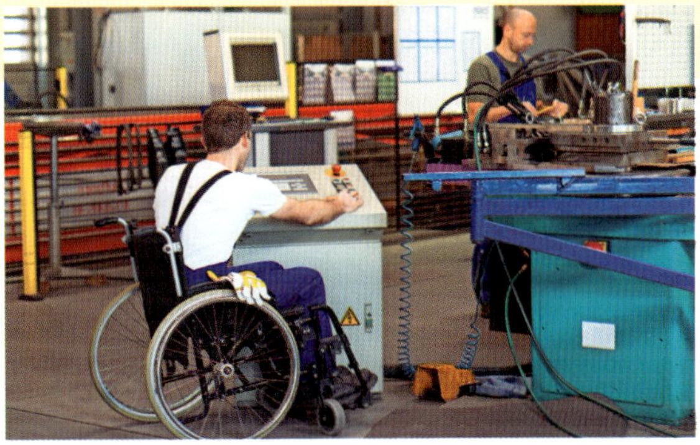

1. **Martin Jellinek war nach einem Autounfall schwerbehindert und zwei Jahre arbeitslos, bis er einen neuen Arbeitsplatz gefunden hat. Wie erklären Sie sich das?**
2. **Warum ist die berufliche Eingliederung von Behinderten besonders wichtig?**

Ein Blick auf die Statistik zeigt, dass niemand vor einer schweren Behinderung sicher ist. In der Bundesrepublik leben rund 7,6 Millionen Schwerbehinderte; davon sind mehr als eine Million berufstätig. Als schwerbehindert gilt, wem das Versorgungsamt durch einen Schwerbehindertenausweis den Grad der Behinderung von mindestens 50 % bescheinigt hat. Vielen Behinderten sieht man ihre Behinderung auf den ersten Blick nicht an. Der Grad der Behinderung gibt keine Auskunft über die Leistungsfähigkeit eines Schwerbehinderten am Arbeitsplatz. Vielmehr bezieht sich der Behinderungsgrad auf alle Bereiche des täglichen Lebens.

Dennoch haben es Behinderte oft schwerer, einen angemessenen Arbeitsplatz zu finden, gerade wenn Arbeitsplätze knapp sind. Arbeitslosigkeit trifft jeden, aber Schwerbehinderte kann sie doppelt treffen. Denn die Behinderung schränkt viele Behinderte auch außerhalb des Berufslebens ein.

Behinderte brauchen oftmals behindertengerechte Arbeitsplätze, die für die Betriebe zusätzliche Kosten verursachen.

Um schwerbehinderten Arbeitnehmern einen sicheren Arbeitsplatz zu gewährleisten bzw. neue Arbeitsplätze für Schwerbehinderte zu schaffen, hat der Gesetzgeber dafür im Sozialgesetzbuch (SGB), Neuntes Buch (IX), die „Rehabilitation und Teilhabe behinderter Menschen“ geregelt.

Im Gesetz werden
- die Arbeitgeber in die Pflicht genommen,
- die Rechtspositionen erwerbstätiger Schwerbehinderter gestärkt,
- für Schwerbehinderte umfangreiche inner- und außerbetriebliche Stützmaßnahmen durchgeführt.

Jeder Betrieb, der mehr als 20 Arbeitsplätze hat, muss 5 % der Arbeitsplätze für Schwerbehinderte zur Verfügung stellen. Wenn die Verpflichtung nicht eingehalten wird, muss der Betrieb eine Ausgleichszahlung für jeden nicht besetzten Pflichtplatz bezahlen.

In der Vergangenheit betrug die **Ausgleichsabgabe** bundesweit jährlich über 500 Millionen Euro. An dieser Zahl lässt sich ablesen, dass viele Arbeitgeber ihrer Beschäftigungspflicht nicht oder nicht in vollem Umfang nachkommen.

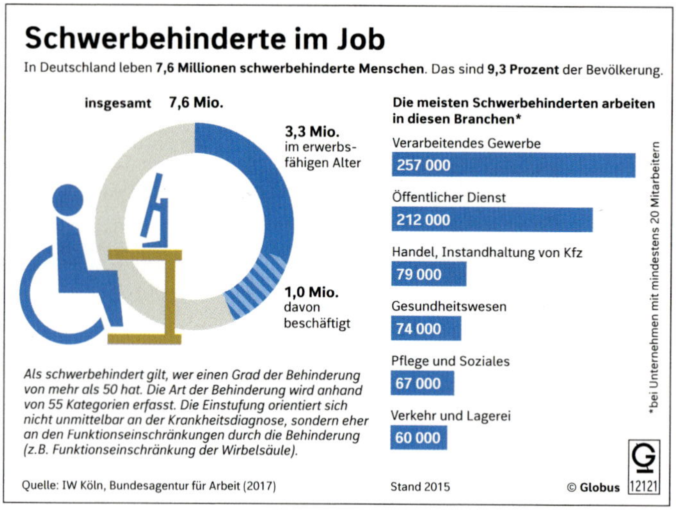


Bei jeder Neueinstellung müssen die Arbeitgeber prüfen, ob die freie Stelle mit einem Schwerbehinderten besetzt werden kann.

Schwerbehinderte werden besonders dadurch rechtlich geschützt, dass für sie ein **erweiterter Kündigungsschutz** gilt. Will ein Arbeitgeber einem Schwerbehinderten kündigen, so benötigt er zuerst die Zustimmung des Integrationsamtes.

Für die Wiederherstellung und Erhaltung ihrer Arbeitskraft benötigen Schwerbehinderte mehr Zeit. Deshalb erhalten sie zusätzlich eine Arbeitswoche bezahlten Jahresurlaub. Zudem können Schwerbehinderte Mehrarbeit ohne Begründung ablehnen.

Nach dem Gesetz sollen sich die Schwerbehindertenvertretung, der Betriebs- oder Personalrat und der Beauftragte des Arbeitgebers um die besonderen Belange der Behinderten kümmern. Die Integrationsämter und Arbeitsagenturen unterstützen durch ihre Helfer und Berater die schwerbehinderten Arbeitnehmer.

1. **Wie beurteilen Sie die Ausgleichsabgabe für Arbeitgeber?**
2. **Interpretieren Sie das Schaubild „Beschäftigung Schwerbehinderter". Wie lässt sich erklären, dass die Arbeitgeber die gesetzliche Einstellungsquote nicht erfüllen?**
3. **Das Zusammenleben mit Behinderten steht unter dem Motto „Solidarität statt Mitleid". Diskutieren Sie, ob dies auch für die Arbeitswelt gilt.**
4. **Auf welche gesetzlichen Bestimmungen können sich Behinderte berufen**
   **a) bei Kündigung? b) bei Urlaub? c) bei Mehrarbeit?**

## 2.7 Humanisierung der Arbeit

**Heinrich Lersch: Mensch im Eisen**
Mein Tagwerk ist: im engen Kesselrohr
Bei kleinem Glühlicht kniend krumm zu sitzen,
An Nieten hämmernd, in der Hitze schwitzen,
Verrußt sind Aug und Haar und Ohr,
Nur noch ein kleiner Menschenkraftmotor
Bin ich, des' Hebel – meine Arme – flitzen,
Ich will die Adern mit dem Messer ritzen:
Dampf stößt, statt roten Blutes Strahl, hervor.
O Mensch, wo bist du? Wie ein Käfertier
Im Bernstein eingeschlossen, hockst du rings im Eisen,
Eisen umpanzert dich mit schießendem Gewirr!
Im Auge rast die Seele, arm und irr.
Heimweh heult wahnsinnswild,
Heimweh weint süße Weisen,
Nach Erde, Mensch und Licht
Schrei lauter, Mensch im Eisen!

*Lersch, Heinrich: Mensch im Eisen. In: Ausgewählte Werke. 2 Bände. Hrsg. v. Johannes Klein. Bd. 1. Düsseldorf, Köln: Diederichs 1965, S. 313–320.*

1. **Heinrich Lersch schildert den Arbeitsplatz eines Kesselschmieds. Welche Belastungen am Arbeitsplatz werden deutlich?**
2. **Welche Forderung wird mit der Zeile „Schrei lauter, Mensch im Eisen!" aufgestellt?**

Arbeit dient dem Geldverdienen. Aber Arbeit soll auch Spaß machen, Zufriedenheit verschaffen und eigenverantwortliches Handeln zulassen. Konkurrenz und Arbeitsteilung haben meist das Gegenteil geschaffen: einseitige Belastung und monotone Arbeit. Die Folgen sind Stress am Arbeitsplatz, Unfälle und Krankheiten.

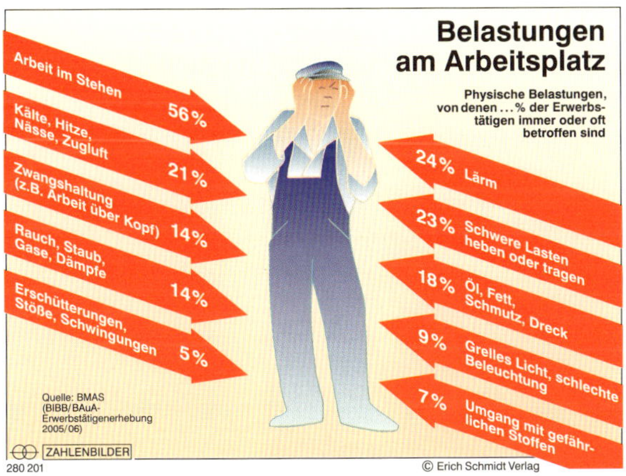


Der **Grundsatz der Humanisierung** der Arbeit lautet: Die ergonomische Gestaltung und die Strukturierung der Arbeit sind die wichtigsten Aufgabenfelder für einen menschengerechten Arbeitsplatz.

Bei der **Ergonomie** geht es um die Anpassung der Arbeit an die Fähigkeiten und Bedingungen des Menschen, d.h., Arbeitsplatz und Arbeitsmittel müssen körpergerecht gestaltet werden. Die Ergonomie ist für die Arbeitsgestaltung und somit für die Konstruktion von Maschinen und Fertigungsanlagen von Bedeutung. Dabei sind meist folgende Arbeitsplatzbedingungen zu berücksichtigen:

- Greifraum,
- Sichtverhältnisse und Beleuchtung,
- Anordnung und Gestaltung von Bedienungselementen,
- Arbeitshöhe und Sitzgestaltung.

Für behindertengerechte Arbeitsplätze ist die Ergonomie besonders wichtig.

Durch technische Veränderungen konnten in vielen Bereichen körperliche Belastungen der Arbeitnehmer am Arbeitsplatz abgebaut werden. Dagegen haben Anspannung und Konzentration – nicht zuletzt aufgrund neuer Technologien – zugenommen.

So fühlen sich von 100 Berufstätigen stark belastet durch:

| Zeitdruck | starke Konzentration | hohe Verantwortung | Zwang zu schnellen Entscheidungen |
|---|---|---|---|
| 24 | 20 | 21 | 11 |

*Zahlen nach dem Bundesinstitut für Berufsbildung, unter: www.bibb.de*

Die nervliche Belastung ist gerade bei Schicht- und Nachtarbeit am stärksten. Immerhin müssen ca. 13 % aller Beschäftigten nachts gegen ihren Biorhythmus arbeiten.

Wie sehr heute diese **Stressfaktoren** zugenommen haben, belegen veränderte Krankheitsbilder. Herz- und Kreislaufbeschwerden sowie Nervenleiden stehen weit an der Spitze der Krankheiten. Wegen verminderter Erwerbsfähigkeit gehen ca. 15 % der Männer und 27 % der Frauen vorzeitig in Rente.

Nicht alle Krankheiten werden als **Berufskrankheiten** anerkannt. Es wird dann von einer Berufskrankheit gesprochen, wenn die Ursache der Krankheit eindeutig auf die berufliche Tätigkeit zurückzuführen ist. In einer von der Bundesregierung erstellten Liste sind alle anerkannten Berufskrankheiten aufgeführt.

Der zweite Bereich der Humanisierung der Arbeit betrifft die Strukturierung der Arbeit. **Arbeitsstrukturierung** bedeutet, dass die Arbeitsaufgaben und -abläufe so zu organisieren sind, dass die Entfaltung der Fähigkeiten des Menschen gefördert wird. Neue Formen der Fertigung, wie z. B. Gruppenfertigung und **Lean Production** (schlanke Produktion, d. h. sparsamer und zeiteffizienter Einsatz der Produktionsfaktoren), nutzen diese Aspekte der Humanisierung der Arbeit für die Erhöhung der Produktivität.

Jeder Arbeitnehmer ist nach dem Betriebsverfassungsgesetz (§ 82) berechtigt, zu Maßnahmen des Arbeitgebers, die ihn betreffen, Stellung zu nehmen sowie Vorschläge für die Gestaltung des Arbeitsablaufes zu machen.

1. **Beschreiben Sie mithilfe der Karikaturen die Situation des Schichtarbeiters.**
2. **Erstellen Sie in Gruppenarbeit einen Forderungskatalog zur Humanisierung der Nacht- und Schichtarbeit.**

## 2.8 Technischer Arbeitsschutz

1. **Die Auszubildenden halten sich in sieben Punkten nicht an Sicherheitsvorschriften. Was wird hier alles falsch gemacht?**
2. **Welche Gefahren erwachsen daraus?**
3. **Durch welche Arbeitsschutzmaßnahmen können diese Gefahren verringert werden?**

Die Beschäftigten sind im Berufsalltag verschiedenen Gefahren ausgesetzt. Um Arbeitsunfälle zu verhüten, ist es notwendig, die Sicherheit am Arbeitsplatz zu verbessern. Arbeitsschutz erstreckt sich auf organisatorische und technische Schutzmaßnahmen. Die beste Schutzmaßnahme nützt aber nichts, wenn sich die Mitarbeiter nicht an die Sicherheitsvorschriften halten. Sicherheitsgerechtes Verhalten darf nicht dem Zufall überlassen bleiben.

## Wegen Asbest zu Hause bleiben

**Bundesarbeitsgericht: Bei Gesundheitsgefahr erlaubt**

Arbeitnehmer, die am Arbeitsplatz Asbest oder anderen „besonders gefährlichen krebserregenden Stoffen" ausgesetzt sind, dürfen zu Hause bleiben, wenn der Arbeitgeber die Gefahr nicht abstellen kann. Dies hat das Bundesarbeitsgericht entschieden. Es begründet dies mit der Gefahrstoffverordnung, wonach Beschäftigte die Arbeit verweigern dürfen, wenn sie einer „unmittelbaren Gefahr" für ihre Gesundheit ausgesetzt sind. Lohn und Gehalt müssen trotzdem weiterbezahlt werden. Anlass war die Klage eines Technikers der Deutschen Welle in Köln.

*Autorentext nach einer afp-Meldung*

**1. Welcher Grundsatz wird in der Urteilsbegründung des Arbeitsgerichtes deutlich?**
**2. Auf welche Verordnung zum technischen Arbeitsschutz stützt sich das Urteil?**

Mensch und Umwelt werden durch neue Stoffe auch immer neu gefährdet. Oft werden Gefahren erst verspätet erkannt. So ist z. B. Asbest erst 1990 in die Gefährdungsgruppe I für krebserzeugende Gefahrstoffe als „sehr stark gefährdend" eingeordnet worden.

Viele Gifte und Gefahrstoffe sind vom Arbeitnehmer gar nicht unmittelbar wahrnehmbar, können aber große gesundheitliche Schäden verursachen. Die Gefahrstoffverordnung will dieser Tatsache Rechnung tragen. Sie verpflichtet den Arbeitgeber zum sorgsamen Einsatz und Umgang mit gefährlichen Stoffen. Der Arbeitgeber muss gefährliche Stoffe erfassen und Gefahren begrenzen. Dazu sind die Arbeitnehmer über Gesundheitsgefahren zu informieren. Außerdem hat der Arbeitgeber Betriebsanweisungen für die sachgerechte Entsorgung von Gefahrstoffen zu verfassen.

Gefährliche Stoffe müssen gekennzeichnet sein, damit entsprechende Schutzmaßnahmen getroffen werden können. Verpackungen sind mit folgenden Angaben zu kennzeichnen:

- Bezeichnung des Stoffes,
- Hinweise auf besondere Gefahren,
- Gefahrensymbol(e) und Gefahrenbezeichnung,
- Sicherheitsratschläge,
- evtl. besondere zusätzliche Angaben,
- Name, Anschrift und Telefonnummer des Herstellers, Importeurs oder Vertreibers.

Etwa alle 15 Sekunden ereignet sich in der Bundesrepublik ein Arbeitsunfall. Dennoch weisen die Unfallstatistiken rückläufige Zahlen aus. Eine Vielzahl von Maßnahmen zur Unfallverhütung hat diese Entwicklung ermöglicht. Dazu gehören auch strengere gesetzliche Auflagen und Unfallverhütungsvorschriften.

Die **Unfallverhütungsvorschriften** werden von den Berufsgenossenschaften für die einzelnen Wirtschaftsbereiche erstellt. Ziel der Berufsgenossenschaften ist es dabei, durch vorbeugende Maßnahmen Unfälle zu verhüten.

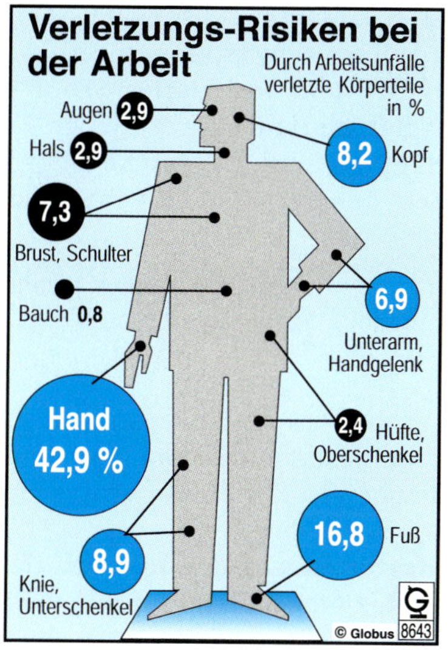


Über die Einhaltung der Gesetze und Verordnungen wachen die Gewerbeaufsichtsämter. Sie haben jederzeit direkten Zugang zur Kontrolle in den Betrieben. Bei Verstößen gegen die geltenden Gesetze können die Gewerbeaufsichtsämter Bußgelder verhängen. Die Berufsgenossenschaften als Träger der gesetzlichen Unfallversicherung kontrollieren durch Aufsichtsbeamte in den Betrieben, dass die Unfallverhütungsvorschriften eingehalten werden.

Betriebsunfälle sind der Berufsgenossenschaft vom Arbeitgeber unverzüglich anzuzeigen. Dazu muss ein Unfallbericht erstellt werden.

In **Betriebsanweisungen** wird das Arbeiten an Maschinen oder der Umgang mit gefährlichen Stoffen im Einzelfall genau festgelegt. Betriebsanweisungen sind vom Arbeitgeber zu erstellen. Zusätzliche Arbeitsschutzmaßnahmen kann der Betriebsrat mit dem Arbeitgeber durch eine Betriebsvereinbarung regeln.

Zur Sicherheit am Arbeitsplatz kann und muss jeder selbst beitragen, auch wenn der Grundsatz gilt, dass persönliche Schutzausrüstung (PSA) nur einzusetzen ist, wenn andere technische Möglichkeiten nicht oder nicht ausreichend Unfallgefahren ausschließen.

## Unfallverhütungsvorschrift

**Grundsätze der Prävention (BGV A1)**
**Vierter Abschnitt: Persönliche Schutzausrüstungen**

§ 29
**Bereitstellung**
(1) Der Unternehmer hat gemäß § 2 der PSA-Benutzungsverordnung den Versicherten geeignete persönliche Schutzausrüstungen bereitzustellen; vor der Bereitstellung hat er die Versicherten anzuhören.

§ 30
**Benutzung**
(1) Der Unternehmer hat dafür zu sorgen, dass persönliche Schutzausrüstungen entsprechend bestehenden Tragezeitbegrenzungen und Gebrauchsdauern bestimmungsgemäß benutzt werden.
(2) Die Versicherten haben die persönlichen Schutzausrüstungen bestimmungsgemäß zu benutzen, regelmäßig auf ihren ordnungsgemäßen Zustand zu prüfen und festgestellte Mängel dem Unternehmer unverzüglich zu melden.

§ 31
**Besondere Unterweisungen**
Für persönliche Schutzausrüstungen, die gegen tödliche Gefahren oder bleibende Gesundheitsschäden schützen sollen, hat der Unternehmer die nach § 3 Abs. 2 der PSA Benutzungsverordnung bereitzuhaltende Benutzungsinformation den Versicherten im Rahmen von Unterweisungen mit Übungen zu vermitteln.

Die Beschäftigten sind im Berufsalltag verschiedenen Gefahren ausgesetzt. Um Arbeitsunfälle zu verhüten, ist es notwendig, die Sicherheit am Arbeitsplatz zu verbessern. Arbeitsschutz erstreckt sich auf organisatorische und technische Schutzmaßnahmen. Verantwortlich für den Arbeitsschutz im Betrieb ist der Arbeitgeber. Er muss dafür sorgen, dass Arbeitsstätten, Arbeitsmittel, Geräte und Anlagen so eingerichtet und unterhalten werden, dass die Arbeitnehmer gegen Gefahren für Leben und Gesundheit geschützt sind. Arbeitsunfälle und gesundheitliche Schäden sollen durch Arbeitsschutzmaßnahmen vermieden werden. Die beste Schutzmaßnahme nützt aber nichts, wenn sich die Mitarbeiter nicht an die Sicherheitsvorschriften halten. Sicherheitsgerechtes Verhalten darf nicht dem Zufall überlassen bleiben.

## Mehr Schutz für Nichtraucher

Der Schutz der nicht rauchenden Arbeitnehmer wird durch die Arbeitsstättenverordnung gesetzlich festgeschrieben. Danach sind die Arbeitgeber verpflichtet, die nicht rauchenden Mitarbeiterinnen und Mitarbeiter in ihren Betrieben nachhaltig vor jenen Kolleginnen und Kollegen zu schützen, die auch am Schreibtisch nicht vom Glimmstängel lassen wollen. Die Nichtraucher sollen nicht weiter durch das Passivrauchen gefährdet werden. Der Schutz gilt für alle Bereiche des Betriebes.

*Autorentext*

Der technische Arbeitsschutz soll durch verschiedene Gesetze, Verordnungen und Vorschriften gewährleistet werden.

Die **Arbeitsstättenverordnung** regelt die Gestaltung des Arbeitsplatzes. Sie enthält u.a. Vorschriften über Lärmschutz, über Beleuchtung sowie über den Schutz vor schädlichen Dämpfen und Staub. In der Verordnung sind auch die Mindestanforderungen über Wasch- und Umkleideräume, Toiletten und Notausgänge aufgeführt.

Das **Arbeitssicherheitsgesetz** verpflichtet die Unternehmer, Betriebsärzte, Sicherheitsingenieure und andere Fachkräfte für die Arbeitssicherheit zu bestellen, in Kleinbetrieben besteht die Möglichkeit, das „Unternehmermodell“ anzuwenden und durch Teilnahme an Informations-, Motivations- und Fortbildungsmaßnahmen von der Regelbetreuung befreit zu werden. Für den organisatorischen Arbeitsschutz gibt es nach dem Sozialgesetzbuch VII in Betrieben ab 20 Mitarbeitern Sicherheitsbeauftragte.

Das **Geräte- und Produktsicherheitsgesetz** macht den Herstellern und Importeuren zur Auflage, nur solche Maschinen und Geräte zu produzieren und zu verkaufen, welche die Sicherheit und Gesundheit von Personen nicht gefährden. Für die Einhaltung dieser Schutzvorschriften bürgen neben den staatlichen Stellen auch die Prüfzeichen und Sicherheitsregeln des VDE und des TÜV.

Arbeitsschutz- und Unfallverhütungsvorschriften finden sich auch in der **Arbeitsmittelbenutzungsverordnung**, der **Gefahrstoffverordnung** und der **Biostoffverordnung**.

Über die Einhaltung der Arbeitsschutzgesetze und Unfallverhütungsvorschriften wachen die Gewerbeaufsichtsämter und die Berufsgenossenschaften, denen Arbeitsunfälle unverzüglich durch den Arbeitgeber angezeigt werden müssen.

VDE-Institut GS-Prüfzeichen CE-Kennzeichnung

## Zur Wiederholung

1. Welche Gesetze, Verordnungen und Vorschriften regeln den technischen Arbeitsschutz?
2. Nennen und erläutern Sie die Unfallverhütungsvorschriften, die für Ihren Arbeitsplatz gelten.
3. Erklären Sie die folgenden Sicherheitszeichen:

4. Wer ist zuständig für die Überwachung der Arbeitsschutzbestimmungen?
5. Mit welchen gefährlichen Stoffen kommen Sie in Berührung
   a) im Betrieb?
   b) zu Hause?
6. In Ihrem Ausbildungsbetrieb ereignet sich ein Arbeitsunfall. Schildern Sie, welche Maßnahmen ergriffen werden müssen.
7. Ein älterer Arbeitnehmer benutzt für die Entnahme von Werkzeugen aus dem Hochregal oftmals übereinandergestapelte Kisten. Sie sprechen ihn auf die Gefahren an. Die Antwort des Kollegen: „Es ist noch nie was passiert." Spielen Sie in Rollen die Situation weiter.

8. Aus Gründen der eigenen Sicherheit sollte jeder Arbeitnehmer wichtige Gefahrensymbole kennen. Benennen Sie die oben abgebildeten Symbole.
9. Überprüfen Sie, ob die nebenstehende Behälterkennzeichnung den Bestimmungen zur Kennzeichnung von Gefahrstoffen nach der Gefahrstoffverordnung entspricht.
10. Fassen Sie zusammen, inwiefern technischer und sozialer Arbeitsschutz zur Humanisierung der Arbeit beitragen.

**Salzsäure ca. 32%**

Hinweise auf die besonderen Gefahren:
**Verursacht Verbrennungen/ Verätzungen**

**Sicherheitsratschläge:**
Darf nicht in die Hände von Kindern gelangen.
Behälter dicht geschlossen und kühl lagern.
Behälter vorsichtig behandeln.
Dämpfe nicht einatmen.
Berührung mit Haut, Augen und Kleidung vermeiden.
Spritzer auf die Haut oder in die Augen gründlich mit Wasser abspülen.
Fußboden und verschmutzte Gegenstände gründlich mit den vorgesehenen Mitteln reinigen.

# Handlungsimpulse

## A Ein Plakat gestalten

Entwerfen Sie ein Plakat zum Thema „Sicherheit geht vor". Das Plakat soll in Ihrem Ausbildungsbetrieb vor Unfallgefahren warnen und auf Arbeitsschutzbestimmungen aufmerksam machen.

## B Internetrecherche

Weltweit müssen ungefähr 250 Millionen Kinder zwischen fünf und 14 Jahren arbeiten, davon rund 120 Millionen ganztags.
Informieren Sie sich über die aktuelle Situation sowie Maßnahmen und Aktionen gegen Kinderarbeit, indem Sie eine Internetrecherche durchführen. Informationen und Links finden Sie auf folgenden Web-Seiten:
www.tdh.de/was-wir-tun/arbeitsfelder/kinderarbeit/, www.unicef.de/informieren/aktuelles/blog/2015/kinderarbeit/78828:

## C Fragebogen zur Stressbelastung ausfüllen und auswerten

Gehen Sie bitte den Fragebogen durch. Prüfen Sie, inwieweit die Aussagen auf Sie zutreffen. Entscheiden Sie, wie häufig die Situation bei Ihnen auftritt und wie unangenehm sie Ihnen ist. Setzen Sie ein Kreuz in die entsprechenden Kästchen und multiplizieren Sie die Werte „Häufigkeit" und „Bewertung" miteinander. Tragen Sie das Produkt in die Spalte „Ergebnis" ein. Wiederholen Sie Ihre Selbstanalyse nach einigen Wochen und vergleichen Sie die Ergebnisse.

| Mögliche Stressfaktoren | Häufigkeit x Bewertung = Belastung | | | | | | | | |
|---|---|---|---|---|---|---|---|---|---|
| | nie | manch-mal | häufig | sehr oft | nicht störend | kaum störend | ziemlich störend | stark störend | Ergebnis |
| | 0 | 1 | 2 | 3 | 0 | 1 | 2 | 3 | |
| Termindruck | | | | | | | | | |
| Zeitnot, Hetze | | | | | | | | | |
| Ungenaue, widersprüchliche Anweisungen und Vorgaben | | | | | | | | | |
| Konflikte mit Kollegen | | | | | | | | | |
| Ärger mit dem Chef | | | | | | | | | |
| Ärger mit Kunden | | | | | | | | | |
| Ungerechtfertigte Kritik an mir | | | | | | | | | |
| dauerndes Telefonklingeln und andere Störungen | | | | | | | | | |
| Lärm | | | | | | | | | |
| Anruf von Vorgesetzten | | | | | | | | | |
| Rauchen | | | | | | | | | |
| Alkoholgenuss | | | | | | | | | |
| Bewegungsmangel | | | | | | | | | |
| hohe Eigenansprüche | | | | | | | | | |
| mangelhafte Unterstützung | | | | | | | | | |
| fehlende Vorbereitung | | | | | | | | | |
| eingeschränkter Handlungs- und Entscheidungsspielraum | | | | | | | | | |
| Endergebnis | | | | | | | | | |

Der Fragebogen ist an den Stress-Fragebogen nach ERGO-online.de angelehnt.

# 3 Der Betrieb als soziales System

## 3.1 Der Betrieb als soziale Organisation

**Frau Veit, Abteilungsleiterin**
Frau Jung, der Auftrag für die Firma Knoll muss heute unbedingt abgeschlossen werden. Ich möchte Sie bitten, heute etwas länger zu arbeiten.

**Herr Simmendinger, Sachbearbeiter**
Am kommenden Donnerstag möchte ich mit den Kolleginnen und Kollegen meinen Geburtstag feiern. Ich möchte Sie dazu auch herzlich einladen.

**Michael, Freund**
Du Michael, ich muss heute etwas länger arbeiten. Ich kann leider nicht zur Party mitkommen.

**Firma Knoll, Kunde**
Schon gestern sollte die Ware bei uns eintreffen. Wir benötigen die Lieferung unbedingt.

**Yildiz, Sachbearbeiterin Abteilung Finanzbuchhaltung**
Hallo Lina, können wir uns in der Mittagspause in der Kantine treffen? Ich muss unbedingt mit dir reden.

1. **Welche Rollen spielt die Sachbearbeiterin Lina Jung in den verschiedenen Gesprächen?**
2. **Welche Erwartungen werden an die jeweilige Rolle geknüpft?**
3. **Wo sehen Sie Konflikte zwischen verschiedenen Rollenerwartungen?**

In Betrieben werden Güter produziert und Dienstleistungen bereitgestellt. Zu diesem Zweck ist jeder Betrieb nach sachlichen Gesichtspunkten strukturiert und organisiert. Für eine optimale Organisation müssen die Aufgaben eines Betriebes erfasst und beschrieben werden. Die Einzelaufgaben werden arbeitsteilig und verantwortlich verschiedenen Stellen, Gruppen, Abteilungen und Bereichen zugeordnet. Die Betriebsstruktur weist jeder Mitarbeiterin und jedem Mitarbeiter verschiedene Positionen und Aufgaben zu: Betriebsleiter/-in, Abteilungsleiter/-in, Sachbearbeiter/-in, Auszubildende/Auszubildender, ...

Im Betrieb arbeiten Menschen zusammen, die Gespräche führen, Kontakte und Freundschaften pflegen, Probleme erörtern und Konflikte austragen. Der Betrieb ist deshalb nicht nur ein wirtschaftliches und rechtliches System, sondern auch ein **soziales System**, in dem die Menschen unterschiedliche Rollen wahrnehmen, z. B. Vorgesetzte/Vorgesetzter, Kollegin/Kollege, Betriebsratsmitglied, Gewerkschaftsmitglied, Datenschutzbeauftragte/Datenschutzbeauftragter oder Ausbilder/-in.

Auch Rollen, die außerhalb des Betriebes gespielt werden, können sich im Betrieb auswirken und umgekehrt. So kann Lina wegen anfallender Überstunden ihren Freund Michael nicht zur Party begleiten. Wenn von verschiedenen Seiten unterschiedliche Erwartungen an einen Rollenträger gestellt werden, kann es zu einem **Rollenkonflikt** kommen. Lina muss z. B. zwischen den Erwartungen ihrer Abteilungsleiterin und ihres Freundes abwägen und eine Entscheidung treffen.

**Rolle**

Die Summe von Erwartungen an das soziale Verhalten eines Menschen, der eine bestimmte soziale Position innehat. Ein Verhaltensmuster, das erlernt und von einer Person in einer bestimmten Situation ausgeführt werden muss.

**Status**

Im Status drückt sich insbesondere die soziale Wertschätzung bzw. der Rang oder das Prestige einer Person im Hinblick auf ihre Position aus. Diese Wertschätzung wird von Privilegien, Rechten und Pflichten, Fähigkeiten und Autoritätsbefugnissen bestimmt. Dabei wird dieser Status immer im Verhältnis zu der Lage oder Position definiert, die diese Person zu anderen Personen einnimmt.

1. **Zeigen Sie auf, welche Konflikte zwischen den betrieblichen Erwartungen und Ihren Erwartungen entstehen können.**
2. **Erstellen Sie eine Rangfolge für den Status der folgenden Berufe: Kfz-Mechatroniker/-in – Maurer/-in – Tischler/-in – Makler/-in – Friseur/-in – Bürokaufmann/-frau – Versicherungskaufmann/-frau – Tierpfleger/-in – Informatiker/-in.**
   **Begründen Sie Ihre Entscheidung.**
3. **Häufig wird der Status eines Menschen an materiellen Werten gemessen. Nennen Sie verschiedene Statussymbole und diskutieren Sie über deren wirkliche Aussagekraft.**

## 3.2 Soziale Beziehungen am Arbeitsplatz

Wie verabredet treffen sich die Sachbearbeiterinnen Lina Jung und Yildiz Bosch während der Mittagspause in der Betriebskantine.

Lina

Yildiz

**Lina** Also, heute Morgen war bei uns in der Abteilung wieder dicke Luft. Jürgen hat eine Bestellung nicht weitergeleitet. Der Kunde hat sich bereits beschwert. Ich fand es prima, dass die Abteilungsleiterin ihn gegenüber dem Chef in Schutz genommen hat. Schließlich hat Jürgen in den letzten Wochen mehrere Überstunden gemacht, nur um den großen Auftrag aus Köln zu erledigen.

**Yildiz** Da habt ihr aber Glück mit eurer Abteilungsleiterin. Unser Abteilungsleiter, Herr Lüdenscheid, führt sich auf wie der Chef persönlich. Und immer nur Kritik, nie ein Wort des Lobes. Deshalb wollen viele aus der Abteilung in andere Bereiche wechseln. Wenn nicht die Frau Körbel oder du wären, wüsste ich gar nicht, mit wem ich mal reden sollte.

**Lina** Bei uns in der Verkaufsabteilung würde es dir sicher besser gefallen. Wir haben ein gutes Betriebsklima. Wir helfen uns gegenseitig und reden auch mal über private Dinge, wenn Zeit dazu bleibt. Heute hat mich Herr Simmendinger angerufen. Er hat alle Kolleginnen und Kollegen zu seinem Geburtstag eingeladen.

Wenn ein Betrieb etwas herstellen will, dann muss der Arbeitsablauf organisiert werden. Die Mitarbeiter sind in verschiedenen Abteilungen und Arbeitsgruppen tätig, und es besteht ein Gefüge von Über- und Unterordnung. Die betriebliche Organisation führt zu den **formellen Beziehungen**.

Im Zusammenhang mit der gemeinsamen Arbeit entwickeln die Gruppenmitglieder Gefühle der Zu- und Abneigung füreinander. Es kommt zu gegenseitigen Hilfeleistungen, aber auch zu Streitigkeiten. Aus den formellen Beziehungen entstehen informelle Beziehungen. Starke informelle Beziehungen positiver Art in der Arbeitsgruppe befriedigen **informelle Bedürfnisse** nach Anerkennung, Wertschätzung und Geborgenheit.

**Yildiz** Mir macht die Arbeit zurzeit überhaupt keinen Spaß. Am liebsten würde ich die Abteilung wechseln. Stell dir vor, Herr Lüdenscheid besteht darauf, dass ich ihm jede Abrechnung persönlich vorlege. Er kontrolliert mich auf Schritt und Tritt. Das Ergebnis ist, dass ich nur noch unsicherer werde und Fehler mache.

**Lina** Macht er das bei den anderen Kollegen auch so?

**Yildiz** Ich weiß es nicht. Aber das ist noch nicht alles. Heute habe ich in einer Abrechnung zwei Fehler gemacht, worauf Herr Lüdenscheid mich angebrüllt hat: „Ihnen muss man alles hundertmal sagen! Sie lernen das nie!“ Dabei erhält man bei uns keine Informationen über neue Kostenschlüssel. Es ist niemand in der Abteilung da, der mir hilft und mir erklärt, was sich verändert hat.

**Lina** Was ist mit Herrn Schwarm? Hilft der dir nicht?

**Yildiz** Herr Schwarm macht nur stur seine Arbeit, ist aber sonst nicht sehr hilfsbereit, redet mit niemandem über persönliche Dinge. Frau Körbel ist sehr nett, aber nicht immer da, weil sie nur halbtags beschäftigt ist. Und mit Frau Zoll rede ich nicht mehr, seit sie mich beim Abteilungsleiter angeschwärzt hat. Ich weiß mir keinen Rat mehr. Was soll ich bloß machen?

Die informellen Beziehungen reichen über die formellen Arbeitsgruppen hinaus und führen zur Bildung informeller Gruppen im Betrieb. Grundlagen dafür sind u. a. die gleiche Stellung im Betrieb (z. B. alle Auszubildenden) und gleiche Freizeitinteressen (z. B. aktive Mitarbeit in einem Verein oder in einer politischen Partei).

Von den informellen Beziehungen gehen wesentliche Einflüsse auf das Betriebsklima und das betriebliche Geschehen aus. Positive Einflussfaktoren für das Betriebsklima sind:

- gute Zusammenarbeit,
- gegenseitige Hilfe,
- Wohlfühlen im Kollegenkreis,
- privates Zusammentreffen.

Dagegen stehen die negativen Einflussfaktoren:

- gegenseitige Konkurrenz,
- hohe Arbeitsbelastung,
- geringe Kontaktmöglichkeiten,
- mangelhafte gegenseitige Information,
- fehlende kollegiale Ratschläge.

1. **Welche Beziehungen bestehen zwischen Lina und Yildiz?**
2. **a) Beurteilen Sie das Betriebsklima in den Abteilungen von Lina und Yildiz.**
   **b) Welche Auswirkungen hat dies?**
3. **Erläutern Sie das soziale Verhalten von Herrn Schwarm und zeigen Sie mögliche Folgen auf.**
4. **„Was soll ich bloß machen?“**
   **Machen Sie Vorschläge, wie Yildiz vorgehen soll, um die Beziehungen zu verbessern.**

Eine gute Arbeitsatmosphäre und ein positives Betriebsklima sind wichtige Voraussetzungen für eine erfolgreiche Zusammenarbeit im Betrieb. Vor allem Diskriminierungen im Arbeitsleben sollten nicht vorkommen.

Das **Allgemeine Gleichbehandlungsgesetz (AGG)** regelt die Ansprüche und Rechtsfolgen bei Diskriminierung im Arbeitsleben.

**§ 1 AGG: Ziel des Gesetzes**
Ziel des Gesetzes ist, Benachteiligungen aus Gründen der Rasse oder wegen der ethnischen Herkunft, des Geschlechts, der Religion oder Weltanschauung, einer Behinderung, des Alters oder der sexuellen Identität zu verhindern oder zu beseitigen.

Das Gesetz gilt sowohl für Arbeitgeber als auch für Arbeitnehmer. Von der Stellenausschreibung über das Arbeitsentgelt bis hin zu den Beschäftigungs- und Arbeitsbedingungen müssen alle Prozesse diskriminierungsfrei gestaltet sein. Die Betriebe müssen eine Beschwerdestelle einrichten, an die sich die Mitarbeiterinnen und Mitarbeiter wenden können. Die Arbeitgeber sind verpflichtet, gegen Mitarbeiterinnen und Mitarbeiter vorzugehen, die andere Kolleginnen und Kollegen diskriminieren. Arbeitnehmerinnen und Arbeitnehmer können bei Benachteiligungen Schadenersatz oder eine Entschädigung verlangen.

Bei Fragen der Diskriminierung können sich Betroffene an die Antidiskriminierungsstelle des Bundes (www.antidiskriminierungsstelle.de) wenden.

**Betriebsvereinbarungen** sind vor allem in sozialen Angelegenheiten sinnvoll. Hierzu zählen z. B. auch Vereinbarungen über die Gestaltung des Arbeitsplatzes, die Betriebsordnung oder die Urlaubs- und Pausenregelung. Betriebsvereinbarungen müssen schriftlich festgehalten, von der Geschäftsleitung und dem Betriebsrat unterschrieben und im Betrieb ausgehängt werden. Eine besondere Betriebsvereinbarung ist der Sozialplan. Bei Massenentlassungen oder Stilllegungen werden nach sozialen Gesichtspunkten u. a. Abfindungen und Ruhestandsregelungen vereinbart.

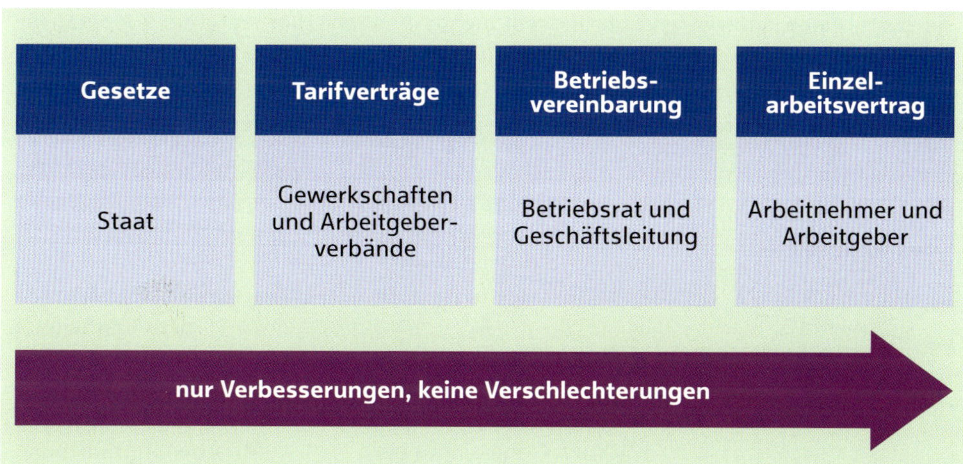

## 3.3 Spannungen und Konflikte

**Bedürfnisse des Mitarbeiters**

| Grundbedürfnis | Sicherheitsbedürfnis | Selbstverwirklichung | Soziales Bedürfnis |
| --- | --- | --- | --- |
| • Lebensunterhalt verdienen | • Sicherer Arbeitsplatz<br>• Sicherheit bei Unfall, Krankheit, Arbeitslosigkeit | • Sinnvolle Arbeit<br>• Anerkennung der Leistung<br>• Verantwortung tragen<br>• Selbstachtung stärken | • Kontakt zu anderen Menschen, z. B. Arbeitskollegen |

Yildiz ist unzufrieden mit ihrer Arbeitsstelle.

1. **Erläutern Sie, welche Bedürfnisse nicht befriedigt werden.**
2. **Unterbreiten Sie Vorschläge, wie die Spannungen beseitigt werden können, um Yildiz wieder neu zu motivieren.**

Die Bedürfnisse der Mitarbeiter und die Erwartungen des Betriebes lassen sich nicht immer in Einklang bringen. So entstehen Spannungen und Konflikte. Hierfür können persönliche oder organisatorische Gründe verantwortlich sein. Der Betrieb muss ein besonderes Interesse an zufriedenen Mitarbeitern haben, da Arbeitszufriedenheit die Leistungsmotivation fördert. Positiv auf die Leistungsbereitschaft wirken sich z. B. Erfolgserlebnisse, Anerkennung der Leistung, Aufstiegsmöglichkeiten, interessante Tätigkeiten und selbstständiges Arbeiten aus.

Die Art und Weise, wie Vorgesetzte ihre Mitarbeiter führen, wirkt sich direkt auf das Betriebsklima aus und kann damit auch Ursache für Spannungen und Konflikte sein. Wer verantwortungsbewusste und selbstständig handelnde Mitarbeiter braucht, kann sie durch einen autoritären Führungsstil nicht einengen. Hier wäre ein kooperativer Führungsstil angemessen. Zwischen einem autoritären und einem kooperativen Führungsstil gibt es viele Varianten.

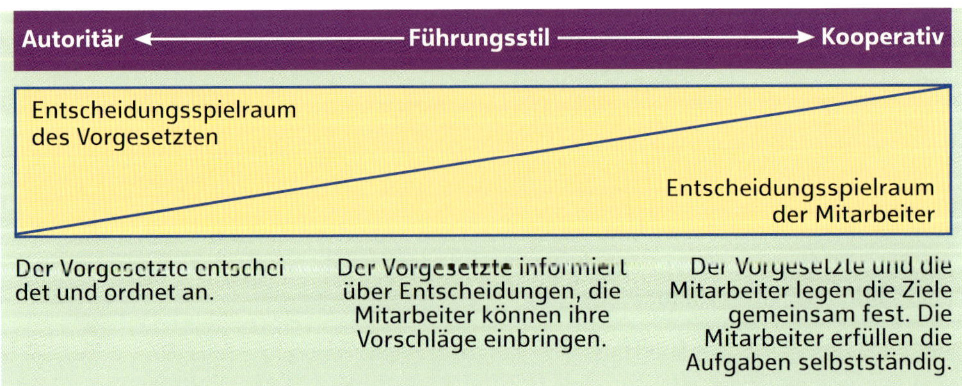

Konflikte müssen ausgetragen werden, zur Lösung sind alle Seiten gefordert. Dazu muss ein grundsätzliches Interesse an der Konfliktlösung vorhanden sein. Zur Lösung von Problemen im Betrieb können verschiedene Wege eingeschlagen werden: innerbetrieblich durch Gespräche zwischen allen Betroffenen, durch das Einschalten des Betriebsrates und außerbetrieblich durch das Arbeitsgericht.

# Handlungsimpulse

**Rollenspiel Mitarbeiterbesprechung**

Auf Anraten ihrer Freundin und Arbeitskollegin Lina sucht Yildiz das Gespräch mit dem Abteilungsleiter, Herrn Lüdenscheid. Lüdenscheid ist daran interessiert, dass die Spannungen in seiner Abteilung abgebaut werden. Er lädt alle Mitarbeiterinnen und Mitarbeiter zu einer Mitarbeiterbesprechung ein.

Spielen Sie mithilfe der Rollenkarten (S. 46) und der Informationen des Kantinengespräches (S. 41f.) die Mitarbeiterbesprechung nach. Ziel der Besprechung soll es sein, Spannungen in der Abteilung abzubauen und das Betriebsklima zu verbessern.

Das Lösen von Problemen und Konflikten erfordert einen stufenweisen Prozess, der schließlich zu einer Lösung des Konfliktes führt. Für die Mitarbeiterbesprechung sollten Sie sich an dem vorgeschlagenen methodischen Vorgehen orientieren. Als Medium sind Pinnwände sinnvoll.

**Methodisches Vorgehen**

1. Möglichst genaue und offene Beschreibung des Problems
   - In Kurzsätzen an der Pinnwand festhalten.
2. Sammlung möglicher Lösungen
   - Jeder schreibt spontan (Brainstorming) seine Vorschläge auf.
   - An der Pinnwand die Vorschläge sammeln.
3. Bewertung der Lösungsvorschläge
   - Vorschläge ordnen (clustern).
   - Vorschläge streichen, die eine negative Bewertung erhalten.
4. Entscheidung für die beste Lösung
   - Lösungsvorschläge nochmals gemeinsam bewerten.
   - Sich möglichst im Konsens für eine Lösung entscheiden.
5. Festlegung konkreter Schritte und Maßnahmen
   - Vereinbarungen treffen.
   - Reihenfolge festlegen.
   - Zeit- und Aufgabenplan erstellen.
6. Erfolgskontrolle

**Rollenkarte Yildiz Bosch**

Es ist nicht das erste Mal, dass Herr Lüdenscheid sie beschimpft hat. Yildiz ist der Meinung, dass persönliche Antipathie eine Rolle spielt, zumal sie in ihrem letzten Arbeitszeugnis (noch aus der Abteilung Einkauf) mit der Note „mit vollster Zufriedenheit" beurteilt wurde. Das Verhalten von Herrn Lüdenscheid empfindet Yildiz schon als Mobbing.

**Rollenkarte Hilde Zoll**
Als langjährige Mitarbeiterin findet sie, dass Fehler beim Namen genannt werden müssen. Sie fühlt sich deshalb verpflichtet, den Abteilungsleiter auf Fehlverhalten aufmerksam zu machen. Dies will sie auf keinen Fall als „anschwärzen" verstehen. Sie versteht nicht, dass Frau Bosch bei Problemen nicht zu ihr kommt und sie um Rat fragt.

**Rollenkarte Bernd Schwarm**
Herr Schwarm versteht gar nicht, weshalb dieses Gespräch notwendig ist. Jeder solle seine Arbeit erledigen. Herr Schwarm ist der Meinung, dass jeder sich über Änderungen selbst informieren und weiterbilden muss. Er mache dies ja schließlich auch.

## Spielregeln

- den anderen ausreden lassen
- zuhören
- sich gegenseitig respektieren
- die Lösung des Konfliktes im Auge behalten

**Rollenkarte Ruth Körbel**
Frau Körbel findet, dass das Klima in der Abteilung schlecht ist. Obwohl sie nur halbtags beschäftigt ist, merke sie die Spannungen. Frau Körbel vermisst Kollegialität, Offenheit, Teamgeist. Sie ist der Meinung, dass Kolleginnen und Kollegen nicht nur über betriebliche Belange miteinander reden sollten. Sie hat das Gefühl, dass sich alle aus dem Weg gehen.

**Rollenkarte Jens Lüdenscheid**
Herr Lüdenscheid stuft seine Äußerungen als bedauerlichen Ausrutscher ein, zumal er in den letzten Tagen viel Stress gehabt hat. Auf der anderen Seite sei es eine Tatsache, dass Frau Bosch in den letzten Wochen viele Fehler macht. Er betont, dass er immer ein offenes Ohr für die Belange seiner Mitarbeiter habe. Er wünscht sich auch, dass das Klima in der Abteilung besser wird. An ihm solle es nicht liegen, er sei für alle Vorschläge dankbar. Allerdings dürfe die Arbeit darunter nicht leiden.

## 3.4 Arbeitsgerichtsbarkeit

### Volksverhetzende Äußerungen bei Facebook – außerordentliche Kündigung

Ein bei einem Bergwerk beschäftigter Mitarbeiter wurde vom seinem Arbeitgeber fristlos gekündigt. Der Mitarbeiter hat bei Facebook unter seinem Namen einen privaten Account. In seinem Facebook-Profil hat er Angaben zu seinem Arbeitgeber eingestellt, und das an oberster Stelle.

Auf einer Facebook-Seite des Fernsehsenders n-tv hatte der Mitarbeiter einen Beitrag über einen Brand in einer Thüringer Asylunterkunft mit der Überschrift „Drama in Thüringen: Leiche nach Brand in Asylunterkunft gefunden" mit folgenden Worten kommentiert: *„hoffe das alle verbrennen, die nicht gemeldet sind."*

Diese volksverhetzende Äußerung nahm der Arbeitgeber als Grund für eine fristlose Kündigung. Das Arbeitsgericht Herne hat diese Kündigung bestätigt und für wirksam erklärt. Durch seine Äußerung auf der Facebook-Seite des Nachrichtensenders habe der Mitarbeiter den Ruf des Arbeitgebers beschädigt und dadurch in grober Weise gegen seine Verpflichtung aus dem Arbeitsverhältnis verstoßen. Zwar handele es sich bei den Äußerungen des Mitarbeiters zunächst um private Äußerungen. Durch das freizugängliche Facebook-Profil des Mitarbeiters, auf dem der Arbeitgeber benannt wurde, sei aber der Betrieb mit den Äußerungen des Mitarbeiters in Verbindung gebracht worden.

*Autorentext nach Arbeitsgericht Herne, 5 Ca 2806/15*

1. **Wie begründet das Arbeitsgericht seine Entscheidung?**
2. **Halten Sie das Gerichtsurteil für gerecht? Begründen Sie Ihre Meinung.**

Die meisten Konflikte zwischen Arbeitgeber und Arbeitnehmer oder Betriebsrat können innerbetrieblich in Gesprächen oder Verhandlungen gelöst werden. Ist dies jedoch nicht möglich, bleibt nur der Weg zum Arbeitsgericht. Das Arbeitsgericht ist zuständig für Streitigkeiten im Bereich des Arbeitsrechtes. Dazu gehören z. B. Arbeits- und Tarifverträge, Mitbestimmungs- und Betriebsverfassungsgesetz, Kündigungs- und Jugendarbeitsschutzgesetz.

Vor der eigentlichen Verhandlung muss der Vorsitzende des Arbeitsgerichtes versuchen, die Parteien zu einer **gütlichen Einigung** zu bringen.

Berufung und Revision müssen im Urteil ausdrücklich zugelassen sein. Die Berufung ist ein Rechtsmittel zur Nachprüfung eines Urteiles vor der nächsthöheren Instanz, dem Landesarbeitsgericht. Revision vor dem Bundesarbeitsgericht bedeutet eine Überprüfung des Urteils in letzter Instanz; dabei dürfen – anders als bei der Berufung – keine neuen Tatsachen vorgebracht werden.

Die Klage vor dem Arbeitsgericht muss schriftlich eingereicht oder vor dem Gericht mündlich zu Protokoll gegeben werden. Die Klageschrift wird dem Beklagten zugestellt. Bei den Gerichtsverhandlungen können beide Seiten entweder persönlich oder durch einen Verbandsvertreter ihre Interessen wahrnehmen. Über die Zulassung von Anwälten entscheidet der Vorsitzende des Amtsgerichtes. Beim Landes- und Bundesarbeitsgericht besteht Anwaltzwang.

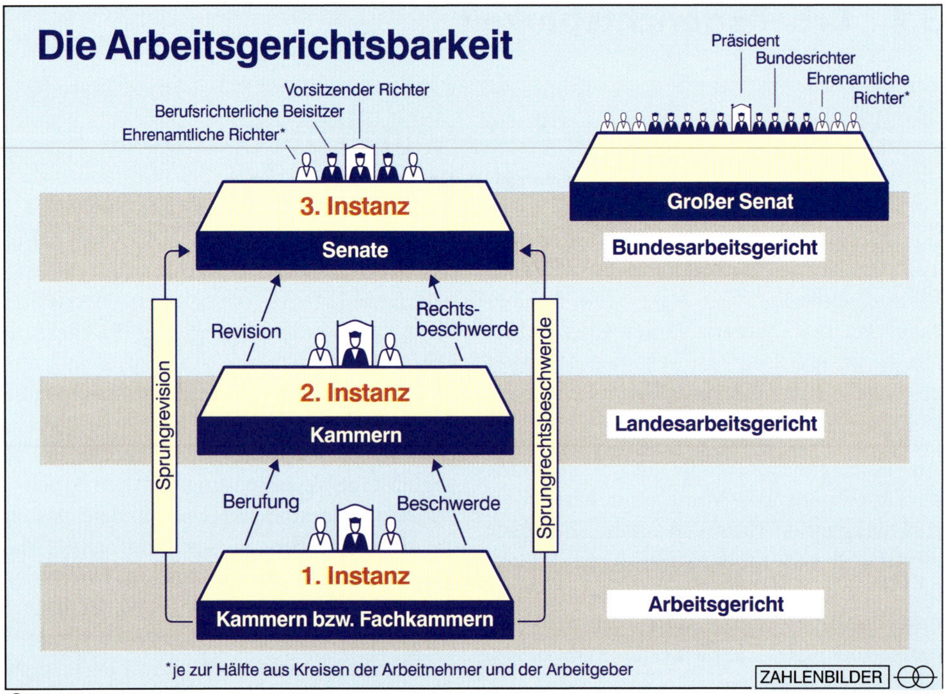


© Erich Schmidt Verlag 129 160

1. **Für welche Fälle sind die Arbeitsgerichte zuständig?**
2. **Wie kann der Gang zum Arbeitsgericht vermieden werden?**
3. **Welchen Zweck verfolgt die gütliche Einigung?**
4. **Warum sind Arbeitgeber- und Arbeitnehmervertreter als ehrenamtliche Laienrichter an den Arbeitsgerichten vertreten?**
5. **Michael (19, Mitglied der IG Metall) hat vor dem Arbeitsgericht wegen Nichterfüllung des Arbeitsvertrages Klage eingereicht. Welche Möglichkeiten hat Michael, seine Interessen vor Gericht zu vertreten?**
6. **Erklären Sie den Unterschied zwischen Berufung und Revision.**
7. **Rollenspiel „Fichte gegen Brummig“**
   **Der Energieelektroniker M. Fichte (Mitglied der IG Metall) klagt gegen seinen Arbeitgeber Brummig auf Zahlung von 500 € Weihnachtsgratifikation. Er begründet die Klage damit, dass ihm laut Betriebsvereinbarung eine Gratifikation von 1 000 € zustehe, Brummig aber nur 500 € bezahlt habe. Brummig erklärt in seiner Klagebeantwortung, laut Tarifvertrag habe Fichte nur einen Anspruch auf 500 €.**
   a) **Sammeln Sie in Gruppenarbeit Argumente für den Kläger Fichte und den Beklagten Brummig.**
   b) **Spielen Sie in Rollen die Verhandlung vor dem Arbeitsgericht, indem Sie die Plädoyers halten und ein mögliches Urteil begründen.**
8. **Eine Gerichtsverhandlung besuchen**
   a) **Besuchen Sie mit Ihrer Lerngruppe eine Verhandlung beim Arbeitsgericht.**
   b) **Bereiten Sie dazu den Besuch vor, indem Sie sich vorab über den Streitfall informieren. Protokollieren Sie die Verhandlung stichwortartig und diskutieren Sie das Urteil.**

# 3.5 Das Betriebsverfassungsgesetz

Aus „Betriebsverordnungen für Hamburger Comptoirs und Amtsstuben 1863 bis 1872“

## Zur Beachtung des Personals

Gottesfurcht, Sauberkeit und Pünktlichkeit sind die Voraussetzungen für ein ordentliches Geschäft.

Das Personal braucht jetzt nur noch an Wochentagen zwischen 6 Uhr vormittags und 6 Uhr nachmittags anwesend zu sein. Der Sonntag dient dem Kirchgang. Jeden Morgen wird im Hauptbureau das Gebet gesprochen.

Es wird von jedermann Ableistung von Überstunden erwartet, wenn das Geschäft sie begründet erscheinen läßt.

Der dienstälteste Angestellte ist für die Sauberkeit des Bureaus verantwortlich. Alle Jungen und Junioren melden sich bei ihm 40 Minuten vor dem Gebet und bleiben auch nach Arbeitsschluß zur Verfügung.

Einfache Kleidung ist Vorschrift. Das Personal darf sich nicht in hellschimmernden Farben bewegen und nur ordentliche Strümpfe tragen. Überschuhe und Mäntel dürfen im Bureau nicht getragen werden, da dem Personal ein Ofen zur Verfügung steht. Ausgenommen sind bei schlechtem Wetter Halstücher und Hüte. Außerdem wird empfohlen, in Winterszeiten taglich 4 Pfund Kohle pro Personalmitglied mitzubringen.

Während der Bureaustunden darf nicht gesprochen werden. Ein Angestellter, der Zigarren raucht, Alkohol in irgendwelcher Form zu sich nimmt, Billardsäle und politische Lokale aufsucht, gibt Anlaß, seine Ehre, Gesinnung, Rechtschaffenheit und Redlichkeit anzuzweifeln.

Die Einnahme von Nahrung ist zwischen 11.30 und 12.00 Uhr erlaubt. Jedoch darf die Arbeit dabei nicht eingestellt werden.

Der Kundschaft und Mitgliedern der Geschäftsleitung nebst Angehörigen ist mit Ehrerbietigkeit und Bescheidenheit zu begegnen.

Jedes Personalmitglied hat die Pflicht, für die Erhaltung seiner Gesundheit Sorge zu tragen, im Krankheitsfalle wird die Lohnzahlung eingestellt. Es wird daher dringend empfohlen, daß jedermann von seinem Lohn eine hübsche Summe für einen solchen Fall wie auch für die alten Tage beiseite legt, damit er bei Arbeitsunvermögen und bei abnehmender Schaffenskraft nicht der Allgemeinheit zur Last fällt.

Zum Abschluß sei die Großzügigkeit dieser neuen Bureauordnung betont. Zum Ausgleich wird eine wesentliche Steigerung der Arbeit erwartet.

[...]

*Mark Hübner-Weinhold: Aus „Betriebsordnungen für Hamburger Comptoirs und Amtsstuben 1863 bis 1872“. In: www.abendblatt.de. 27.12.2003. www.abendblatt.de/wirtschaft/karriere/article106821927/Aus-Betriebsverordnungen-fuer-Hamburger-Comptoirs-und-Amtsstuben-1863-bis-1872.html [27.07.2018].*

1. **Welches Verhältnis zwischen Arbeitgeber und Arbeitnehmer spiegelt diese Betriebsverordnung aus dem 19. Jahrhundert wider?**
2. **Warum konnte der Arbeitgeber solche einseitigen Bestimmungen verordnen?**
3. **In welchen Bereichen haben die Arbeitnehmer heute die Möglichkeit, mitzubestimmen?**

Die Demokratisierung der Gesellschaft hat vor den Fabriktoren und Verwaltungsgebäuden nicht Halt machen können. Demokratisierung der Wirtschaft bedeutet jedoch nicht, parlamentarische Formen auf Betriebe zu übertragen, sehr wohl aber, das demokratische Prinzip zu übernehmen, Konflikte in Betrieben nicht durch Zwang, sondern durch Dialog und Mitentscheidung beizulegen. Das bedeutet z. B., dass eine moderne Büro- oder Betriebsordnung sich an den geltenden Arbeitsrechten orientieren muss und der Mitbestimmung durch den Betriebsrat unterliegt.

Das **Betriebsverfassungsgesetz (BetrVG)** von 1972 regelt die Zusammenarbeit zwischen Arbeitgeber, Belegschaft, Betriebsrat, Gewerkschaften und Vereinigungen der Arbeitgeber. Für den öffentlichen Dienst gilt das **Personalvertretungsgesetz**. In sogenannten Tendenzbetrieben, wie z. B. kirchlichen Einrichtungen, gelten besondere Regelungen. Die Arbeitnehmervertretung hat Beteiligungsrechte in sozialen, personellen und wirtschaftlichen Angelegenheiten. In Tendenzbetrieben können zwar Betriebsräte gebildet werden, doch sind deren Rechte vor allem in personellen und wirtschaftlichen Angelegenheiten begrenzt.

Das Gesetz gibt auch den einzelnen Arbeitnehmern fest umrissene Rechte:

**§ 81 Unterrichtungs- und Erörterungspflicht des Arbeitgebers**

Der Arbeitgeber hat den Arbeitnehmer über dessen Aufgabe und Verantwortung sowie über die Art seiner Tätigkeit und ihre Einordnung in den Arbeitsablauf des Betriebs zu unterrichten. Er hat den Arbeitnehmer vor Beginn der Beschäftigung über die Unfall- und Gesundheitsgefahren, denen dieser bei der Beschäftigung ausgesetzt ist, sowie über die Maßnahmen und Einrichtungen zur Abwendung dieser Gefahren zu belehren.

**§ 82 Anhörungs- und Erörterungsrecht des Arbeitnehmers**

Der Arbeitnehmer hat das Recht, in betrieblichen Angelegenheiten, die seine Person betreffen, von den [...] zuständigen Personen gehört zu werden [...] Der Arbeitnehmer kann verlangen, dass ihm die Berechnung und Zusammensetzung seines Arbeitsentgelts erläutert und dass mit ihm die Beurteilung seiner Leistungen sowie Möglichkeiten seiner beruflichen Entwicklung im Betrieb erörtert werden [...]

**§ 83 Einsicht in die Personalakten**

Der Arbeitnehmer hat das Recht, in die über ihn geführten Personalakten Einsicht zu nehmen. Er kann hierzu ein Mitglied des Betriebsrats heranziehen [...]

**§ 84 Beschwerderecht**

Jeder Arbeitnehmer hat das Recht, sich bei den zuständigen Stellen des Betriebes zu beschweren, wenn er sich vom Arbeitgeber oder von Arbeitnehmern des Betriebs benachteiligt oder ungerecht behandelt oder in sonstiger Weise beeinträchtigt fühlt. Er kann ein Mitglied des Betriebsrats zur Unterstützung oder Vermittlung hinzuziehen.

1. **Vergleichen Sie die „Betriebsverordnung von 1863 bis 1872“ mit der heutigen Rechtslage.**
2. **Stellen Sie die wichtigsten Arbeitsrechte zum Schutz des Arbeitnehmers überblickartig zusammen.**
3. **Wo gelten die Bestimmungen des Betriebsverfassungsgesetzes?**
4. **Diskutieren Sie: „Arbeitnehmerrechte können sich nur Großbetriebe leisten!“**

## 3.6 Der Betriebsrat als Interessenvertretung

Im mittelständischen Betrieb ALU GmbH herrscht Aufregung unter den Arbeitnehmern. Aufgrund des neuen Tarifvertrages wird die Wochenarbeitszeit verlängert. Die Geschäftsleitung hat im Aushang folgende Regelung für die Arbeitszeitverlängerung angekündigt:

**Sehr geehrte Mitarbeiterinnen und Mitarbeiter,**

die tägliche Arbeitszeit endet ab 1. August

statt um 17:15 Uhr erst um 17:30 Uhr.

Die Geschäftsleitung

Die Arbeitnehmer wollen aber, dass die Tarifregelung nicht dazu führt, dass ihr Arbeitsende erst um 17:30 Uhr ist. Sie wünschen mit großer Mehrheit, dass der Arbeitsbeginn 15 Minuten früher erfolgt und das Ende der Arbeitszeit wie bisher um 17:15 Uhr ist.

1. **Wird durch die angekündigte Maßnahme die Arbeitszeitverlängerung umgesetzt?**
2. **Welche Möglichkeiten haben die Arbeitnehmer, ihre Interessen gegenüber der Geschäftsleitung durchzusetzen?**

Das Betriebsverfassungsgesetz regelt die innerbetriebliche Ordnung. Dazu gehören insbesondere die Mitbestimmungs- und Mitwirkungsrechte des Betriebsrates. Der Betriebsrat ist das wichtigste Organ der betrieblichen Interessenvertretung. Er vertritt die Belegschaft gegenüber der Geschäftsleitung und hat folgende allgemeine Aufgaben (§ 80 BetrVG):

**Der Betriebsrat**

- wacht u. a. über die Einhaltung von Gesetzen, Unfallverhütungsvorschriften, Tarifverträgen und Betriebsvereinbarungen,
- beantragt Maßnahmen, die im Interesse von Belegschaft und Betrieb sind,
- setzt die Gleichberechtigung von Männern und Frauen durch,
- fördert die Eingliederung von Behinderten, ausländischen Arbeitnehmern und von sonstigen schutzbedürftigen Personen,
- kümmert sich um die Interessen der jugendlichen Arbeitnehmer.

Zur Durchführung seiner Aufgaben ist der Betriebsrat nach § 80 BetrVG rechtzeitig und umfassend vom Arbeitgeber zu unterrichten. Ihm sind auf Verlangen jederzeit die zur Durchführung seiner Aufgaben erforderlichen Unterlagen zur Verfügung zu stellen.

Der Betriebsrat hat unterschiedliche Einflussmöglichkeiten und Rechte, die Interessen der Belegschaft zu vertreten:

**Mitbestimmung in sozialen Angelegenheiten**
Die Zustimmung des Betriebsrates ist unbedingt erforderlich. Betriebsleitung und Betriebsrat können Vorschläge unterbreiten, denen beide Seiten zustimmen müssen. Kommt keine Einigung zustande, unterbleibt die Maßnahme oder die Einigungsstelle (vgl. S. 53) entscheidet für beide Seiten verbindlich.

**Mitwirkung bei personellen Maßnahmen**
Der Betriebsrat hat nur ein eingeschränktes Mitbestimmungsrecht. Er kann seine Zustimmung nur verweigern, wenn gegen gesetzliche Regelungen verstoßen wurde. Das Mitwirkungsrecht gilt nur für Betriebe mit mehr als 20 wahlberechtigten Arbeitnehmern.

**Informations- und Beratungsrecht in wirtschaftlichen Angelegenheiten**
Über anstehende wirtschaftliche Entscheidungen muss der Betriebsrat rechtzeitig und umfassend informiert und angehört werden. Ein Widerspruch bleibt aber ohne Wirkung.

Der Betriebsrat der ALU GmbH berät in einer Betriebsratssitzung über die von der Geschäftsleitung angekündigte Änderung der Arbeitszeit, über die er nicht vorab informiert wurde.

Aufgrund seiner Umfrage unter der Belegschaft hat der Betriebsrat festgestellt, dass fast alle Kolleginnen und Kollegen einen früheren Arbeitsbeginn wünschen.

Der Betriebsrat prüft, welche Möglichkeiten ihm das Betriebsverfassungsgesetz bietet.

1. **Hätte die Geschäftsleitung den Betriebsrat über die Änderung der Arbeitszeit informieren müssen?**
2. **Prüfen Sie mithilfe des Auszugs aus dem BetrVG (S. 53), welche Möglichkeiten der Betriebsrat hat, die Interessen der Belegschaft bei der Geschäftsleitung durchzusetzen.**

**BetrVG § 87 Mitbestimmungsrechte**

(1) Der Betriebsrat hat, soweit eine gesetzliche oder tarifliche Regelung nicht besteht, in folgenden Angelegenheiten mitzubestimmen:

1. Fragen der Ordnung des Betriebes und des Verhaltens der Arbeitnehmer [...]
2. Beginn und Ende der täglichen Arbeitszeit einschließlich der Pausen sowie Verteilung der Arbeitszeit auf die einzelnen Wochentage;
3. vorübergehende Verkürzung oder Verlängerung der betriebsüblichen Arbeitszeit;
4. Zeit, Ort und Art der Auszahlung der Arbeitsentgelte;
5. Aufstellung allgemeiner Urlaubsgrundsätze und des Urlaubsplans sowie die Festsetzung der zeitlichen Lage des Urlaubs für einzelne Arbeitnehmer, wenn zwischen dem Arbeitgeber und den [...] Arbeitnehmern kein Einverständnis erzielt wird;
6. Einführung und Anwendung von technischen Einrichtungen, die dazu bestimmt sind, das Verhalten oder die Leistung der Arbeitnehmer zu überwachen;
7. Regelungen über die Verhütung von Arbeitsunfällen und Berufskrankheiten sowie über den Gesundheitsschutz im Rahmen der gesetzlichen Vorschriften oder der Unfallverhütungsvorschriften;
8. Form, Ausgestaltung und Verwaltung von Sozialeinrichtungen, deren Wirkungsbereich auf den Betrieb, das Unternehmen oder den Konzern beschränkt ist;
9. Zuweisung und Kündigung von Wohnräumen, die den Arbeitnehmern mit Rücksicht auf das Bestehen eines Arbeitsverhältnisses vermietet werden, sowie die allgemeine Festlegung der Nutzungsbedingungen;
10. Fragen der betrieblichen Lohngestaltung, insbesondere die Aufstellung von Entlohnungsgrundsätzen und die Einführung und Anwendung von neuen Entlohnungsmethoden sowie deren Änderung;
11. Festsetzung der Akkord- und Prämiensätze und vergleichbarer leistungsbezogener Entgelte, einschließlich der Geldfaktoren;
12. Grundsätze über das betriebliche Vorschlagswesen;
13. Grundsätze über die Durchführung von Gruppenarbeit.

(2) Kommt eine Einigung über eine Angelegenheit nach Absatz 1 nicht zustande, so entscheidet die Einigungsstelle. Der Spruch der Einigungsstelle ersetzt die Einigung zwischen Arbeitgeber und Betriebsrat.

**Mitwirkung und Mitbestimmung der Arbeitnehmer nach dem Betriebsverfassungsgesetz**

| Mitbestimmungsrechte | Mitwirkungsrechte | Beratungsrechte |
|---|---|---|
| Soziale Angelegenheiten (§ 87)<br>– Betriebsordnung<br>– Lage der Arbeitszeit und der Pausen<br>– Urlaubsplan<br>– Unfallverhütung<br>– betriebliche Berufsbildung<br>– betriebliche Sozialeinrichtungen<br>– Gruppenarbeit<br><br>Personalfragebogen<br><br>Beurteilungsgrundsätze (§ 94) | Personelle Einzelmaßnahmen (§ 99)<br>– Einstellungen<br>– Ein- und Umgruppierungen<br>– Versetzungen<br><br>Durchführung betrieblicher Bildungsmaßnahmen (§ 98)<br><br>Kündigungen (§ 102)<br><br>Umweltschutz (§ 89)<br><br>Fremdenfeindlichkeit (Entfernung betriebsstörender Arbeitnehmer) (§ 104) | Wirtschaftliche Angelegenheiten (§ 106), z. B. wirtschaftliche und finanzielle Lage, Produktion, Absatz, Investitionen, Rationalisierungen durch den vom Betriebsrat bestimmten Wirtschaftsausschuss<br><br>Gestaltung des Arbeitsplatzes (§ 90)<br>– Neu-, Um-, Erweiterungsbauten<br>– technische Anlagen<br>– Arbeitsverfahren |

Das Betriebsverfassungsgesetz erlaubt es nicht, dass der Betriebsrat zum Streik aufruft; Maßnahmen des Arbeitskampfes (Streik und Aussperrung) können nur durch die Tarifpartner (Gewerkschaften und Arbeitgeberverbände) eingeleitet werden.

Im Gepräch mit dem Betriebsrat begründet die Geschäftsleitung der ALU GmbH die neue Arbeitszeitregelung mit der Umsetzung des neuen Tarifvertrages. Ein früherer Arbeitsbeginn führe zu höheren Energiekosten. Außerdem würde eine Verlängerung der Arbeitszeit bis 17:30 Uhr den Wünschen der Kunden entgegenkommen. Die Geschäftsleitung besteht darauf, die neue Arbeitszeitregelung einzuführen.

Betriebsrat und Geschäftsleitung vereinbaren, auf einer Betriebsversammlung das Problem zu diskutieren.

Jedes Kalendervierteljahr muss der Betriebsrat eine **Betriebsversammlung** während der Arbeitszeit einberufen. Eine Betriebsversammlung kann von einem Viertel der Arbeitnehmer oder der Geschäftsleitung beantragt werden. An ihr können alle Betriebsangehörigen und die Geschäftsleitung teilnehmen. Die Versammlung ist nicht öffentlich. In ihr werden Angelegenheiten besprochen, die den Betrieb direkt betreffen. Der Betriebsrat muss seinen Tätigkeitsbericht vorlegen. Die Betriebsversammlung kann dem Betriebsrat Anträge unterbreiten und zu seinen Beschlüssen Stellung nehmen.

**Betriebsverfassungsgesetz § 43, Abs. 2**

Der Arbeitgeber ist zu den Betriebs- und Abteilungsversammlungen unter Mitteilung der Tagesordnung einzuladen. Er ist berechtigt, in den Versammlungen zu sprechen. Der Arbeitgeber oder sein Vertreter hat mindestens einmal in jedem Kalenderjahr in einer Betriebsversammlung über das Personal- und Sozialwesen, einschließlich des Stands der Gleichstellung von Frauen und Männern im Betrieb sowie der Integration der im Betrieb beschäftigten ausländischen Arbeitnehmer, über die wirtschaftliche Lage und Entwicklung des Betriebs sowie über den betrieblichen Umweltschutz zu berichten, soweit dadurch nicht Betriebs- oder Geschäftsgeheimnisse gefährdet werden.

Auf der Betriebsversammlung wird deutlich, dass die Belegschaft nicht gewillt ist, den Vorstellungen der Geschäftsleitung zu folgen.

Die Betriebsversammlung beantragt, dass der Betriebsrat die neue Arbeitszeitregelung ablehnt und verhindert.

Darauf ruft der Betriebsrat die Einigungsstelle an, in der Angelegenheit zu entscheiden.

Zur Beilegung von Meinungsverschiedenheiten zwischen Arbeitgeber und Betriebsrat kann eine **Einigungsstelle** gebildet werden. Sie besteht aus einer gleichen Anzahl von Beisitzern, die vom Betriebsrat und vom Arbeitgeber bestellt werden. Der „neutrale" Vorsitzende ist von beiden Seiten zu ernennen. Entscheidungen werden mit Stimmenmehrheit gefasst. Bei Pattsituation stimmt der Vorsitzende mit ab.

## 3.7 Die Jugend- und Auszubildendenvertretung

**Liebe Auszubildende,**

ihr braucht uns, weil wir eure Interessen vertreten. Ohne uns steht ihr allein vorm Chef. Dort schwindet euch der Mut. Beschwerden bringt ihr nicht mehr vor, weil ihr Angst habt vor Nachteilen. Wir haben nichts zu befürchten, wir kennen eure Rechte, wir stehen euch in Konflikten bei. Geht wählen. Je mehr Stimmen wir haben, desto stärker sind wir!

**Eure Jugend- und Auszubildendenvertretung**

**Liebe Jugend- und Auszubildendenvertretung,**

ich brauche euch nicht. Ich vertrete meine Interessen allein, weil ich sie am besten kenne. Vor meinem Chef habe ich keine Angst. Kritik ist für ihn wichtig, weil sie hilft, Missstände zu beseitigen. Beschwerden will er lösen, weil er zufriedene und motivierte Mitarbeiter will. Also, wir brauchen keine Vertretung, wir brauchen mündige Auszubildende.

**Ein Auszubildender**

1. **Sind Interessenvertreter für Jugendliche und Auszubildende nötig?**
2. **Welche Anforderungen sollte ein Interessenvertreter erfüllen?**

**Jugend- und Auszubildendenvertretung**

**§ 60 BetrVG (Errichtung und Aufbau)**

(1) In Betrieben mit in der Regel mindestens fünf Arbeitnehmern, die das 18. Lebensjahr noch nicht vollendet haben (jugendliche Arbeitnehmer) oder die mit ihrer Berufsausbildung beschäftigt sind und das 25. Lebensjahr noch nicht vollendet haben, werden Jugend- und Auszubildendenvertretungen gewählt [...]

Die Wahrung der eigenen Interessen im Betrieb fällt vielen jungen Menschen schwer. Die **Jugend- und Auszubildendenvertretung** (JAV) soll sie dabei unterstützen. Diese muss vom Betriebsrat, das ist die Interessenvertretung für die Gesamtbelegschaft, über alle jugend- und ausbildungsrelevanten Fragen informiert und gehört werden. In solchen Fragen hat sie bei Sitzungen des Betriebsrates ein Teilnahme- und Stimmrecht.

Die Aufgaben der JAV sind im § 70 BetrVG aufgeführt (vgl. www.jav.de). Die Wahl zur JAV hat alle zwei Jahre in der Zeit vom 1. Oktober bis 30. November zu erfolgen.

# 3.8 Wahlen zum Betriebsrat

**Betriebsratswahl**

**Betriebsrat im Handwerks- oder Industriebetrieb?**

**Ist das nötig? Ja!**

**Der Arbeitgeber kann gut ohne Betriebsrat leben.**

**Die Arbeiter und Angestellten aber nicht!**

§ 1 Betriebsverfassungsgesetz (BetrVG)

In Betrieben mit in der Regel mindestens fünf ständigen wahlberechtigten Arbeitnehmern, von denen drei wählbar sind, werden Betriebsräte gewählt.

**Nur ein Betriebsrat kann die gesetzlichen Rechte wahrnehmen. Wenn die Arbeitnehmer keinen Betriebsrat wählen, kann der Arbeitgeber seine Interessen einseitig durchsetzen.**

- **Probleme können nur mit einem Betriebsrat gelöst werden.**

1. **In welchen Betrieben kann ein Betriebsrat gewählt werden?**
2. **Wie erklären Sie sich, dass es in Handwerks- und Kleinbetrieben kaum Betriebsräte gibt?**
3. **Wie beurteilen Sie im Wahlaufruf die Behauptung, dass Probleme nur mit einem Betriebsrat gelöst werden können?**

Das Betriebsverfassungsgesetz schreibt die Bildung eines Betriebsrates nicht zwingend vor. Arbeitnehmer ohne Betriebsrat verzichten jedoch auf wichtige Rechte, u. a. auch auf eventuelle Abfindungen oder einen Sozialplan. Kein Unternehmer ist verpflichtet, von sich aus zur Wahl eines Betriebsrates aufzurufen. Die Initiative muss von mindestens drei wahlberechtigten Arbeitnehmern oder ihrer Gewerkschaft ausgehen. Der Arbeitgeber darf die Wahl eines Betriebsrates nicht behindern.

Wahlen finden alle vier Jahre zwischen dem 1. März und dem 31. Mai statt. Wahlberechtigt sind alle Arbeitnehmer über 18 Jahre. Gewählt werden kann jeder Arbeitnehmer, der mindestens sechs Monate im Betrieb beschäftigt ist. Für Betriebe mit fünf bis 100 Mitarbeitern gilt ein vereinfachtes Wahlverfahren.

Die Größe des Betriebsrates ist abhängig von der Anzahl der wahlberechtigten Arbeitnehmer. Er hat z. B. bei 51 bis 100 Wahlberechtigten fünf, bei 1 001 bis 1 500 Wahlberechtigten 15 Betriebsratsmitglieder. In Betrieben mit fünf bis 20 Wahlberechtigten besteht der Betriebsrat aus einer Person. Der Anteil von Frauen und Männern im Betriebsrat sollte ihrem Anteil an der Belegschaft entsprechen (Geschlechterquote).

Leitende Angestellte sind von der Betriebsratswahl ausgeschlossen, da sie die Interessen der Arbeitgeber mit vertreten. Um jedoch dieser Gruppe im Unternehmen die Möglichkeit der Mitwirkung zu geben, sieht das Betriebsverfassungsgesetz einen Sprecherausschuss für leitende Angestellte vor, wenn mindestens zehn leitende Angestellte im Betrieb beschäftigt sind.

## 3.9 Mitbestimmung auf Unternehmensebene

# Zukunft der Arbeit

Beteiligung und Mitbestimmung ausbauen

Politische Demokratie muss durch wirtschaftliche und soziale Demokratie auch in der Arbeitswelt ergänzt und gefestigt werden. Die Mitbestimmung hat sich bewährt. Nur dadurch konnten tiefgreifende Strukturveränderungen sozialverträglich gestaltet werden. Auf neue Herausforderungen – von der Globalisierung bis zu ökologischen Fragen – gehen die Mitbe-stimmungsrechte der Arbeitnehmerinnen und Arbeitnehmer bisher nicht genügend ein. Eine zukunftsorientierte Politik der Unternehmen erfordert mehr Mitbestimmungsrechte der Arbeitnehmerinnen und Arbeitnehmer und ihrer Gewerkschaften. [...]

Der Ausbau der Beteiligungs- und Mitbestimmungsrechte am Arbeitsplatz ist überfällig. Neue Managementstrategien fordern mehr Beteiligung der Arbeitnehmerinnen und Arbeitnehmer sowie Team- und Gruppenarbeit. [...]

Die Gewerkschaften setzen sich für eine Unternehmenspolitik ein, die Rentabilität mit sozialen und ökologischen Belangen und mit regionalpolitischer Verantwortung verbindet. Dies erfordert den Ausbau institutionalisierter Mitbestimmung auf Unternehmensebene und eine paritätische Besetzung der Aufsichtsräte. Die Montanmitbestimmung bleibt Maßstab für den Ausbau und die Weiterentwicklung der Mitbestimmung.

DGB

*DGB Bundesvorstand (Hg.): Die Zukunft gestalten. Grundsatzprogramm des Deutschen Gewerkschaftsbundes. Beschlossen auf dem 5. Außerordentlichen Bundeskongress am 13.-16. November 1996 in Dresden, S. 13.*

1. **Inwiefern gehört die Mitbestimmung auf Unternehmensebene zu einer demokratischen Gesellschaft?**
2. **Wie sieht die paritätische Mitbestimmung in der Montanindustrie aus?**
3. **Inwiefern geht die Mitbestimmung auf Unternehmensebene über die betriebliche Mitbestimmung des Betriebsrates hinaus?**

Der Betriebsrat bleibt bei Entscheidungen in wirtschaftlichen Angelegenheiten weitgehend ohne Einfluss, da er nur ein Recht auf Information und Beratung hat. Die eigentlichen Entscheidungen in den Großunternehmen über wichtige wirtschaftliche Weichenstellungen, wie z. B. Investitionen, Betriebsauslagerungen oder Rationalisierungen, fallen in den Vorständen und Aufsichtsräten. Von solchen Maßnahmen sind natürlich auch die Arbeitnehmer betroffen.

Damit sie auch in diesen für sie wichtigen Fragen mitbestimmen können, müssen sie in den Entscheidungsgremien beteiligt sein. Der Gesetzgeber hat hierfür **drei Formen der Mitbestimmung auf Unternehmensebene** geschaffen. Die Form der Mitbestimmung richtet sich nach der Anzahl der Beschäftigten und dem Wirtschaftszweig.

### Beteiligung in Unternehmen mit 501 bis 2 000 Beschäftigten

In Kapitalgesellschaften mit weniger als 2 000 Beschäftigten gilt für die Besetzung der Aufsichtsräte die **„Drittelbeteiligung"**. Das bedeutet, dass im Aufsichtsrat die Arbeitnehmer ein Drittel, die Kapitalvertreter zwei Drittel der Mitglieder stellen. Die Arbeitnehmervertreter werden von der Belegschaft, die Kapitalvertreter durch die Hauptversammlung der Kapitaleigner gewählt. Die „Drittelbeteiligung" wurde bereits im Betriebsverfassungsgesetz von 1952 geregelt.

### Mitbestimmung in Großunternehmen mit über 2 000 Beschäftigten

Während bei kleineren Unternehmen die „Drittelbeteiligung" keine echte Mitbestimmung auf Unternehmensebene darstellt, wird durch das **Mitbestimmungsgesetz von 1976** ein zahlenmäßiges Gleichgewicht (Parität) erreicht. Im Aufsichtsrat der Kaptialgesellschaften mit über 2 000 Beschäftigten sitzen gleich viele Arbeitnehmer- und Kapitalvertreter.

Zur Arbeitnehmerseite gehört auch ein leitender Angestellter. Der Aufsichtsratsvorsitzende wird von den Kapitaleignern gestellt. Er braucht jedoch für seine Wahl eine Zweidrittelmehrheit aller Mitglieder des Aufsichtsrates. Bei Stimmengleichheit (Patt) hat der Vorsitzende zwei Stimmen. Aus diesen Gründen bezeichnen die Gewerkschaften diese Form der Mitbestimmung als „scheinparitätische Arbeitnehmerbeteiligung". Denn bei allen strittigen Entscheidungen ist es möglich, dass die Arbeitnehmerseite durch die Kapitaleigner überstimmt wird. Außerdem fühlt sich ein leitender Angestellter oft wegen seiner Führungsaufgaben mehr der Unternehmensführung und den Kapitaleignern als den Arbeitnehmern verpflichtet. Das Mitbestimmungsgesetz von 1976 wird dennoch von den Gewerkschaften als Fortschritt angesehen.

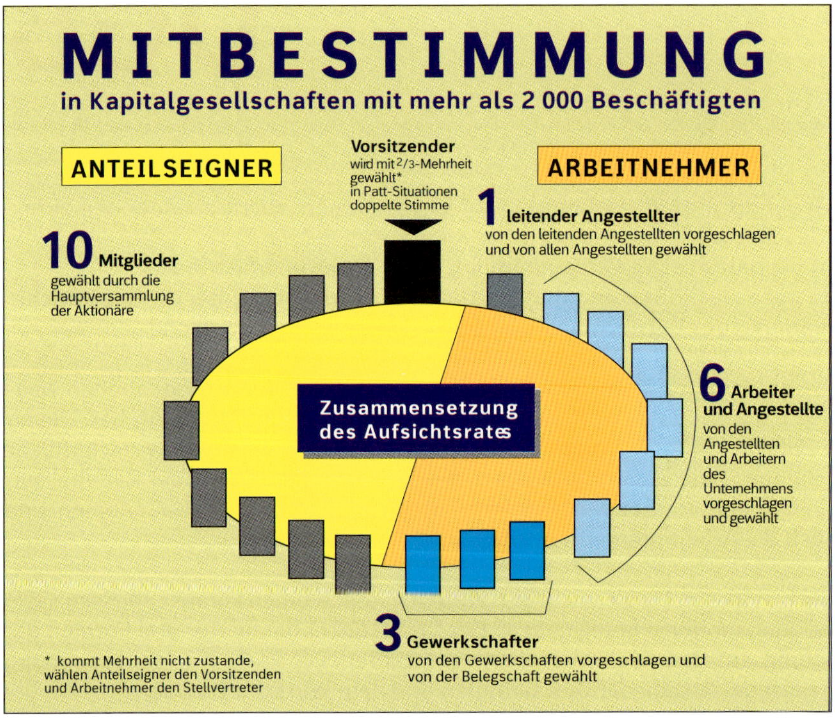

## Mitbestimmung im Montan-Bereich

Zum Montan-Bereich gehören Unternehmen des Bergbaus und der Eisen und Stahl erzeugenden Industrie. Die Schwerindustrie war ein kriegswichtiger Wirtschaftszweig und innerbetrieblich zum Teil straff organisiert. Nach dem Zweiten Weltkrieg sollten u. a. durch die Mitbestimmung der Arbeitnehmerseite in diesem Industriebereich offenere Ordnungsformen und mehr wirtschaftliche Einflussnahme möglich werden. So wurde bereits 1951 eine **paritätische Mitbestimmung** in den Unternehmen der Montanindustrie mit mehr als 1 000 Beschäftigten eingeführt.

Im Aufsichtsrat sitzen gleich viele Kapital- und Arbeitnehmervertreter. Zusätzlich wird von beiden Seiten ein „neutraler" Vorsitzender in den Aufsichtsrat gewählt. So kann es nie zu einer Patt-Situation kommen. Bei der Montan-Mitbestimmung handelt es sich deshalb um eine echte paritätische Mitbestimmung.

Zudem sind die Arbeitnehmer auch im Vorstand durch den Arbeitsdirektor an der Geschäftsführung beteiligt. Der Arbeitsdirektor ist vorwiegend für personelle und soziale Angelegenheiten im Vorstand zuständig.

**Mitbestimmung in der Europäischen Aktiengesellschaft (SE)**
Seit Oktober 2004 können Unternehmen, die in mehreren EU-Ländern tätig sind, zwischen den nationalen (deutschen, französischen, britischen usw.) Gesellschaftsformen und einer Europäischen Aktiengesellschaft (SE) wählen. Um die Mitbestimmung im Aufsichts- oder Verwaltungsrat, die in vielen Ländern existiert, nicht unterlaufen zu lassen, gibt es neben der EU-Verordnung zur SE eine gesonderte EU-Richtlinie zur Arbeitnehmerbeteiligung in der SE. Die konkrete Ausgestaltung der Arbeitnehmerbeteiligung der SE muss jedoch innerbetrieblich ausgehandelt werden. Wie beim Europäischen Betriebsrat erfolgt dies zwischen einem eigens hierfür zu bildenden „Besonderen Verhandlungsgremium" (BVG) und der Konzernleitung.

1. **Warum ist es für Arbeitnehmer wichtig, auch auf Unternehmensebene mitbestimmen zu können?**
2. **Diskutieren Sie über die folgenden Aussagen:**
   a) **„Demokratie darf nicht vor den Fabriktoren enden."**
   b) **„Wer das Risiko trägt, muss auch entscheiden."**
   c) **„Wer von den Arbeitnehmern Verantwortung verlangt, darf ihnen die Mitbestimmung nicht verweigern."**
3. **Welche Formen der Mitbestimmung auf Unternehmensebene gibt es?**
4. **Erklären Sie den Begriff „Drittelbeteiligung".**
5. **a) Beschreiben Sie die Zusammensetzung des Aufsichtsrates nach dem Mitbestimmungsgesetz in Großunternehmen.**
   **b) Wer entscheidet bei Patt-Situationen?**
6. **Wieso bezeichnen die Gewerkschaften das Mitbestimmungsgesetz von 1976 als „scheinparitätische Mitbestimmung"?**
7. **Nennen Sie den Bereich, für den die Montan-Mitbestimmung gilt.**
8. **Aus welchen Gründen wurde zuerst in der Montanindustrie die paritätische Mitbestimmung eingeführt?**
9. **a) Durch wen sind die Arbeitnehmer in der Montanindustrie auch im Vorstand vertreten?**
   **b) Welche Aufgaben hat dieses Vorstandsmitglied?**

# 3.10 Sozialpartner im Wirtschafts- und Arbeitsleben

1. **Wem gehören die Kopfbedeckungen?**
2. **Inwiefern ist es sinnvoll, dass beide Seiten sich zu Gesprächen treffen?**
3. **Über welche Themen wird dabei gesprochen und verhandelt?**

Arbeitnehmer und Arbeitgeber haben gemeinsame, aber auch unterschiedliche Interessen. Gemeinsam setzen sich die **Sozialpartner** z. B. für die Sicherung von Arbeitsplätzen und die Erhaltung von Unternehmen oder die Beibehaltung des „sozialen Friedens" ein. Unterschiedliche Auffassungen und Interessen zeigen sich z. B. in den Tarifverhandlungen, wo es um Fragen der Entlohnung oder der Arbeitsbedingungen geht. In der sozialen Marktwirtschaft haben die Sozialpartner sowohl ihre Interessen zu vertreten als auch für das Gemeinwohl Verantwortung zu tragen.

Vor allem für den einzelnen Arbeitnehmer ist es schwierig, seine Belange allein durchzusetzen. Deshalb haben sich bereits im 19. Jahrhundert Arbeitnehmer zu Interessenverbänden, den Gewerkschaften, zusammengeschlossen. Auch die Unternehmer gründeten bereits Ende des vorletzten Jahrhunderts erste Unternehmensverbände.

## Die Arbeitnehmerorganisationen

Ziel der Gewerkschaften ist die ständige Verbesserung der Arbeits- und Lebensbedingungen der Arbeitnehmer. Um dieses Ziel zu erreichen, müssen die Gewerkschaften die Interessen ihrer Mitglieder sowohl gegenüber den Arbeitgebern als auch gegenüber dem Staat durchsetzen.

Wichtige **Aufgaben und Ziele der Gewerkschaften** sind:

- Abschluss von Tarifverträgen,
- gerechte Einkommens- und Vermögensverteilung,
- Humanisierung der Arbeit,
- Mitbestimmung,
- Kontrolle wirtschaftlicher Macht,
- Ausbau des Systems der sozialen Sicherung,
- Verbesserung der beruflichen Bildung und Weiterbildung,
- Umweltschutz.

Von den ca. 32 Millionen sozialversicherungspflichtig Beschäftigten sind etwa 25 % gewerkschaftlich organisiert. Die mit Abstand größte Arbeitnehmerorganisation ist der DGB.

**Mitgliederzahlen der Gewerkschaften:**

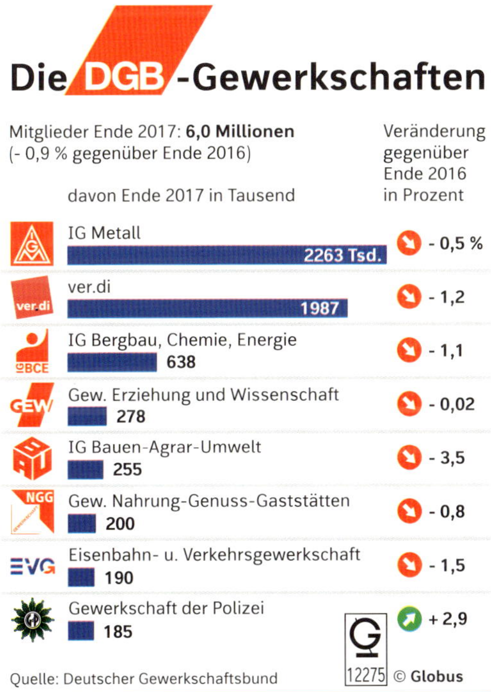


## Arbeitgeberverbände

Die Interessen der Arbeitgeber vertritt die „Bundesvereinigung der Deutschen Arbeitgeberverbände“ (BDA). Unter diesem Dachverband sind die Fachverbände aus allen Wirtschaftszweigen organisiert, z. B. Gesamtverband Metall, Hauptverband der Deutschen Bauindustrie usw. Die Fachverbände sind die Partner der Gewerkschaften bei den Tarifverhandlungen.

Um wirtschafts- und sozialpolitisch Einfluss nehmen zu können, haben sich Unternehmer und Selbstständige in Branchenverbänden zusammengeschlossen. Ansprechpartner dieser Verbände ist der Staat. Einflussreichster Verband im produzierenden Gewerbe ist der „Bundesverband der Deutschen Industrie“ (BDI). Die Interessen des Handwerks werden vom „Zentralverband des Deutschen Handwerks“ vertreten.

## 3.11 Tarifverträge

### ver.di fordert 4,2 %

Die Tarifverhandlungen in der Druckindustrie sind in einer schwierigen Phase. Auch in der dritten Verhandlungsrunde ist kein Durchbruch erfolgt. Die Gewerkschaft fordert weiterhin eine Lohnerhöhung von 4,2 % und eine Anhebung in den unteren Lohngruppen. Dagegen liegt ein Angebot der Arbeitgeber von 1,9 % auf dem Tisch. Am Dienstag endet die Friedenspflicht für den Lohn- und Gehaltstarifvertrag. Die Gewerkschaft ver.di hat deshalb schon für die kommende Woche Warnstreiks angekündigt, falls sich die Arbeitgeber nicht bewegen. Beide Tarifpartner wollen nach Aussage ihrer Sprecher einen Arbeitskampf vermeiden und suchen einen Kompromiss.

In der diesjährigen Tarifrunde wird nicht nur über Lohn und Gehalt verhandelt. Es geht auch um eine neue Urlaubsregelung. Dazu haben die Arbeitgeber den Manteltarifvertrag aufgekündigt.

*Autorentext*

**1. a) Worüber verhandeln die Tarifpartner?**
**b) Welche Tarifverträge werden dadurch berührt?**
**2. a) Erklären Sie den Begriff Friedenspflicht.**
**b) Welche Folgen hat das Ende der Friedenspflicht?**
**c) Was will die Gewerkschaft durch die Warnstreiks erreichen?**
**3. Wie könnte Ihrer Meinung nach ein Kompromiss aussehen?**

Allein die Tarifpartner, Gewerkschaften und Arbeitgeberverbände, haben das Recht, Tarifverträge abzuschließen. Dabei darf sich der Staat nicht einmischen. Die Tarifparteien sind in ihren Verhandlungen autonom, d.h. unabhängig und eigenständig; dies bezeichnet man als **Tarifautonomie**.

Tarifverträge sind ein Kompromiss aus den Forderungen der Gewerkschaften einerseits und den Angeboten der Arbeitgeber andererseits. Es gibt mehrere Arten von Tarifverträgen. Die beiden wichtigsten sind der **Lohn- und Gehaltstarifvertrag** sowie der **Manteltarifvertrag**.

Im Lohn- und Gehaltstarifvertrag werden Löhne und Gehälter, insbesondere der **Ecklohn**, festgelegt. Der Ecklohn ist der Grundlohn eines Facharbeiters; nach ihm errechnen sich durch Zu- und Abschläge alle anderen Löhne. Auch die Ausbildungsvergütungen für Auszubildende sind Gegenstand des Lohn- und Gehaltstarifvertrages. In der Regel gelten die Vereinbarungen für eine **Laufzeit** von zwölf Monaten. Der **Rahmentarifvertrag** regelt Qualifikationsanforderungen und ihre Eingruppierungen in Lohngruppen. Die Arbeitsbedingungen, wie Arbeitszeit, Urlaub, Mehrarbeit, Nachtarbeit, Sonn- und Feiertagsarbeit, Rationalisierungsschutz usw., werden im Manteltarifvertrag festgehalten. Manteltarifverträge haben meist eine Laufzeit über mehrere Jahre.

Tarifverträge haben im Wesentlichen **drei Funktionen**:

- **Schutzfunktion:** Der einzelne Arbeitnehmer soll gegenüber dem wirtschaftlich stärkeren Arbeitgeber bei der Festlegung der Arbeitsbedingungen vor einseitigen Forderungen geschützt werden. Der Tarifvertrag dient der Chancengleichheit zwischen der Arbeitnehmer- und der Arbeitgeberseite.
- **Ordnungsfunktion:** Anstelle vieler Einzelarbeitsverträge wird durch den kollektiven Arbeitsvertrag eine Vereinheitlichung und Überschaubarkeit erreicht. Dadurch werden die Personalkosten für die Unternehmen berechenbarer.
- **Friedensfunktion:** Während der Laufzeit der Tarifverträge sind Arbeitskämpfe untersagt. Die Friedenspflicht verbietet Streik oder Aussperrung zur Durchsetzung anderer tariflicher Regelungen.

Für alle Mitglieder der Gewerkschaft und des Arbeitgeberverbandes besteht Tarifbindung an einen neu geschlossenen Vertrag. Jedes Gewerkschaftsmitglied hat also einen unmittelbaren Anspruch auf die im Tarifvertrag vorgesehenen Leistungen und Bestimmungen. Voraussetzung ist aber, dass sein Arbeitgeber ebenfalls tarifgebunden ist. Mit einem Arbeitnehmer, der nicht der Gewerkschaft angehört, könnte ein tarifgebundener Arbeitgeber auch durch einen Einzelarbeitsvertrag z. B. einen niedrigeren Lohn vereinbaren. Die meisten Arbeitgeber behandeln allerdings nicht organisierte Arbeitnehmer wie Gewerkschaftsmitglieder. Denn durch eine Schlechterstellung würden sie diese „in die Arme der Gewerkschaft treiben".

Ohne rechtliche Wirkung bleibt der Tarifvertrag in Betrieben, die nicht im Arbeitgeberverband organisiert sind. Der Geltungsbereich eines Tarifvertrages ist begrenzt auf den Tarifbezirk (**Flächentarifvertrag**) oder eine Branche (**Branchentarifvertrag**). Zudem besteht bei Großunternehmen, z. B. bei VW, die Möglichkeit, mit den Gewerkschaften einen sogenannten **Haustarifvertrag** auszuhandeln, der nur für das Unternehmen gültig ist.

Durch eine staatliche **allgemein verbindliche Erklärung** kann ein Tarifvertrag auch auf nicht tarifgebundene Arbeitnehmer und Arbeitgeber übertragen werden. Die allgemein verbindliche Erklärung wird mit Zustimmung der Tarifpartner durch den Bundesarbeitsminister bzw. die zuständigen Landesminister vorgenommen.

Von den Bestimmungen des Tarifvertrages kann nur abgewichen werden, wenn im Einzelarbeitsvertrag für den Arbeitnehmer günstigere Arbeitsbedingungen vorgesehen sind. Tarifverträge beinhalten also **Mindestleistungen**. Viele Betriebe zahlen übertarifliche Löhne und Gehälter.

1. **Informieren Sie sich, welche Gewerkschaft und welcher Arbeitgeberverband für Ihren Betrieb Tarif- und Sozialpartner sind.**
2. **Franziska macht eine Ausbildung zur Friseurin. Sie ist nicht sicher, ob ihr Ausbildungsvertrag dem Tarifvertrag entspricht. Wo kann sie sich informieren?**
3. **Entscheiden Sie, ob die folgenden Vereinbarungen im Lohn- oder im Manteltarifvertrag geregelt sind:**
   **a) Urlaub, b) Ausbildungsvergütung, c) Arbeitszeit,**
   **d) Ecklohn, e) Nachtarbeit, f) Weihnachtsgeld.**

# 3.12 Arbeitskampf

1. **Was bedeutet Streik? Was bedeutet Aussperrung?**
2. **Wann werden diese Maßnahmen in der Tarifrunde eingesetzt?**
3. **Welche Ziele verfolgen die Tarifpartner mit Streik oder Aussperrung?**

Ziel von Tarifverhandlungen ist es, einen neuen Tarifvertrag abzuschließen. Häufig werden die Tarifverhandlungen durch **Warnstreiks** begleitet. Warnstreiks sind kurze Arbeitsniederlegungen mit dem Ziel, Druck auf die Arbeitgeber auszuüben. Kommt in den Verhandlungen kein Kompromiss zustande, kann ein Sozialpartner diese als gescheitert erklären. Um einen Arbeitskampf zu vermeiden, ist ein Schlichtungsverfahren möglich. Ein neutraler **Schlichter** versucht, zwischen den Positionen der Gewerkschaft und des Arbeitgeberverbandes zu vermitteln. Das Ergebnis ist ein **Schlichtungsspruch**. Stimmen beide Seiten dem Vorschlag des Schlichters zu, kommt es zum Abschluss eines neuen Tarifvertrages.

Wenn die Schlichtung ohne Erfolg bleibt, droht ein Arbeitskampf, um Druck auf den Tarifpartner auszuüben. Arbeitskämpfe und Warnstreiks sind nur nach Ablauf der Friedenspflicht zulässig.

Das Kampfmittel der Gewerkschaft ist der **Streik**. Durch die Arbeitsniederlegung verleihen die Arbeitnehmer ihren Forderungen mehr Gewicht. Bevor die Gewerkschaft zum Streik aufruft, findet in der Regel eine **Urabstimmung** statt. Die organisierten Arbeitnehmer werden in dieser Abstimmung befragt, ob sie streiken wollen. Sprechen sich mehr als 75 % für Arbeitskampfmaßnahmen aus, können die Gewerkschaften einzelne Betriebe bestreiken. Das Kampfmittel der Arbeitgeber ist die **Aussperrung**. Dabei werden die Arbeitnehmer von ihrer Arbeitspflicht ohne Bezahlung freigestellt. Werden bestreikte Betriebe für alle Arbeitnehmer geschlossen, handelt es sich um eine Abwehraussperrung. Eine Angriffsaussperrung von Arbeitnehmern, deren Betrieb nicht bestreikt wird, ist nur zulässig, wenn sie sich nach dem Grundsatz der Verhältnismäßigkeit richtet.

Der Arbeitskampf endet, wenn in neuen Verhandlungen ein Ergebnis erzielt wird. Hierzu müssen 25 % der Gewerkschaftsmitglieder in einer Urabstimmung dem Kompromiss zustimmen. In einigen Einzelgewerkschaften ist eine höhere Quote notwendig. Die Tarifkommission der Gewerkschaft kann sich über das Ergebnis der Urabstimmung hinwegsetzen.

**Ablauf eines Arbeitskampfes**

Arbeitskämpfe sind sowohl für die Arbeitgeber als auch für die Arbeitnehmer mit **wirtschaftlichen Einbußen** verbunden, z.B. Produktions- und Gewinnausfall bzw. Lohnausfall und Ruhen der Sozialleistungen. Ein gewerkschaftlich organisierter Arbeitnehmer erhält von seiner Gewerkschaft „Streikgeld".

1. **Nennen Sie die Aufgaben und Ziele der Gewerkschaften.**
2. **In welcher Gewerkschaft sind Arbeitnehmer Ihres Berufes organisiert?**
3. **Erklären Sie die unterschiedlichen Aufgaben von BDA und BDI.**
4. **Erläutern Sie die Begriffe „Tarifautonomie" und „Friedenspflicht".**
5. **Welche Funktionen haben Tarifverträge?**
6. **Beschreiben Sie den Ablauf eines Schlichtungsverfahrens.**
7. **Welche wirtschaftlichen Folgen hat ein Arbeitskampf?**

## Zur Wiederholung

1. Weshalb ist der Betrieb ein soziales System?
2. Erläutern Sie die Begriffe
   a) informelle Gruppe,
   b) formelle Beziehungen.
3. Welche Faktoren sind wichtig für ein positives Betriebsklima?
4. Wodurch unterscheiden sich autoritärer und kooperativer Führungsstil?
5. Welches Gesetz regelt die Zusammenarbeit zwischen Arbeitgeber und Betriebsrat?
6. Welche allgemeinen Aufgaben hat der Betriebsrat?
7. Erläutern Sie den Unterschied zwischen Mitbestimmung und Mitwirkung.
8. a) Welche Aufgaben hat die Betriebsversammlung?
   b) Wer darf an der Betriebsversammlung teilnehmen?
   c) Wie oft muss die Betriebsversammlung einberufen werden?
9. a) Welche Aufgaben hat die Einigungsstelle?
   b) Wie setzt sich die Einigungsstelle zusammen?
10. Kann der Betriebsrat einen Streik vorbereiten?
11. Wer ist nach dem BetrVG für den Betriebsrat
    a) wahlberechtigt,
    b) wählbar?
12. Stellen Sie in Ihrer Lerngruppe fest, ob es in den Ausbildungsbetrieben einen Betriebsrat/Personalrat und eine Jugend- und Auszubildendenvertretung gibt oder nicht. Wie werden Probleme gelöst, wenn es keine Interessenvertretungen gibt?
13. Erläutern Sie (mithilfe des Betriebsverfassungsgesetzes), welche Rechte der Betriebsrat in den folgenden Fällen hat:
    a) Ein neuer Facharbeiter wird eingestellt, dafür soll ein Mitarbeiter entlassen werden.
    b) Die Betriebsführung verlegt die Betriebsferien vom August in den Oktober. Viele Beschäftigte wollen aber in den Sommerferien in den Urlaub fahren.
    c) Einem Mitarbeiter wird aus betriebsbedingten Gründen gekündigt.
    d) In der Personalplanung der Geschäftsleitung für die nächsten zwei Jahre ist vorgesehen, die Belegschaft um 7 % abzubauen.
    e) Auf Anordnung der Betriebsleitung gilt ab sofort ein generelles Rauchverbot in allen Büroräumen.
    f) Die Auftragslage bei der Werkzeugmaschinenfabrik Holzer erfordert es aus Sicht der Unternehmensführung, zwei Sonderschichten einzulegen.
14. Erläutern Sie wichtige neue Arbeitsformen.
15. Welche Auswirkungen haben die neuen Arbeitsformen auf die sozialen Beziehungen im Betrieb?
16. Welche Auswirkungen haben die neuen Arbeitsformen auf die Struktur der Betriebe?

# Handlungsimpulse

## A Ein Ablaufdiagramm erstellen

In vielen Betrieben gibt es noch keinen Betriebsrat.
Erstellen Sie ein Ablaufdiagramm für die Vorbereitung einer Betriebsratswahl. Nehmen Sie dazu das Betriebsverfassungsgesetz und die Wahlordnung zu den Betriebsratswahlen zu Hilfe.

## B Eine Podiumsdiskussion durchführen

Podiumsdiskussionen eignen sich sehr gut dazu, Standpunkte deutlich zu machen. Führen Sie eine Podiumsdiskussion an Ihrer Schule durch, indem Sie zu einem aktuellen Streitthema (z. B. über Ausbildungsfragen, Lohn und Gehalt, Arbeitszeit, Mitbestimmung)

- Arbeitgebervertreter,
- Gewerkschaftsvertreter

einladen.

Bereiten Sie sich auf die Diskussion vor, um Fragen an die Vertreter stellen zu können. Dokumentieren Sie die wichtigsten Ergebnisse der Veranstaltung (z. B. Pressemitteilung, Fotos).

## C Szenario „Der ideale Betrieb“

Szenarien dienen dazu, sich mit gesellschaftlichen Problemen und Risiken sowie mit deren zukünftigen Entwicklungen auseinanderzusetzen. In Szenarien fließen sowohl Daten und Informationen als auch Einschätzungen und Meinungen ein. Damit soll eine Fortschreibung der bisherigen Entwicklung in die Zukunft möglich werden.

Ablauf:

- Aufgaben- und Problemanalyse
  Grenzen Sie das Thema und die Fragestellung ein.
- Brainwriting
  Beschreiben Sie, welche Faktoren die Fragestellung beeinflussen.
  Beschränken Sie die Faktoren auf höchstens acht.
- Vernetzungsmatrix
  Erstellen Sie eine Vernetzungsmatrix, in die diese Einflussfaktoren eingetragen werden.
  Analysieren Sie, wie die einzelnen Faktoren miteinander verknüpft sind.
- Handlungskatalog
  Listen Sie konkrete Maßnahmen auf, die das Ziel des idealen Betriebes unterstützen.

# 4 Grundlagen des Vertragswesens

## 4.1 Rechts- und Geschäftsfähigkeit

Nicole (16) hat sich bei der Firma Schwarz GmbH um einen Ausbildungsplatz als Kommunikationselektronikerin beworben. Nach Einstellungstest und Vorstellungsgespräch hat sie heute folgendes Schreiben der Schwarz GmbH erhalten:

SCHWARZ
GmbH
Ludwigshafen

Schwarz GmbH, Dresdner Str. 66, 67071 Ludwigshafen

Frau
Nicole Unger
Mannheimer Str. 9
67071 Ludwigshafen

| Ihr Zeichen, Ihre Nachricht vom | Unser Zeichen, | unsere Nachricht vom | Tel.-Durchwahl<br>0621 342208 | – Ludwigshafen |
|---|---|---|---|---|
| | pa/en | 17.12.20.. | 231 | 14.01.20.. |

**Ausbildung zur Kommunikationselektronikerin**

Sehr geehrte Frau Unger,

aufgrund unseres Einstellungsgesprächs vom 17. Dezember in unserem Hause möchten wir Ihnen heute mitteilen, dass wir Sie zum 1. August gerne zur Ausbildung als Kommunikationselektronikerin in unserer Firma begrüßen würden.
Bitte vereinbaren Sie in den nächsten Tagen einen Termin mit unserer Personalleiterin, Frau Engelhardt. Sie wird mit Ihnen weitere Einzelheiten im Zusammenhang mit dem Ausbildungsvertrag besprechen.

Mit freundlichen Grüßen

*B. Kupisch*

B. Kupisch
(Geschäftsführung)

Nicole freut sich über die positive Entscheidung der Firma Schwarz GmbH. Sie stellt sich jedoch zwei Fragen:

1. **Mit wem schließe ich meinen Ausbildungsvertrag ab, mit der GmbH oder mit Herrn Kupisch?**
2. **Müssen meine Eltern den Ausbildungsvertrag auch unterschreiben?**

Diese beiden Fragen berühren zwei wesentliche Grundsätze von Rechtsgeschäften: die **Rechts**- und die **Geschäftsfähigkeit**. Wer sich rechtswirksam äußern, also Rechtsgeschäfte abschließen will, muss rechts- und geschäftsfähig sein. Die gesetzliche Grundlage dafür ist das Bürgerliche Gesetzbuch (BGB), das die bürgerlichen Rechte wie Vertrags-, Eigentums-, Familien- und Erbrecht regelt. In seinem „Allgemeinen Teil" sind die Rechtsgrundsätze für alle Rechtsgebiete aufgestellt. Hier finden sich auch die Antworten auf Nicoles Fragen.

Während das BGB die rechtlichen Beziehungen zwischen Privatpersonen untereinander oder zwischen Privatpersonen und Kaufleuten regelt, gilt für Rechtsgeschäfte zwischen Kaufleuten zusätzlich das Handelsgesetzbuch (HGB).

## Rechtsfähigkeit

Nicoles erste Frage, mit wem sie den Ausbildungsvertrag abschließt, berührt die Frage nach der Rechtsfähigkeit. Rechtsfähigkeit ist die Fähigkeit, Rechte und/oder Pflichten wahrzunehmen. So hat Nicole als Auszubildende z. B. das Recht auf eine angemessene Ausbildung und eine Ausbildungsvergütung. Gleichzeitig wird sie als Auszubildende auch Pflichten nachkommen müssen, z. B. der Pflicht zum Berufsschulbesuch oder der Pflicht, über Geschäftsgeheimnisse Stillschweigen zu bewahren.

Träger von Rechten und Pflichten sind Personen. Nach der bestehenden Rechtsordnung wird zwischen natürlichen und juristischen Personen unterschieden.

**Natürliche Personen** sind alle Menschen. Die Rechtsfähigkeit des Menschen beginnt mit seiner Geburt und endet mit dem Tod.

**Juristische Personen** sind aufgrund von Gesetzen Träger von Rechten und Pflichten. Die „Geburt" beginnt mit der Eintragung in ein entsprechendes Register, z. B. in das Vereins-, Handels- oder Genossenschaftsregister. Die Rechtsfähigkeit von juristischen Personen endet mit der Streichung aus dem Register, z. B. bei Auflösung oder Insolvenz (früher: Konkurs). Auch die Körperschaften des öffentlichen Rechts, z. B. Handwerks- und Handelskammern, sind juristische Personen.

Nicole schließt also mit der Schwarz GmbH den Ausbildungsvertrag ab. Die GmbH als juristische Person wird durch den Geschäftsführer vertreten.

Auszug aus dem Handelsregister

**Amtsgericht Ludwigshafen am Rhein**

R B 3680 Lu – 09.11.89 Schwarz GmbH, in Ludwigshafen, Dresdner Str. 66. Gegenstand des Unternehmens: Durchführung von Elektroinstallationen, Schaltanlagenbau, Bau von Steuerungsanlagen, Antennenanlagenbau und Verkauf von Elektrogeräten aller Art. Stammkapital: 25 000 €. Geschäftsführer: Bodo Kupisch, Elektromeister in Ludwigshafen.

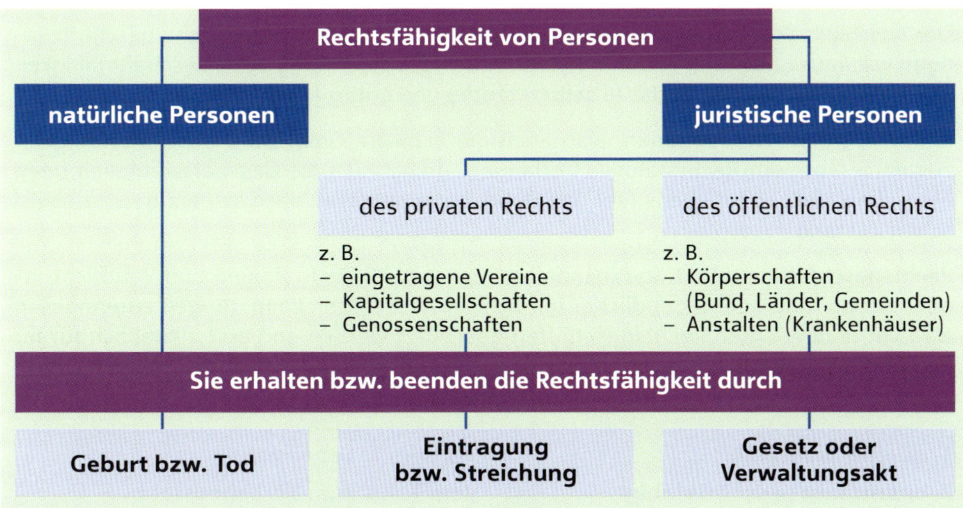

# Geschäftsfähigkeit

**A** Die Ausbildungszeit beträgt nach der Ausbildungsordnung

42 Monate.

☐ Es wird eine Verkürzung der Ausbildungszeit um ___ Monate beantragt

Verkürzungsgrund:

Das Berufsausbildungsverhältnis beginnt am 31.08.2019 und endet am 31.01.2023 .

**B** Die Probezeit (Nr. 1.2) beträgt 4 Monate.[3])

**C** Die Ausbildung findet statt in [Name/Anschrift der Ausbildungsstätte(n)]

und den mit dem Betriebssitz für die Ausbildung üblicherweise zusammenhängenden Bau-, Montage- und sonstigen Arbeitsstellen statt.

**D** Ausbildungsmaßnahmen außerhalb der Ausbildungsstätte(n) sind für den folgenden Zeitraum in der/den folgenden Ausbildungsstätte(n) vorgesehen (hierzu zählen auch Auslandsaufenthalte) (Nr. 3.12):

**E** Der/Die Ausbildende zahlt dem/der Auszubildenden eine angemessene Vergütung (Nr. 5); diese beträgt zurzeit monatlich brutto

| € | 947 | 1000 | 1066 | 1120 |
|---|---|---|---|---|
| im | ersten | zweiten | dritten | vierten |

Ausbildungsjahr.

**F** Die regelmäßige Ausbildungszeit in Stunden beträgt

täglich[4]) 8,00 und wöchentlich ___ .

Teilzeitausbildung wird beantragt (Nr. 6.2): ja ☐ nein ☐

1) Vertretungsberechtigt sind beide Eltern gemeinsam, soweit nicht die Vertretungsberechtigung nur einem Elternteil zusteht. Ist ein Vormund bestellt, so bedarf dieser zum Abschluss des Ausbildungsvertrages der Genehmigung des Vormundschaftsgerichtes.
2) Solange die Ausbildungsordnung nicht erlassen ist, sind gem. § 104 Abs. 1 BBiG die bisherigen Ordnungsmittel anzuwenden.
3) Die Probezeit muss mindestens einen Monat und darf höchstens vier Monate betragen.
4) Das Jugendarbeitsschutzgesetz sowie für das Ausbildungsverhältnis geltende tarifvertragliche Regelungen und Betriebsvereinbarungen sind zu beachten.

**G** Es besteht ein Urlaubsanspruch

| im Kalenderjahr | 2019 | 2020 | 2021 | 2022 | 2023 |
|---|---|---|---|---|---|
| Werktage | 13,00 | 27,00 | 25,00 | 24,00 | 2,00 |
| Arbeitstage | | | | | |

**H** Der Ausbildungsnachweis wird wie folgt geführt:

schriftlich ☐ elektronisch ☐

**I** Hinweise auf anzuwendende Tarifverträge und Betriebsvereinbarungen; sonstige Vereinbarungen (Nr. 11):

**J** Die umseitigen Bestimmungen sind Gegenstand dieses Vertrages und werden anerkannt.

Ort, Datum: Weimar, 20.01.2019

Der/Die Ausbildende:

Dieter Scholl

Stempel und Unterschrift

Der/Die Auszubildende:

Nicole Unger

Vor- und Familienname

Der/Die gesetzlichen Vertreter/in des/der Auszubildenden:

Monika Unger Herbert Unger

Vater und Mutter/Vormund

**Nicole (16) ist rechtsfähig.**
**Warum müssen ihre Eltern dennoch den Ausbildungsvertrag mit der Schwarz GmbH mit unterschreiben?**

Der Abschluss des Ausbildungsvertrages ist ein Rechtsgeschäft. Wer Rechtsgeschäfte tätigen will, muss nicht nur rechts-, sondern auch geschäftsfähig sein. Geschäftsfähigkeit ist die Fähigkeit, Rechtsgeschäfte **selbstständig** und **gültig** abschließen zu können.

Während juristische Personen, also auch die Schwarz GmbH, die Geschäftsfähigkeit zusammen mit der Rechtsfähigkeit erlangen, richtet sich die Geschäftsfähigkeit beim Menschen nach dem Lebensalter und in besonderen Fällen nach seinem geistig-seelischen Zustand.

Rechtsgeschäfte und Verträge beinhalten immer auch Rechtsfolgen und Verpflichtungen, die ein Kind oder Jugendlicher nur schwer abschätzen kann. Junge Leute müssen also vor unüberlegten Rechtsgeschäften geschützt werden und erst allmählich für ihr Tun und Handeln die volle Verantwortung übertragen bekommen. Aus diesem Grund erwirbt der Mensch in drei (Alters-)Stufen die volle Geschäftsfähigkeit:

| | |
|---|---|
| **1. geschäftsunfähig** | **bis zum 7. Lebensjahr** |
| **2. beschränkt geschäftsfähig** | **vom 7. bis zum 18. Lebensjahr** |
| **3. voll (unbeschränkt) geschäftsfähig** | **mit Vollendung des 18. Lebensjahres** |

## Geschäftsunfähigkeit

Geschäftsunfähige Personen können keine gültigen Rechtsgeschäfte abschließen, d. h., Rechtsgeschäfte sind von **Anfang an nichtig**.

**Geschäftsunfähig sind:**

- Kinder, die das siebte Lebensalter noch nicht vollendet haben;
- Personen, die sich in einem die freie Willensbildung ausschließenden Zustand krankhafter Störung der Geistestätigkeit befinden.

Für diese Personen handelt der jeweilige gesetzliche Vertreter, für das Kind die Erziehungsberechtigten, für den zweiten Personenkreis der Betreuer.

**Beispiel:** Ein 6-jähriges Kind kauft sich im Musikladen eine CD.

Der Kaufvertrag ist ungültig, da das Kind geschäftsunfähig ist. Ein Elternteil müsste für das Kind die CD erwerben. Eine andere Situation entsteht, wenn das Kind auf Veranlassung der Mutter im Geschäft die CD kauft. In diesem Falle wäre der Kaufvertrag gültig, weil das Kind sozusagen als „Bote“ der Mutter handelt. Vertragspartner wären dann der Geschäftsinhaber und die Mutter.

## Beschränkte Geschäftsfähigkeit

Bei beschränkt geschäftsfähigen Personen ist es erforderlich, dass der gesetzliche Vertreter seine Zustimmung zu Rechtsgeschäften gibt.

**Beschränkt geschäftsfähig sind:**

- Minderjährige über sieben Jahre;
- Erwachsene, für die ein Betreuer bestellt und ein sogenannter Einwilligungsvorbehalt angeordnet wurde.

**Beispiel:** Die 16-jährige Birgit kauft ein Mofa für 1 800 €.

Der Kaufvertrag ist nur dann gültig, wenn der gesetzliche Vertreter zustimmt. Die Zustimmung kann durch Einwilligung (vorherige Zustimmung) oder durch Genehmigung (nachträgliche Zustimmung) erfolgen. Als Zustimmung gilt auch, wenn der gesetzliche Vertreter gar nichts unternimmt.

Nicole (16) ist beschränkt geschäftsfähig. Deshalb müssen die Eltern ihren Ausbildungsvertrag mit unterschreiben.

Wie aber, so fragt sich Nicole, ist es,

- wenn ich mit meinem Chef über Urlaub oder Arbeitszeit eine Vereinbarung treffen möchte. Muss ich da wieder die Eltern bemühen?
- Was ist mit meiner Ausbildungsvergütung? Darf ich mit meinem Geld nicht kaufen, was ich möchte?

Bestimmte Rechtsgeschäfte darf der beschränkt Geschäftsfähige auch ohne die ausdrückliche Zustimmung der gesetzlichen Vertreter tätigen. Dazu gehören:

- Geschäfte, die nur rechtliche Vorteile bringen, z. B. Geschenke ohne Gegenverpflichtung;
- Geschäfte, die mit Mitteln bestritten werden, die dem beschränkt Geschäftsfähigen zur freien Verfügung stehen (sogenannter Taschengeldparagraf);
- Geschäfte, die ein mit Zustimmung des gesetzlichen Vertreters abgeschlossenes Arbeits- oder Ausbildungsverhältnis betreffen, z. B. Vereinbarungen über Urlaub oder Arbeitszeit.

## Volle (unbeschränkte) Geschäftsfähigkeit

Voll geschäftsfähig wird jede Person, wenn sie volljährig ist, also mit 18 Jahren. Wer geschäftsfähig ist, ist auch vertragsfähig. Die Fähigkeit, Rechtsgeschäfte selbstständig rechtsgültig abzuschließen, bringt gleichzeitig die Verpflichtung mit sich, für die Erfüllung der Vertragsvereinbarungen verantwortlich zu sein.

**1. Was bedeutet:**
**a) Rechtsfähigkeit,**
**b) Geschäftsfähigkeit?**
**2. a) Was ist eine juristische Person?**
**b) Wie erlangt bzw. verliert sie die Rechts- und Geschäftsfähigkeit?**
**3. In welchen Stufen wird die Geschäftsfähigkeit erworben?**
**4. Weshalb können Drogenabhängige die volle Geschäftsfähigkeit verlieren?**
**5. Prüfen Sie, ob die folgenden Rechtsgeschäfte zustande kommen:**
**a) Michael (18) hat noch keinen Führerschein. Dennoch kauft er sich ein Auto.**
**b) Sabrina (17) erbt von ihrem Onkel 20 000 € mit der Auflage, sein Grab zu pflegen.**
**c) Die fünfjährige Stefanie kauft Kaugummi für 1 €**
- **im Lebensmittelgeschäft,**
- **am Kaugummiautomaten.**

**d) Peter (15) hat sich von seiner Ausbildungsvergütung eine neue E-Gitarre gekauft. Peters Vater verlangt, dass er das Instrument zurückgibt.**
**e) Corinna (15) will sich als Auszubildende ein eigenes Girokonto einrichten lassen, über das sie frei verfügen kann.**
**f) Anne (16) schließt mit dem Motorradhändler einen Ratenkaufvertrag für ein Moped ab. Die Eltern billigen den Kauf, da Anne ihr Taschengeld dazu verwendet.**
**g) Frank (19) will den Bausparvertrag, den seine Eltern für ihn vor fünf Jahren mit abgeschlossen haben, vorzeitig kündigen.**

# 4.2 Abschluss des Kaufvertrages (Verbrauchervertrag)

Celine will sich Sportkopfhörer kaufen. Das Angebot ist auf den ersten Blick verwirrend. Deshalb hat sie sich zunächst in Fachzeitschriften und der Zeitschrift „test“ informiert.

## Sportkopfhörer

| | | Sportkopfhörer mit Bluetooth | | | | | |
|---|---|---|---|---|---|---|---|
| **Produkt** | **10 Sennheiser** PMX 686G Sports | **11 Beats** by Dr. Dre Powerbeats2 Wireless | **12 Plantronics** Backbeat Fit | **13 Jabra** Sport Pace Wireless | **14 Philips** SHQ7900 | **15 JBL** Under Armour Wireless | **16 Monster** iSport Bluetooth Wireless Superslim | **17 Yurbuds** Leap Wireless |
| Preisspanne ca. (Euro) | 73 bis 99 | 130 bis 200 | 99 bis 129 | 80 bis 100 | 96 bis 100 | | 119 bis 150 | 70 bis 85 |
| Mittlerer Preis ca. (Euro) | **79,50** | **145** | **107** | **90** | **100** | **179** | **137** | **72** |
| **test - QUALITÄTSURTEIL 100 %** | **BEFRIEDIGEND (3,3)** | **GUT (2,2)** | **GUT (2,4)** | **GUT (2,5)** | **BEFRIEDIGEND (3,0)** | **BEFRIEDIGEND (3,2)** | **BEFRIEDIGEND (3,2)** | **BEFRIEDIGEND (3,2)** |
| **Ton 50 %** | **befried.** (2,9) | **gut** (2,3) | **gut** (2,5) | **befried.** (2,7) | **befried.** (3,4) | **befried.** (3,4) | **ausreich.** (3,7) | **ausreich.** (3,6) |
| **Tragekomfort und Handhabung 35 %** | **ausreich.** (3,6) | **gut** (2,0) | **gut** (2,5) | **gut** (2,1) | **befried.** (2,8) | **befried.** (3,4) | **befried.** (3,0) | **befried.** (2,9) |
| Einsetzen und Anpassen | O | + | O | + | O | + | + | O |
| Tragekomfort: Sport/Alltag | ⊖/⊖ | +/+ | +/+ | +/+ | O/+ | ⊖/O | O/+ | O/O |
| Eignung für unterschiedliche Nutzer | ⊖*) | ++ | + | + | O | O | O | O |
| Beeinträchtigung durch Brille | O | + | + | + | ++ | ++ | ++ | ++ |
| Transport/Reinigen | +/++ | ++/O | ++/⊖ | O/O | +/O | ++/O | +/⊖ | ++/O |
| Gebrauchsanleitung und Informationen | O | + | O | O | ⊖ | ⊖ | ⊖ | ⊖ |
| **Störeinflüsse 5 %** | **befried.** (2,7) | **gut** (2,3) | **gut** (2,0) | **befried.** (2,8) | **gut** (2,4) | **gut** (2,3) | **befried.** (3,4) | **befried.** (3,0) |
| Schallabstrahlung | O | O | + | ⊖ | ⊖ | ++ | ++ | O |
| Geräusche bei Bewegung | O | + | + | + | + | O | ⊖ | O |
| **Bluetooth 5 %** | Entfällt | **gut** (2,1) | **befried.** (2,6) | **befried.** (2,7) | **befried.** (2,8) | **gut** (2,0) | **befried.** (2,7) | **befried.** (3,1) |
| Nutzung/Akku | Entfällt | +/+ | +/O | +/⊖ | O/O | +/+ | +/O | O/O |
| **Schadstoffe 5 %** | **ausreichend** (4,3)*)7) | **sehr gut** (1,0) | **sehr gut** (1,0) | **befried.** (3,0) | **gut** (1,6) | **sehr gut** (1,0) | **sehr gut** (1,0) | **sehr gut** (1,0) |
| **Ausstattung/Technische Merkmale** | | | | | | | | |
| Empfindlichkeit (mV)1) | 58 | Entfällt | Entfällt | Entfällt | Entfällt | Entfällt | Entfällt | Entfällt |
| Abschirmung von Außengeräuschen2) | gering | gering | gering | gering | kaum | deutlich | deutlich | gering |
| Akkulaufzeit der Bluetooth-Kopfhörer ca. (min) | Entfällt | 384 | 526 | 236 | 497 | 641 | 262 | [illegible] |

Bei gleichem Qualitätsurteil Reihenfolge nach Alphabet.

**Bewertungsschlüssel der Prüfergebnisse:**
++ = Sehr gut (0,5–1,5). + = Gut (1,6–2,5).
O= Befriedigend (2,6–3,5). ⊖ = Ausreichend (3,6–4,5).
– = Mangelhaft (4,6–5,5).

*Stiftung Warentest, test 08/2016, S. 38f.*

1. **Welche Informationen kann Celine dem Testbericht entnehmen?**
2. **Welche Gesichtspunkte wären für Ihre Kaufentscheidung ausschlaggebend?**

## Die Anfrage

Vor dem Kauf informiert sich der Käufer in der Regel zuerst über das Warenangebot. Entweder fragt er bei verschiedenen Lieferanten an oder vergleicht Angebote anhand von Katalogen, Prospekten, Preislisten, Internetportalen oder Fachzeitschriften. Wichtig für eine Kaufentscheidung sind nicht nur der Preis, sondern auch die Qualität, die Lieferzeit, die Garantieleistungen, der Kundendienst und die Liefer- und Zahlungsbedingungen.

Eine Anfrage ist für den Kunden immer **unverbindlich**, d. h., er geht keine rechtlichen Verpflichtungen ein.

## Das Angebot

Celine hat aufgrund ihrer Anfrage folgendes Angebot erhalten:

**Elektro-Wilhelm Hamburg**

Elektro-Wilhelm, Fasanenstr. 32, 22145 Hamburg

Frau
Celine Gleich
Westring 34
55290 Trier

**Angebot**

Kunden-Nummer: 911202
Seite: 1

| Ihr Zeichen, Ihre Nachricht vom | Unser Zeichen, unsere Nachricht vom | Tel. Durchwahl 020/342208 | Hamburg |
|---|---|---|---|
| 03.03.20.. | frie | 435 | 07.03.20.. |

Sehr geehrte Frau Gleich,

wir danken für Ihre Anfrage und bieten Ihnen an:

| POS. | ART-NUM | BEZEICHNUNG | EINH | MENGE | EINZELPREIS | BETRAG EUR |
|---|---|---|---|---|---|---|
| 1 | 1230101 | Beats by Dr. Dre | STCK | 1 | 159,90 | 159,90 |
| 2 | 1230103 | Plantronics Backbeat Fit | STCK | 1 | 93,90 | 93,90 |
| 3 | 1230104 | Philips SH07900 | STCK | 1 | 85,90 | 85,90 |

Alle Preise inkl. MwSt. Zwischenverkauf vorbehalten.

Es gelten unsere derzeitigen Lieferungs- und Zahlungsbedingungen.
Erfüllungsort und Gerichtsstand ist Hamburg.

Mit freundlichen Grüßen

H. Müller

1. **Celine vergleicht das Angebot mit dem Testbericht der Stiftung Warentest. Für welches Gerät würden Sie sich entscheiden?**
2. **Was bedeutet „Zwischenverkauf vorbehalten"?**

Das Angebot (**Antrag**) ist die Willenserklärung des Verkäufers, zu bestimmten Bedingungen einen Kaufvertrag abzuschließen. Angebote können in schriftlicher, mündlicher, fernmündlicher oder telegrafischer Form unterbreitet werden. Für ein Angebot gibt es allerdings **keine gesetzlich vorgeschriebene Form**. In manchen Fällen ist es jedoch sinnvoll, die Schriftform zu wählen, damit Unstimmigkeiten vermieden werden, die später zu Streitigkeiten zwischen den Vertragspartnern führen können.

Grundsätzlich ist ein Angebot rechtlich **verbindlich**, d. h., der Verkäufer verpflichtet sich zur Lieferung und zur Übertragung des Eigentums an der Ware.

Der Verkäufer muss dafür Sorge tragen, dass die in der Werbung, in der Kennzeichnung der Ware oder im Verkaufsgespräch zugesicherten Eigenschaften der Ware auch tatsächlich vorhanden sind.

Der Verkäufer kann die rechtliche Bindung an sein Angebot durch die **Freizeichnungsklausel** einschränken oder die Verbindlichkeit seines Angebots ganz aufheben.

Folgende Klauseln werden in Angeboten verwendet:
- Angebot freibleibend (das Angebot ist nicht verbindlich);
- unverbindliches Angebot;
- Preise freibleibend (nur die Preise sind unverbindlich);
- Lieferung nur, solange Vorrat reicht;
- Zwischenverkauf vorbehalten (bei zwischenzeitlichem Verkauf keine Lieferung);
- Angebot befristet bis ... (das Angebot gilt nur für eine bestimmte Zeit).

Für den Verkäufer besteht auch keine rechtliche Bindung an sein Angebot, wenn er es rechtzeitig wiederruft oder der Käufer
- das Angebot nicht rechtzeitig annimmt (mündliche und fernmündliche Angebote müssen sofort, schriftliche Angebote innerhalb von zwei bis drei Tagen angenommen werden);
- das Angebot abändert oder ablehnt;
- das Angebot nicht in der gesetzten Frist annimmt.

Weitere Einschränkungen bestehen für Angebote im Schaufenster oder in Selbstbedienungsgeschäften. Hier ist das Angebot für den Verkäufer unverbindlich. Dies gilt auch für Zeitungsanzeigen, Handzettel, Kataloge usw., da sie an die Allgemeinheit und nicht an eine bestimmte Person gerichtet sind. Im rechtlichen Sinne handelt es sich nicht um Angebote, sondern um Aufforderungen zum Kauf. Im Alltag kann der Käufer jedoch davon ausgehen, dass auch diese Kaufaufforderungen „verbindliche“ Angebote sind. Die Aufstellung von Automaten ist in jedem Falle ein verbindliches Angebot.

## Die Bestellung

Celine hat sich für das zweite Angebot der Firma Elektro-Wilhelm entschieden und bestellt den Sportkopfhörer telefonisch. Herr Friedrich von der Firma Elektro-Wilhelm nimmt die Bestellung entgegen und verspricht, die Ware bis zum 20. März zu liefern.

1. **Welche Verpflichtungen geht Celine mit der Bestellung ein?**
2. **Erklären Sie, welche Pflichten die Firma Elektro-Wilhelm mit der Annahme der Bestellung eingeht.**

Aufgrund eines vorliegenden Angebots kann sich der Käufer zur Annahme entscheiden. Er drückt damit seinen Willen aus, dass er mit den Vertragsbedingungen einverstanden ist. Durch seine Bestellung (**Annahme**) verpflichtet sich der Käufer zur **Abnahme** und zur **Bezahlung** der Ware.

Im Geschäftsleben wird in den meisten Fällen nach einer telefonischen oder mündlichen Bestellung die Annahme schriftlich bestätigt. Dadurch können eventuelle Übermittlungsfehler noch rechtzeitig korrigiert werden.

Im Alltag ist es häufig nicht möglich, dass der Käufer die Ware beim Verkäufer abholen kann. Die Frage, wer die Versandkosten trägt, wird deshalb meistens in den Lieferungsbedingungen geregelt.

**Lieferungsbedingungen**

| | | | | | | |
|---|---|---|---|---|---|---|
| Papier AG Verkäufer (Stuttgart) | Verladen Stückgut-Hausfracht | Versandstation | Fracht | Empfangsstation | Verladen Stückgut-Hausfracht | Käufer (Mainz) |

| Lieferung: | |
|---|---|
| a) ab Fabrik, ab Lager | Käufer trägt sämtliche Beförderungskosten |
| b) ab hier, unfrei, frei Waggon, ab Bahnhof hier | Käufer trägt Beförderungskosten ab Versandstation |
| c) frachtfrei, frei dort, frei Bahnhof dort | Käufer trägt Beförderungskosten ab Empfangsstation |
| d) frei Haus, frei Lager | Verkäufer trägt alle Kosten |

Nach der gesetzlichen Regelung hat der Käufer auch die Kosten für die Versandverpackung zu tragen. Es ist deshalb für den Käufer wichtig, nicht nur die Preise im Angebot zu vergleichen, sondern auch die Versand- und Verpackungskosten zu berücksichtigen, die in den Allgemeinen Geschäftsbedingungen aufgeführt sind.

**Auszug aus den AGB von Elektro-Wilhelm**

**Schnellstmögliche Lieferung.** In der Regel immer kurzfristig. Vorbehaltlich der üblichen Bearbeitungsdauer, z. B. bei Zahlung nach Warenerhalt oder Teilzahlung. Teillieferung, wenn einmal ein Artikel vergriffen ist.

**Annahmeverweigerung.** Dadurch entstehende Kosten trägt der Käufer.

**Liefertermine.** Überschreitungen eines bestätigten Liefertermins nur in schriftlicher Form anmahnen. Wenn Ihre Absage fünf Arbeitstage vor Auslieferung bei uns eingeht: uneingeschränktes Rücktrittsrecht für Sie.

**Kosten für Porto, Fracht, Verpackung und Nachnahmegebühr.** Nur die Zahlkartengebühr und bei Bahnsendungen das Rollgeld und die Flächenfracht begleichen Sie. Bei Expressgut, Eilpäckchen und Schnellpaket sowie bei sperrigen Sendungen zahlen Sie nur die Mehrkosten gegenüber der Normalfracht. Keine Rückvergütung solcher Zuschläge. Bei unberechtigten Rücksendungen (z. B. Annahmeverweigerung) gehen Portokosten, Auslagen und Gebühren zulasten des Käufers. Das gilt auch für Expressmehrfracht, bei Umtausch oder Warenrückgabe.

**Nur 6 € Kostenpauschale für Porto/Verpackung/Bearbeitung.**

## 4.4 Zahlungsbedingungen

Nachdem Celine aufgrund der vereinbarten Lieferungsbedingungen mit der Firma Elektro-Wilhelm weiß, dass sie auch die Versandkosten übernehmen muss, informiert sie sich über die Zahlungsbedingungen, die zwischen ihr und der Firma Elektro-Wilhelm vereinbart wurden.

Zufriedene Kunden sind uns am liebsten. Sie sollen sich über Ihre Bestellung freuen.
**Katalogpreise sind knapp kalkulierte NETTOBARPREISE.**
Darin enthalten: die gesetzliche Mehrwertsteuer (zz. 19 %) und Zinsen und Gebühren für die Bezahlung in vier Teilen. Bei Sofortzahlung erfolgt keine Zins- oder Gebührenrückerstattung.

**Bezahlen Sie bar oder mit Scheck an Ihren Briefträger:**
**Per Nachnahme geht's am schnellsten.**

**Vorauszahlung mit Scheck.**
Einfach Ihrer Bestellung beilegen. Schnellstmögliche Lieferung garantiert.

**Kauf auf Rechnung, zehn Tage nach Warenerhalt. Oder mit bequemer Teilzahlung.**
Bearbeitungsdauer mind. zwei Wochen. Voraussetzung ist Angabe von Beruf, Geburtstag, Ort und Arbeitgeberadresse (bitte Bestellkartenvordruck verwenden).

Sie verpflichten sich ausdrücklich, vereinbarte Zahlungstermine pünktlich einzuhalten.

Werden Zahlungserinnerungen notwendig, berechnen wir als Ersatz für unsere Auslagen eine pauschale Mahngebühr in Höhe von 5 €.

Wir behalten uns vor, nach der zweiten erfolglosen Mahnung ein Inkassobüro zu beauftragen.

**Vorauszahlungen bitte nur per Scheck, nicht per Überweisung.**
Bei Teilzahlung und Zahlung nach Warenerhalt werden der Schutzgemeinschaft für allgemeine Kreditsicherung (SCHUFA) Daten über den Käufer zur Speicherung im Rahmen ihrer Tätigkeit übermittelt. Die Adresse der örtlich zuständigen SCHUFA wird auf Wunsch mitgeteilt; außerdem ist die SCHUFA Holding AG, Kormoranweg 5, 65201 Wiesbaden (www.schufa.de), zur Auskunftserteilung bereit.

**Mindestbestellwert bei Zahlung in vier Teilen und bei Teilzahlung 150 €.**

**Wichtig: Bei Kauf auf Teilzahlung kann die Bestellung innerhalb einer Woche schriftlich widerrufen werden.**
Zur Fristenwahrung genügt die rechtzeitige Absendung des Widerrufs.

**Eigentumsvorbehalt.**
Gelieferte Ware bleibt bis zur vollständigen Bezahlung uneingeschränkt Eigentum der Fa. Elektro-Wilhelm. Vor der vollständigen Bezahlung des Kaufpreises ist eine Weiterveräußerung an Dritte nur mit der ausdrücklichen und schriftlichen Zustimmung von Fa. Elektro-Wilhelm gestattet.

**Keine Preiserhöhung während der gesamten Katalog-Gültigkeitsdauer, bis 31.12.**
Da macht Bestellen Freude. Diese Garantie gilt für alle Artikel und Angebote.

Erfüllungsort und Gerichtsstand ist Hamburg.

1. **Wann muss Celine die Rechnung bezahlen?**
2. **Klären Sie die Begriffe „Inkassobüro", „SCHUFA" und „Widerruf".**

Für die Bezahlung gilt nach dem Bürgerlichen Gesetzbuch der Grundsatz:

**Geldschulden sind Bring- bzw. Schickschulden.**

Das bedeutet, dass der Käufer dafür Sorge tragen muss, dass der Verkäufer sein Geld erhält. Beim täglichen Einkauf zahlt der Käufer seine Ware meist sofort, d. h., die Zahlung erfolgt **Zug um Zug**: Übergabe der Ware und Bezahlung erfolgen gleichzeitig.

Zwischen Käufer und Verkäufer können auch andere **Zahlungsbedingungen** frei vereinbart werden.

Folgende Vereinbarungen sind möglich:

1. **Zahlung Zug um Zug:** z. B. gegen Kasse; sofortige Kasse; netto Kasse; gegen Nachnahme. Der Käufer zahlt sofort bei Entgegennahme der Ware.
2. **Zahlung innerhalb einer vereinbarten Frist:** z. B. zahlbar innerhalb 14 Tagen abzüglich 2 % Skonto. Der Käufer bezahlt die Rechnung innerhalb der Frist und kann 2 % als Nachlass vom Rechnungsbetrag abziehen.
3. **Zahlung nach Ablauf einer vereinbarten Zeit:** z. B. zahlbar vier Wochen nach Rechnungserhalt netto; 30 Tage netto; zwei Monate Ziel. Der Käufer zahlt erst nach der vereinbarten Frist, muss jedoch auf den Vorteil des Skontoabzugs verzichten.
4. **Anzahlung:** z. B. 1/3 bei Bestellung, Rest nach Lieferung; bei Lieferung Anzahlung 2 500 €, Rest vier Wochen nach Lieferung. Diese Form wird mit Käufern vereinbart, deren Zahlungsfähigkeit (Bonität) nicht bekannt ist; die Vereinbarung findet man auch häufig bei Leasingverträgen.
5. **Vorauszahlung:** z. B. Zahlung im Voraus auf unser Bankkonto; Auftragsabwicklung erfolgt nur nach vorhergehender Zahlung. Die Vorauszahlung wird nur bei zahlungsschwachen Kunden verlangt oder wenn es sich um Großaufträge handelt, die vom Käufer teilweise vorfinanziert werden (Schiffsbau, Großbaustelle).
6. **Ratenzahlung:** z. B. Anzahlung 180 €, Rest in 24 Monatsraten. Der Käufer erhält die Möglichkeit, den Betrag in gleichbleibenden monatlichen Raten zu bezahlen.

**1. Welche Kosten muss der Käufer bzw. Verkäufer übernehmen, wenn folgende Vereinbarungen getroffen wurden:**
**a) Die Lieferung erfolgt ab unserem Werk.**
**b) Bei Bestellwert von 300 € liefern wir frachtfrei.**
**c) Bei Rücksendung des Leerguts erfolgt Gutschrift.**
**d) Preise einschließlich Verpackung.**

**2. Der Käufer hat am 3. März seine Rechnung durch eine Banküberweisung beglichen. 14 Tage später erhält er eine Mahnung. Der Käufer beachtet diese Mahnung nicht, da er überzeugt ist, dass er seine Zahlungsverpflichtung erfüllt hat.**
**a) Hat der Käufer recht?**
**b) Muss sich der Verkäufer an die Bank oder an den Käufer wenden?**

**3. Welche Vor- bzw. Nachteile bringt die Lieferung gegen Nachnahme**
**a) für den Käufer,**
**b) für den Verkäufer?**

**4. Gehen Sie auf www.meineschufa.de und informieren Sie sich über die Rechte und Möglichkeiten der Auskunft nach § 34 Bundesdatenschutzgesetz.**

## 4.5 Allgemeine Geschäftsbedingungen

**ALLGEMEINE GESCHÄFTSBEDINGUNGEN**

**Das sind Spielregeln, die für beide gelten. Vor allem dafür, dass Sie zufrieden sind.**

1. **Nennen Sie „Spielregeln", die zwischen Käufer und Verkäufer in den Allgemeinen Geschäftsbedingungen geregelt werden.**
2. **Welchem Grundsatz müssen diese Regelungen entsprechen?**

In der Bundesrepublik Deutschland gilt in der Wirtschaft grundsätzlich Vertragsfreiheit. Es ist für die Vertragspartner möglich, von den gesetzlichen Regelungen abzuweichen. Außerdem ist es in vielen Fällen nötig, zusätzliche Vereinbarungen zu treffen, die vom Gesetz nicht ausdrücklich erfasst werden. Dies gilt auch für Vereinbarungen zwischen Käufer und Verkäufer. In den **Allgemeinen Geschäftsbedingungen** (AGB) sind die wichtigsten „Spielregeln" aufgeführt:

I. Allgemeines und Geltungsbereich
II. Lieferungsbedingungen
III. Zahlungsbedingungen
IV. Ratenkauf
V. Gewährleistung
VI. Eigentumsvorbehalt
VII. Reparaturen
VIII. Allgemeine Haftungsbegrenzungen
IX. Erfüllungsort und Gerichtsstand

Damit der Käufer durch die Allgemeinen Geschäftsbedingungen nicht schlechter gestellt wird als der Verkäufer, hat der Gesetzgeber im BGB die **Allgemeinen Geschäftsbedingungen** geregelt. Die wichtigste Bestimmung der AGB ist die sogenannte Generalklausel:

§ 307 BGB

(1) Bestimmungen in Allgemeinen Geschäftsbedingungen sind unwirksam, wenn sie den Vertragspartner des Verwenders entgegen den Geboten von Treu und Glauben unangemessen benachteiligen. Eine unangemessene Benachteiligung kann sich auch daraus ergeben, dass die Bestimmung nicht klar und verständlich ist.

Von einer unangemessenen Benachteiligung des Käufers ist dann auszugehen, wenn

- die AGB mit den gesetzlichen Regelungen unvereinbar sind;
- die AGB die Rechte und Pflichten so einschränken, dass die Gefahr besteht, dass der Vertragszweck nicht erreicht werden kann.

Weitere wichtige Regelungen der Allgemeinen Geschäftsbedingungen können folgende Beispiele verdeutlichen:

**Beispiel:** Der Kunde kauft einen Fernsehapparat und nimmt ihn gleich mit. Der Verkäufer weist den Kunden jedoch nicht auf die AGB hin, da er der Meinung ist, dass es genügt, wenn die AGB auf der Rückseite des Lieferscheins aufgedruckt sind.

Der Käufer muss bei Vertragsabschluss auf die AGB-Bestimmungen hingewiesen werden oder diese müssen deutlich sichtbar im Geschäft aushängen.

**Beispiel:** Ein Kunde kauft sich eine Stereoanlage in der Farbe Schwarz, wie er sie im Geschäft gesehen hat. Geliefert wird jedoch in der Farbe Grau. Der Verkäufer weist auf die AGB hin, in denen es heißt, dass Modelländerungen vorbehalten bleiben.

Versprochene Leistungen dürfen nicht geändert werden, wenn es für den Käufer unzumutbar ist.

**Beispiel:** Der Käufer hat sich am 12. März ein neues Auto bestellt, das am 12. Juni geliefert werden soll. Die Lieferung erfolgt erst am 30. Juli. Inzwischen ist das Auto um 3,2 % teurer geworden. Der Händler verlangt den neuen Preis.

Eine wichtige Bestimmung im BGB besagt, dass Preiserhöhungen innerhalb von vier Monaten nicht statthaft sind, auch wenn die AGB dies vorsehen sollten. Dabei ist es nicht wichtig, wann die Lieferung erfolgt, sondern zu welchem Termin sie vereinbart wurde.

**Beispiel:** Ein Kunde erhält eine defekte Kamera und verlangt eine kostenlose Reparatur. Der Verkäufer will die Reparatur nicht kostenlos durchführen.

Grundsätzlich dürfen in den Allgemeinen Geschäftsbedingungen keine gesetzlichen Gewährleistungsansprüche des Käufers vollständig ausgeschlossen werden; auch Lohn- und Wegekosten dürfen innerhalb der Gewährleistung nicht berechnet werden.

Trotz des gesetzlichen Schutzes sollte der Käufer vor Abschluss eines Vertrages das sogenannte **Kleingedruckte** in den Allgemeinen Geschäftsbedingungen genau lesen.

1. **Warum werden neben den gesetzlichen Regelungen oft Allgemeine Geschäftsbedingungen vereinbart?**
2. **Welche typischen Regelungen finden sich in den Allgemeinen Geschäftsbedingungen?**
3. **Erläutern Sie den Inhalt und die Bedeutung des § 307 BGB.**
4. **Frau Lorch lässt die Waschmaschine innerhalb der Garantiezeit reparieren. Der Kundendienst berechnet ihr die Material-, Lohn- und die Anfahrtskosten. Welche Kosten muss Frau Lorch bezahlen?**
5. **Warum ist es wichtig, das Kleingedruckte zu studieren?**

## 4.6 Erfüllung des Kaufvertrages

Celine liest in den Allgemeinen Geschäftsbedingungen der Firma Elektro-Wilhelm:

Eigentumsvorbehalt. Gelieferte Ware bleibt bis zur vollständigen Bezahlung uneingeschränkt Eigentum der Fa. Elektro-Wilhelm.

Erfüllungsort ... ist Hamburg.

Im Bürgerlichen Gesetzbuch steht im § 269 (1) über den Erfüllungsort:

Ist ein Ort für die Leistung weder bestimmt noch aus den Umständen, insbesondere aus der Natur des Schuldverhältnisses, zu entnehmen, so hat die Leistung an dem Ort zu erfolgen, an welchem der Schuldner zur Zeit der Entstehung des Schuldverhältnisses seinen Wohnsitz hatte.

1. **Welche Leistungen haben Käufer und Verkäufer zu erbringen?**
2. **An welchem Ort sind diese Leistungen jeweils zu erfüllen**
   a) **nach den Allgemeinen Geschäftsbedingungen,**
   b) **nach dem Bürgerlichen Gesetzbuch?**
3. **Was bedeutet „Eigentumsvorbehalt“?**

Der Kaufvertrag wird von beiden Partnern erfüllt, indem sie ihre Leistungen erbringen. Der Verkäufer muss die Ware liefern und das Eigentum übertragen; der Käufer hat die Pflicht, die Ware anzunehmen und zu bezahlen.

**Pflichten**

- Lieferung
- Übertragung des Eigentums

- Bezahlung
- Annahme der Ware

Der Verkäufer hat die Pflicht, die Ware nicht nur rechtzeitig, sondern auch in einwandfreiem Zustand zu liefern. Der Verkäufer muss dem Käufer das Eigentum an der Ware übertragen. Dies bedeutet, dass der Käufer die rechtliche Herrschaft durch die Bezahlung erwirbt. Vor der vollständigen Bezahlung ist der Käufer zwar Besitzer, aber – wegen des Eigentumsvorbehalts – nicht Eigentümer der Ware. Bei Ratenkauf wird der Käufer erst mit der Zahlung der letzten Rate zum Eigentümer.

Zu den Pflichten des Käufers gehört es, die bestellte und gelieferte Ware anzunehmen. Dabei hat er die Ware sofort auf sichtbare Mängel zu überprüfen. Zur Erfüllung des Kaufvertrages muss die Ware vom Käufer vollständig und fristgemäß bezahlt werden.

Werden die Pflichten von Verkäufer oder Käufer nicht erfüllt, kann jeder Vertragspartner auf Beseitigung der Störungen bestehen.

## Erfüllungsort und Gerichtsstand

Der Ort, an dem die Leistungen zu erbringen sind, wird als **Erfüllungsort** bezeichnet. Grundsätzlich gilt für den Erfüllungsort Vertragsfreiheit. Wenn keine Vereinbarung getroffen wurde, ist der Erfüllungsort für die Lieferung der Wohnsitz des Verkäufers, für die Annahme und Bezahlung der Wohnsitz des Käufers.

„Warenschulden sind Holschulden". Dies bedeutet, dass der Käufer die Kosten und das Risiko für den Transport der Ware übernehmen muss. Erfüllungsort für die Bezahlung ist nach der gesetzlichen Regelung der Wohnsitz des Käufers. Nach dem Grundsatz „Geldschulden sind Bringschulden" hat der Käufer das Risiko und die Kosten für die Überweisung des Geldbetrages zu tragen.

Kommt es wegen der Erfüllung des Kaufvertrages zu Streitigkeiten, so können Käufer oder Verkäufer vor Gericht Klage erheben. Der Ort, an dem geklagt werden kann, ist der **Gerichtsstand**. Nach dem Bürgerlichen Gesetzbuch gilt zwischen Privatpersonen und Kaufleuten, dass der Erfüllungsort gleichzeitig der Gerichtsstand ist.

Bei Streitigkeiten wegen der Bezahlung muss am Wohnsitz des Käufers Klage erhoben werden. Gerichtsstand bei einer Auseinandersetzung wegen der Lieferung ist der Wohnsitz des Verkäufers. Diese gesetzliche Regelung ist durch Allgemeine Geschäftsbedingungen nicht abänderbar. Sie soll den Käufer bei Prozessen wegen der Zahlung vor hohen Kosten und Aufwendungen schützen. Nur zwischen Kaufleuten sind vertragliche Regelungen über den Gerichtsstand frei vereinbar.

Welches Gericht zuständig ist, richtet sich nach dem Streitwert. Bis zu einem Streitwert von 5 000 € wird vor dem Amtsgericht, darüber hinaus vor dem Landgericht verhandelt.

**1. Nennen Sie die Pflichten von Verkäufer und Käufer bei der Erfüllung des Kaufvertrages.**
**2. Erläutern Sie den Unterschied zwischen Eigentum und Besitz.**
**3. In den Allgemeinen Geschäftsbedingungen der Firma Wolf GmbH steht: Erfüllungsort und Gerichtsstand für beide Vertragspartner ist Mainz. Klären Sie in folgenden Fällen Erfüllungsort und Gerichtsstand:**
**a) Sie bestellen bei der Firma Wolf GmbH Ware.**
**b) Ihr Ausbildungsbetrieb liefert Ware an die Firma Wolf GmbH.**

## 4.7 Schlechtleistung (mangelhafte Lieferung)

Yvonne und Iris wollen im Urlaub eine Trekking-Tour in die Alpen machen. Dazu haben sie sich beim Sportversand Burger wichtige Ausrüstungsgegenstände bestellt. Heute hat Yvonne ein Paket vom Sportversand Burger erhalten. Mit dem beiliegenden Lieferschein überprüft sie den Inhalt.

**Sportversand Burger, Hansastr. 4, 55130 Mainz**

Frau
Yvonne Fürst
Hauptstraße 17
67433 Neustadt

**LIEFERSCHEIN**

Nummer: 8011
Kunden-Nummer: 911205
Seite: 1

| Ihr Zeichen, Ihre Nachricht vom | Unser Zeichen, unsere Nachricht vom | Tel. Durchwahl 06131/456778 | Mainz |
|---|---|---|---|
| 12.03.20.. | mittler | 33 | 18.03.20.. |

| POS. | ART-NUM | BEZEICHNUNG | EINH | BESTELL-MENGE | LIEFER-MENGE | |
|---|---|---|---|---|---|---|
| 1 | 301 | Schlafsack Mt Everest 2 | 1 | 1 | 1 | ✓ |
| 2 | 804 | Trekking Jacke - wasserdicht | 1 | 1 | 1 | |
| 3 | 1206 | Rucksack Outdoor 70 l | 1 | 1 | 1 | nur 50 l !! |
| 4 | 201 | Sturmkocher Luxus 4 | 1 | 1 | 1 | 1 Einsatz fehlt ! |
| 5 | 634 | Iso-therm 45 | 1 | 2 | 2 | 1 Matte fehlt ! |

1. **Welche Sachmängel hat Yvonne festgestellt?**
2. **Die Trekking-Jacke erweist sich als nicht wasserdicht. Welcher Mangel liegt vor?**
3. **Was muss Yvonne unternehmen, damit die Mängel beseitigt werden?**

Bei jeder Lieferung können trotz der Sorgfalt des Verkäufers Mängel auftreten. Deshalb ist es sinnvoll, die Lieferung unverzüglich auf Mängel zu überprüfen; Kaufleute sind nach dem Handelsgesetzbuch dazu sogar verpflichtet. Es lassen sich folgende Sachmängel in der Beschaffenheit einer Ware unterscheiden:

- **Mängel in der Verwendung:** Der Verkäufer liefert eine Ware, die sich für die zugesagte oder übliche Verwendung nicht eignet, z. B. der Holzleim klebt nur Papier, aber kein Holz.
- **Mängel in der Eigenschaft:** Der Verkäufer hat im Kaufgespräch, in der Werbung oder bei der Kennzeichnung der Ware Eigenschaften versprochen, die nicht zutreffen, z. B. rostfrei, wasserdicht.
- **Mängel bei der Montage bzw. in der Montageanleitung:** Die Montage wird unsachgemäß durchgeführt oder in der Montageanleitung sind Fehler („IKEA-Klausel").
- **Mängel in der Art:** Es wird eine andere Ware als vereinbart geliefert.
- **Mängel in der Menge:** Es wird entweder zu viel oder zu wenig geliefert.

Stellt der Käufer bei der gelieferten Ware einen Mangel fest, so muss er beim Verkäufer reklamieren. Die **Reklamation** (Mängelrüge) kann schriftlich oder mündlich erteilt werden. In den meisten Fällen ist es aus Beweisgründen sinnvoll, die Reklamation schriftlich abzufassen.

Grundsätzlich hat der Käufer eine **Gewährleistungsfrist von zwei Jahren**, während der er Mängel reklamieren kann. Dies gilt nicht bei Ware mit Verfallsdatum (z. B. Joghurt), bei natürlichem Verschleiß oder normaler Abnutzung, etwa bei Reifen. Bei arglistig verschwiegenen Mängeln erhöht sich die Gewährleistungsfrist auf drei Jahre.

Zeigt sich innerhalb von sechs Monaten nach Kauf oder Lieferung ein Sachmangel, so wird zugunsten des Verbrauchers vermutet, dass die Sache bereits beim Kauf oder bei der Lieferung fehlerhaft war. Das bedeutet: Nicht der Käufer ist beweispflichtig, sondern der Verkäufer müsste beweisen, dass die Ware mangelfrei war (Beweislastumkehr).

Hat der Verkäufer ausdrücklich auf Mängel hingewiesen (z. B. „Zweite Wahl"), hat der Käufer kein Recht auf Mängelrüge. Bei Sonderangeboten ist eine Mängelrüge nicht ausgeschlossen.

Es kommt auch vor, dass der Verkäufer Ware umtauscht oder zurücknimmt, obwohl sie nicht mangelhaft ist. Hier handelt es sich um eine Kulanz (Entgegenkommen) des Verkäufers, um den Kunden nicht zu verlieren.

Ist die Reklamation berechtigt, kann der Käufer beim Verkäufer folgende Rechte geltend machen:

Rechte des Käufers

- **Nacherfüllung**, d. h. die Beseitigung des Mangels (Reparatur) oder die Lieferung mangelfreier Ware (Umtausch oder Ersatzlieferung)
  Eine Nachbesserung gilt nach dem zweiten Versuch als fehlgeschlagen.

Bei Weigerung des Verkäufers zur Nacherfüllung oder
nach erfolgloser Fristsetzung oder
nach dem zweiten fehlgeschlagenen Nachbesserungsversuch hat der Käufer folgende Rechte:

- **Rücktritt vom Vertrag**
- **Minderung, d. h. Preisnachlass**
- **Schadenersatz**
  Auch Aufwendungen, die der Käufer im Vertrauen auf die mangelfreie Lieferung gemacht hat, müssen ersetzt werden. (Beispiel: Für die bestellte Deckenleuchte hat der Käufer bereits eine spezielle Halogenlampe gekauft, die nicht anders verwendet werden kann.)

Hat der Käufer Mängel angezeigt, so trägt der Verkäufer die Kosten zum Zweck der Nacherfüllung, also alle anfallenden Transport-, Wege-, Arbeits- und Materialkosten.

Um den Verbraucher vor schwerwiegenden Schäden zu schützen, ist seit 1990 in der Bundesrepublik Deutschland das **Produkthaftungsgesetz** in Kraft. Nach diesem Gesetz muss der Hersteller oder Importeur den Beweis antreten, dass er bei Produktion und Vertrieb seiner Produkte auf Qualität und Sicherheit geachtet hat. Grundsätzlich tritt die Produkthaftung für Folgeschäden ein, die durch Fehler des Produkts verursacht wurden. Solche Fehler sind z. B. Konstruktions- und Fabrikationsfehler. So muss der Ein-/Ausschalter einer Maschine so angebracht sein, dass er gefahrlos benutzt werden kann. Aber auch Informationsfehler fallen unter die Produkthaftung. Deshalb sind z. B. Gebrauchsanweisungen verständlich und umfassend abzufassen.

1. **Bei der Durchsicht der Mängelliste finden sich folgende Fehler:**
   - **Anstelle eines 3-mm-Kupferkabels wurde ein 2,5-mm-Kupferkabel geliefert.**
   - **Anstelle von 200 m Isoliermaterial wurden nur 180 m geliefert.**
   - **Anstelle der fünf Isolierzangen F 456 wurden fünf Isolierzangen F 654 geliefert.**
   - **Die gelieferten Feuchtraumkabel haben nicht die vorgeschriebene DIN-Norm.**

   **a) Welche Mängel liegen jeweils vor?**
   **b) Welche Rechte sollte der Käufer jeweils in Anspruch nehmen?**
   **c) Wer trägt den Schaden, wenn die Feuchtraumkabel einen Defekt verursachen?**
2. **Jürgen hat sich einen Gebrauchtwagen gekauft. Der Verkäufer hat ihm vor dem Kauf bestätigt, dass bei der Inspektion Zündkerzen, Ölfilter und Bremsbeläge erneuert wurden. Bei seinem ersten Werkstattbesuch nach 5000 km Fahrleistung teilt ihm der Kfz-Betrieb mit, dass die Bremsen erneuert werden müssen.**
   **a) Kann Jürgen das Auto zurückgeben und sein Geld zurückfordern?**
   **b) Spielt es eine Rolle, ob die Inspektionsleistungen schriftlich oder mündlich bestätigt wurden?**
3. **Michaela hat sich vor fünf Monaten einen Camcorder gekauft. Jetzt muss sie feststellen, dass die Tonqualität immer schlechter wird. Sie reklamiert dies beim Händler. Dieser will die Kamera reparieren. Michaela verlangt jedoch den Umtausch des Camcorders. Der Händler behauptet, der Schaden sei auf eine unsachgemäße Bedienung zurückzuführen.**
   **a) Wer trägt die Beweislast für die Ursache des Schadens?**
   **b) Reparatur oder Umtausch – welches Recht hat Michaela?**
   **c) Wer trägt die Kosten für eine Reparatur?**
4. **Diana hat sich im Sommerschlussverkauf zwei Sommerblusen gekauft. Im Kaufhaus hat sie folgenden Hinweis gelesen: „Reduzierte Ware ist vom Umtausch ausgeschlossen."**
   **a) Eine Freundin rät ihr, die dunkelblaue Bluse gegen eine hellere Farbe umzutauschen. Kann Diana dies tun?**
   **b) Die andere Bluse weist auf der Rückseite einen Webfehler auf. Kann Diana die Bluse zurückgeben?**
5. **Holzschutzmittel, mit denen Wohnräume gestrichen wurden, haben in vielen Fällen zu Gesundheitsschäden bei den Bewohnern geführt.**
   **Welche Rechte haben die Geschädigten?**

## 4.8 Nicht-rechtzeitig-Lieferung (Lieferungsverzug)

Annika hat bei der Firma Kluge eine Stereoanlage bestellt. Es wurde vereinbart, dass die Stereoanlage in zwei Wochen abgeholt werden kann. Als Annika nach zwei Wochen im Geschäft nachfragt, muss sie feststellen, dass die Anlage noch nicht eingetroffen ist. Der Verkäufer verspricht ihr, dass die Geräte bis spätestens nächste Woche angeliefert werden.

Verärgert über die Verzögerung überlegt Annika, ob sie den Verkäufer dafür rechtlich verantwortlich machen kann.

1. **Bis zu welchem Termin muss die Firma Kluge die Stereoanlage liefern?**
2. **Worauf hätte Annika bei der Bestellung achten müssen?**
3. **Annika sieht die Stereoanlage in einem anderen Geschäft zu einem günstigeren Preis angeboten. Sollte sie die Anlage dort kaufen?**

Zu den Pflichten des Verkäufers gehört es, die Ware ordnungsgemäß zu liefern. Außerdem muss die Lieferung innerhalb einer angemessenen Zeit erfolgen, wenn keine Frist festgelegt wurde. Bei wichtigen Anschaffungen sollte ein fester (fixer) Liefertermin (Fixkauf) schriftlich vereinbart werden.

Kommt der Verkäufer seiner Pflicht, rechtzeitig zu liefern, nicht nach, so gerät er in Lieferungsverzug. Dafür müssen folgende **Voraussetzungen** vorliegen:

1. **Die Lieferung muss fällig sein.**
   Eine vom Verkäufer nur ungefähr gemachte Angabe über den Liefertermin, z. B. „ca. vier Wochen“ oder „Lieferung so bald wie möglich“, ist keine feste Terminvereinbarung.
2. **Der Verkäufer hat vorsätzlich (mit Absicht) oder fahrlässig (nicht sorgfältig) die Lieferung verzögert oder unterlassen.**
   In Fällen von höherer Gewalt, z. B. Streik oder Überschwemmungen, trifft den Verkäufer keine Schuld. Dies gilt auch, wenn der Zulieferer die Verzögerung zu vertreten hat.
3. **Die Lieferung muss vom Käufer angemahnt sein; dem Verkäufer ist eine angemessene Nachfrist für die Lieferung einzuräumen.**
   Hierbei ist aus Beweisgründen eine schriftliche Mahnung angebracht. Der Liefertermin sollte auf jeden Fall kalendermäßig genau bestimmt sein. In der Mahnung muss der Verkäufer deutlich aufgefordert werden zu liefern, damit er weiß, dass er von nun an mit Konsequenzen rechnen muss.
   Der Verkäufer gerät ohne Mahnung und Nachfrist sofort in Lieferungsverzug, wenn der Liefertermin genau bestimmt war, z. B. „Lieferung am 15. Juli“, „Lieferung in der 27. Woche“.

Hat der Verkäufer den Lieferungsverzug zu vertreten, so kann der Käufer nach Mahnung und Ablauf der Nachfrist folgende **Rechte** in Anspruch nehmen:

Der Käufer kann entweder

- **auf Erfüllung des Vertrages bestehen**

  oder

- **vom Vertrag zurücktreten**

  oder

- **statt der Lieferung Schadenersatz oder den Ersatz der Aufwendungen verlangen**

  oder

- **auf Erfüllung des Vertrages bestehen und Schadenersatz verlangen.**

Wurde ein fester Liefertermin (Fixkauf) vereinbart und hat der Verkäufer den Lieferungsverzug zu vertreten, so kann der Käufer sofort Schadenersatz verlangen. Zudem kann der Käufer nach einer Nachfrist die oben angeführten Rechte in Anspruch nehmen.

Wenn der Verkäufer den Lieferungsverzug nicht zu vertreten hat, so kann der Käufer nach Ablauf einer angemessenen Nachfrist folgende Rechte in Anspruch nehmen:

Der Käufer kann entweder

- **auf Erfüllung des Vertrages bestehen**

  oder

- **vom Vertrag zurücktreten.**

Die Höhe des Schadenersatz lässt sich genau berechnen, wenn der Käufer bei einem anderen Verkäufer die Ware als Ersatz kaufen konnte. Die Preisdifferenz lässt sich dem in Lieferungsverzug geratenen Verkäufer als konkreter Schaden in Rechnung stellen. Schwieriger wird es z. B. im folgenden Fall: Die Lieferung von Weihnachtsgebäck an einen Einzelhändler ist nicht erfolgt, ein Verkauf konnte also nicht stattfinden. Dem Händler ist ein abstrakter Schaden entstanden, da ihm Gewinne entgangen sind. Die Schadenshöhe lässt sich oft nur durch ein Gericht ermitteln.

In einigen Bereichen der Wirtschaft, z. B. im Baubereich, ist es üblich, bei Vertragsabschluss eine Vertragsstrafe zu vereinbaren. Diese Vereinbarung verpflichtet den Verkäufer, bei Lieferungsverzug eine **Konventionalstrafe** zu zahlen. Hierdurch soll der Vertragspartner gezwungen werden, Termine fristgerecht einzuhalten.

**1. Erläutern Sie, was unter einem „Fixkauf“ zu verstehen ist.**

**2. Welche Voraussetzungen müssen für einen Lieferungsverzug gegeben sein?**

**3. Wann gerät der Verkäufer ohne Mahnung und Nachfrist in Lieferungsverzug?**

**4. Welche Rechte hat der Käufer bei Lieferungsverzug**
   **a) beim Fixkauf,**
   **b) wenn er dem Verkäufer eine angemessene Nachfrist einräumt?**

**5. Erläutern Sie den Unterschied zwischen konkretem und abstraktem Schaden.**

**6. Was ist der Zweck einer Konventionalstrafe?**

**7. Die Familie Neuber hat sich eine Kücheneinrichtung für ihre neue Wohnung bestellt. Mit dem Verkäufer war vereinbart worden, dass die Lieferung sofort nach dem Einzug erfolgt. Inzwischen sind 14 Tage seit dem Einzug vergangen und die Küchenmöbel noch nicht eingetroffen.**
   **a) Ist die Küchenfirma in Lieferungsverzug?**
   **b) Was soll die Familie Neuber unternehmen?**
   **c) Kann die Familie Neuber die Kücheneinrichtung bei einer anderen Firma bestellen?**

**8. Die Firma Schön bestellt für die Sommersaison Badehosen. Als Liefertermin wurde die erste Woche im Juni vereinbart. Die Lieferung ist bis zur zweiten Juniwoche nicht eingetroffen.**
   **a) Ist die Lieferfirma in Lieferungsverzug?**
   **b) Kann die Firma Schön Schadenersatz verlangen?**
   **c) Wie lässt sich der Schadenersatz ermitteln?**

**9. Die Firma Ludwig bestellt für ihre Produktion zwei neue Maschinen zur Lieferung am 13. Mai. Die Lieferung ist am 17. Mai noch nicht eingetroffen. Dadurch entstehen der Firma Ludwig Produktionsausfälle in Höhe von 2 000 € pro Tag.**
   **a) Ist die Lieferfirma in Lieferungsverzug?**
   **b) Muss die Lieferfirma den Schaden übernehmen?**
   **c) Wie wäre die Situation, wenn in der Branche des Lieferers ein Streik stattgefunden hat?**

**10. Der Auszubildende Jan hat bei der Buchhandlung mehrere Schulbücher bestellt. Für die Lieferung wurde Anfang der nächsten Woche vereinbart. Am Anfang der Woche teilt ihm die Buchhandlung mit, dass sich die Lieferung um drei Wochen verspätet.**
   **Wie kann Jan die Buchhandlung in Lieferungsverzug setzen?**

## 4.9 Gläubigerverzug (Annahmeverzug)

Im Ausbildungsbetrieb von Yusuf herrscht Aufregung. Gerade ist der Fahrer mit der Fräsmaschine zurückgekommen. Diese wurde eigens für den Kunden angefertigt. Zudem wurden etliche Mehrstunden geleistet, um den Auftrag termingerecht zu erfüllen. Der Fahrer berichtet, dass der Kunde die Fräsmaschine nicht abnehmen will. Der Kunde verweigere die Abnahme, da er im Augenblick noch keinen Stellplatz für die Maschine habe. Deshalb hat der Fahrer nach Rücksprache mit Yusufs Chef die Maschine wieder zurückgebracht.

1. **Muss der Kunde die Maschine abnehmen, obwohl er keinen Platz für sie hat?**
2. **Im Kaufvertrag wurde der heutige Tag als Liefertermin vereinbart. Hätte Yusufs Chef den Kunden über die Anlieferung informieren müssen?**
3. **Was soll Yusufs Chef unternehmen?**

Beim Abschluss des Kaufvertrages verpflichtet sich der Käufer zur Abnahme der Ware. Wenn der Verkäufer aufgrund des Vertrages ordnungsgemäß liefert, d. h. zur rechten Zeit und am rechten Ort, so gerät der Käufer bei Nichtabnahme der Ware in **Annahmeverzug.** In der Regel wird der Verkäufer dem Käufer eine Frist zur Abnahme setzen.

Für den Verkäufer ergeben sich bei Annahmeverzug verschiedene Rechte, die er entsprechend der Sachlage in Anspruch nehmen wird:

**Rechte des Verkäufers**

1. **Rücktritt vom Vertrag** und anderweitiger Verkauf der Ware
   Von diesem Recht wird der Verkäufer immer dann Gebrauch machen, wenn die Nachfrage nach der Ware sehr groß ist. Auch bei guten Kunden kann der Verkäufer so Entgegenkommen zeigen.
2. **Klage auf Abnahme** und Lagerung der Ware
   Der Verkäufer erhebt Klage und droht dem Käufer, die Ware öffentlich versteigern zu lassen. Zwischenzeitlich lagert der Verkäufer die Ware auf Kosten und Gefahr des Käufers.
3. **Selbsthilfeverkauf** durch öffentliche Versteigerung oder Verkauf der Ware
   Allerdings ist dies an besondere Bedingungen geknüpft:
   - Der Käufer muss noch eine Frist zur Abnahme erhalten, der Selbsthilfeverkauf muss angedroht werden.
   - Der Käufer muss über Ort und Zeitpunkt des Verkaufs informiert werden, damit er selbst mitsteigern kann.
   - Der Käufer erhält eine Abrechnung und muss die zusätzlichen Kosten tragen.
4. **Notverkauf** bei leicht verderblicher Ware
   Wenn es sich um leicht verderbliche Ware (z. B. Lebensmittel) handelt, ist ein Selbsthilfeverkauf ohne vorherige Androhung möglich.

## 4.10 Nicht-rechtzeitig-Zahlung (Zahlungsverzug)

Michael Klein hat sich vor einigen Wochen ein Blitzgerät und einen Filter für seine Spiegelreflexkamera über einen Fotoversand bestellt. Bei der Lieferung fehlte der Filter. Er hat dies der Firma mitgeteilt. Heute erhielt er folgenden Kurzbrief:

**Foto Boll Versand GmbH**
– Abteilung B II –
Postfach 4343
55116 Mainz
Tel. 06331 56798

**Kurzbrief** Mainz, 15.04.20..

Mit der Bitte um:
- ☐ Kenntnisnahme
- ☒ Prüfung
- ☐ Stellungnahme
- ☒ Erledigung
- ☐ Anruf
- ☐ Rückgabe

Herrn
Michael Klein
Marktstr. 15
56068 Koblenz

Betreff: Zahlungserinnerung

Unser Zeichen: E 1504
Ihre Bestellung vom: 10.03.20..
Unsere Lieferung vom: 20.03.20..
Rechn.-Nr. 04 320 über 239,- €

Anlage:

Kontoverbindung: Deutsche Bank Mainz, BIC: DEUTDE5MXXX,
IBAN: DE23100000001234567890

Michael ist ganz erstaunt über das Erinnerungsschreiben des Fotoversands. Er wollte den Gesamtbetrag für Blitzgerät (199 €) und Filter (40 €) erst überweisen, wenn der Filter nachgeliefert wird.

1. **Muss Michael den Rechnungsbetrag über 239 € bezahlen?**
2. **Wie soll Michael auf das Erinnerungsschreiben reagieren?**
3. **Schreiben Sie einen Brief an den Fotoversand, in dem Sie die Sachlage darstellen.**

Wenn im Kaufvertrag keine andere Vereinbarung getroffen wurde, gilt grundsätzlich, dass die Zahlung sofort zu leisten ist.

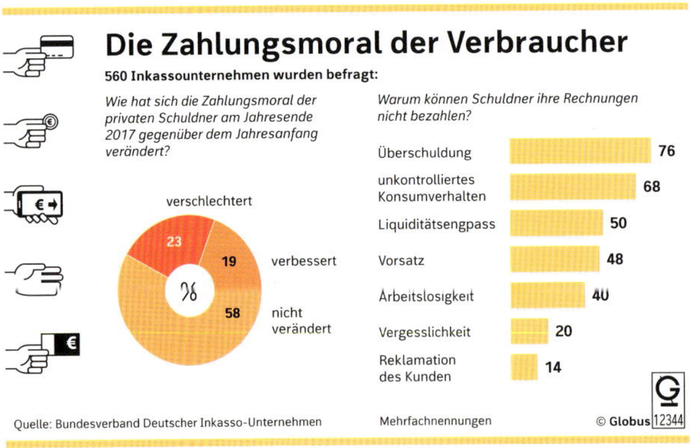


Ist für die Zahlung ein fester Termin vereinbart, so gerät der Käufer sofort danach in Zahlungsverzug.
Ist kein fester Zahlungstermin vereinbart worden, so kommt der Käufer in Verzug durch eine Mahnung oder spätestens, wenn er nicht innerhalb von 30 Tagen nach Fälligkeit und Zugang einer Rechnung zahlt. Für den Verbraucher gilt diese 30-Tage-Frist nur, wenn darauf in der Rechnung und den Zahlungsbedingungen besonders hingewiesen wurde.

## Das außergerichtliche Mahnverfahren

Käufer und Verkäufer gehen davon aus, dass der jeweils andere Vertragspartner seinen Pflichten bei der Erfüllung des Kaufvertrages nachkommt. Bleibt ein Rechnungsbetrag offen, so wird der Verkäufer zunächst annehmen, dass die Zahlung entweder vergessen oder aus anderen Gründen nicht geleistet wurde. Deshalb wird der Gläubiger den Schuldner zunächst höflich an seine Zahlungspflicht erinnern.

Bevor der Gläubiger auf gerichtlichem Wege die Schulden einklagt, wird er versuchen, seine Forderungen **außergerichtlich** vom Schuldner zu erhalten. Dies erfolgt durch verschiedene Mahnungen. Während die Erinnerung und die erste Mahnung in einer höflichen Form abgefasst werden, sind die weiteren Stufen des außergerichtlichen Mahnverfahrens nachdrücklicher, bis hin zur Androhung eines gerichtlichen Mahnbescheids.

**Beispiel für den Ablauf eines außergerichtlichen Mahnverfahrens**

| Was? | Wann? | Wo? |
|---|---|---|
| Erinnerung | 10 Tage nach Fälligkeit | Kopie der Rechnung, höfliche Erinnerung |
| 1. Mahnung | 14 Tage später | Brief als Mahnung, höfliche Aufforderung zur Zahlung |
| 2. Mahnung | 14 Tage später | Brief als Mahnung, nachdrückliche und bestimmte Zahlungsaufforderung |
| Postnachnahme | 8 Tage später | Einzug des fälligen Betrages durch die Post |
| 3. und letzte Mahnung | 14 Tage später | Brief als letzte Mahnung, Androhung des gerichtlichen Mahnverfahrens (Mahnbescheid) |

Für das außergerichtliche Mahnverfahren gibt es keinen vorgeschriebenen Ablauf. Das Mahnverfahren kann abgekürzt oder verlängert werden. Viele Unternehmen beauftragen ein Inkassoinstitut oder einen Rechtsanwalt mit der Eintreibung ihrer Forderungen. Aus Beweisgründen sind Mahnungen schriftlich abzufassen und eventuell als Einschreiben dem Schuldner zuzustellen.

Die Kosten des Mahnverfahrens trägt der Käufer. Neben Verzugszinsen kann der Gläubiger vom Schuldner Mahngebühren (z. B. für Brief, Porto, Auslagen) verlangen.

Zahlt der Schuldner trotz Mahnung nicht, so wird die Mahnung mit einem gerichtlichen Mahnbescheid gleichgesetzt, d. h., der Käufer muss mit Eintritt der Fälligkeit Verzugszinsen zahlen. Der Verzugszins beträgt 5 % über dem Basiszinssatz der Europäischen Zentralbank. Neben Verzugszinsen kann der Gläubiger vom Schuldner Mahngebühren (z. B. für Brief, Porto, Auslagen) verlangen.

# Das gerichtliche Mahnverfahren

Michael Klein hat trotz mehrerer Mahnschreiben die Rechnung der Foto Boll Versand GmbH nicht bezahlt. Deshalb stellt die Firma den Antrag auf Erlass eines Mahnbescheides beim zuständigen Amtsgericht.

1. **Wer ist Antragsteller und Antragsgegner des Antrages?**
2. **Durch wen wird der Antragsteller vertreten?**
3. **Wie hoch ist die Forderung der Firma Foto Boll Versand GmbH?**
4. **Wie kann Michael Klein auf die Zustellung des Mahnbescheides durch das Amtsgericht reagieren?**

Bleibt das außergerichtliche Mahnverfahren erfolglos, so kann der Gläubiger das **gerichtliche Mahnverfahren** einleiten. Dazu stellt er beim zuständigen Amtsgericht einen Antrag auf Erlass eines Mahnbescheides. Der Rechtspfleger beim Amtsgericht bearbeitet den Antrag, erlässt den Mahnbescheid und stellt ihn dem Schuldner zu.

Kommt der Schuldner der gerichtlichen Zahlungsaufforderung nach, ist das Verfahren beendet. Ist der Mahnbescheid nach Ansicht des Antragsgegners nicht gerechtfertigt, so kann er innerhalb von 14 Tagen Widerspruch einlegen. Zahlt der Schuldner nicht, kann der Gläubiger bei Gericht einen Vollstreckungsbescheid beantragen. Damit ist die Möglichkeit gegeben, einen Gerichtsvollzieher mit der Pfändung zu beauftragen.

Ablauf des gerichtlichen Mahnverfahrens

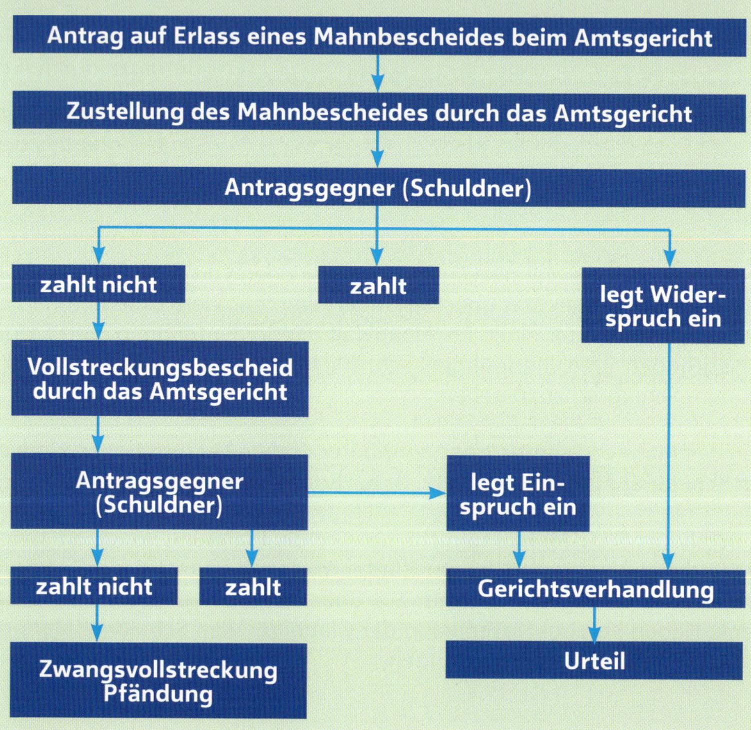

Die **Pfändung** bedeutet in der Regel für Arbeitnehmer eine Lohnpfändung. Der Lohn darf allerdings nur bis zu einem bestimmten Betrag gepfändet werden. Dieser unpfändbare Betrag ist nach Familienstand gestaffelt; er ist in einer Lohnpfändungstabelle festgelegt.

Sachen, die der Gerichtsvollzieher pfändet, werden versteigert. Schwer transportierbare Gegenstände können bis zur Versteigerung beim Schuldner verbleiben. Der Gerichtsvollzieher bringt an ihnen Pfandsiegelmarken („Kuckuck") an. Lebensnotwendige Sachen können nicht gepfändet werden.

1. **Welche Rechte hat der Verkäufer, wenn der Käufer in Annahmeverzug gerät?**
2. **Andrea hat sich bei einem Versandhaus einen Computer gekauft. Das Versandhaus hat versprochen, in ca. vier Wochen zu liefern. Nach zehn Tagen wird der Computer bereits angeliefert. Andrea ist jedoch nicht zu erreichen, da sie in den Urlaub gefahren ist. Der Computer wird von der Post an das Versandhaus zurückgeschickt.**
   **a) Ist Andrea in Annahmeverzug?**
   **b) Das Versandhaus liefert den Computer nach der Rückkehr Andreas aus dem Urlaub an. Die entstandenen Transportkosten der zweiten Anlieferung stellt das Versandhaus Andrea in Rechnung. Muss Andrea diese bezahlen?**
3. **Ein Kunde hat die Ware nicht abgenommen. Der Verkäufer lagert die Ware in einem Lagerhaus. Bei einem Unwetter wird die Ware durch Wasserschäden unbrauchbar.**
   **a) Wer bezahlt die Kosten der Einlagerung?**
   **b) Muss der Kunde die Ware bezahlen?**
4. **Die Firma Schneider erhält von der Spedition die Mitteilung, dass ihr Kunde die bestellten Tomaten nicht abnimmt.**
   **Was kann die Firma Schneider unternehmen?**
5. **Ein Kunde, der 50 km weiter ein Geschäft hat, würde die Tomaten (vgl. Aufgabe 4) abnehmen. Er verlangt allerdings 10 % Preisnachlass.**
   **a) Kann die Firma Schneider die Tomaten an den Kunden verkaufen?**
   **b) Wer trägt die zusätzlichen Transportkosten und die Preisdifferenz?**
6. **Erläutern Sie den Ablauf eines außergerichtlichen Mahnverfahrens.**
7. **Wodurch wird das gerichtliche Mahnverfahren eingeleitet?**
8. **Ein Kunde hat die letzte Lieferung noch nicht bezahlt, da ein Teil der Lieferung mangelhaft war. Die Firma droht ihm mit gerichtlichen Maßnahmen.**
   **a) Muss der Kunde die Rechnung bezahlen?**
   **b) Was kann er gegen einen Mahnbescheid unternehmen?**
9. **Monika erhält von der Firma Engel einen Mahnbescheid. Aufgrund der Bankauszüge stellt Monika fest, dass sie die Rechnung bereits vor Wochen bezahlt hat.**
   **a) Kann Monika den Mahnbescheid wegwerfen?**
   **b) Genügt es, wenn Monika sich telefonisch bei der Firma Engel beschwert?**
10. **Womit muss ein Schuldner rechnen, wenn er nach einem Mahnbescheid**
   **a) nicht zahlt,**
   **b) Widerspruch einlegt?**
11. **Welche Sachen und Einkommen sind unpfändbar?**

## 4.11 Verjährung von Forderungen

Bei der Überprüfung der Zahlungseingänge durch die Buchhaltung in Michaelas Ausbildungsbetrieb am Jahresende wird festgestellt, dass eine Rechnung vom 14. Februar durch den Kunden Schneider nicht bezahlt wurde. Aus unerklärlichen Gründen wurde dem Kunden auch keine Mahnung geschickt. Nach nochmaliger Überprüfung der Zahlungseingänge kann nur festgestellt werden, dass die Zahlung durch den Kunden nicht erfolgt ist. Inzwischen sind schon über zehn Monate verstrichen.

1. **Muss der Kunde die Rechnung noch bezahlen?**
2. **Aus welchen Gründen hat der Gesetzgeber die Regelung getroffen, dass Schulden nach einer bestimmten Zeit nicht mehr bezahlt werden müssen?**

Jeder Schuldner hat nach Ablauf einer bestimmten Zeit (Verjährungsfrist) das Recht, Forderungen durch den Gläubiger zu verweigern. Mit den Verjährungsfristen sollen Käufer und Verbraucher vor Ansprüchen geschützt werden, die längere Zeit zurückliegen. Da Privatpersonen Zahlungs- und Rechnungsbelege nicht so lange aufbewahren wie Geschäftsleute, kämen sie eher in Beweisnot. Die normale Verjährungsfrist beträgt drei Jahre.

| Die wichtigsten Verjährungsfristen | | |
|---|---|---|
| **Frist** | **Fristbeginn** | **Ansprüche** |
| **2 Jahre** | sofort mit der Lieferung | Sachmängel (mangelhafte Lieferung) |
| **3 Jahre** regelmäßige Verjährungsfrist | a) mit dem Schluss des Jahres, in dem der Anspruch entsteht, **und**<br>b) Kenntnis des Gläubigers | z. B.<br>– arglistig verschwiegene Sachmängel<br>– Zahlungs-, Annahme- und Lieferungsverzug<br>– wiederkehrende Leistungen wie Miete, Pacht, Lohn, Gehalt, Zinsen |
| **5 Jahre** | sofort mit Ablieferung | Mängel an Bau und Baumaterialien |
| **10 Jahre** | a) mit der Entstehung des Anspruchs **und**<br>b) Kenntnis des Gläubigers fehlt | – Maximalfrist für alle Ansprüche der regelmäßigen Verjährung wegen der fehlenden Kenntnis des Gläubigers<br>– Rechte an einem Grundstück |
| **30 Jahre** | mit der Entstehung | z. B. Ansprüche aus<br>– rechtskräftigen Urteilen<br>– Insolvenzverfahren<br>– Vollstreckungsbescheiden |

In bestimmten Fällen kann die Verjährung **gehemmt** werden. Hemmung bedeutet, dass die Verjährung angehalten wird und erst dann wieder weiterläuft, wenn der Grund für die Hemmung entfällt. Die Verjährung wird z. B. durch folgende Maßnahmen und Ereignisse gehemmt:

- **bei schwebenden Verhandlungen**, z. B. Käufer und Verkäufer verhandeln noch über Schadenersatz
- **bei Rechtsverfolgung**, z. B. Klageerhebung, Zustellung des Mahnbescheides
- **bei berechtigter Leistungsverweigerung**, z. B. mangelhafte Lieferung als Grund, eine Zahlung zu verweigern
- **bei höherer Gewalt**, z. B. bei Naturkatastrophen

Die Verjährung kann auch neu beginnen. Folgende Maßnahmen führen zu einem **Neubeginn** der Verjährung:

- **bei Schuldanerkenntnis**, z. B. durch Abschlagszahlung, Zinszahlung oder Sicherheitsleistung
- **bei gerichtlicher Vollstreckungshandlung**, z. B. bei beantragter oder vorgenommener Pfändung

**1.** **a) Wann beginnt in den folgenden Fällen die Verjährungsfrist?**
**b) Wann sind die Forderungen verjährt?**

**1.1** **Herr Ließ kauft in einem Geschäft am 12. März einen Fernsehapparat. Er erhält die Rechnung am 15. März zugestellt. Als Zahlungsziel sind 14 Tage vereinbart.**

**1.2** **Ein Handwerker repariert am 23. Februar die Wasserleitung in der Eigentumswohnung der Familie Achtermann. Am 24. März erhält Familie Achtermann eine Mahnung.**

**1.3** **Ein Arbeitnehmer hat aufgrund einer falschen Stundenabrechnung für die Monate August bis Oktober des letzten Jahres zu wenig bezahlt bekommen.**

**1.4** **Mariusz hat sich am 18. Mai einen DVD-Player gekauft. Am 20. Dezember stellt er fest, dass das Gerät defekt ist.**

**1.5** **Familie Endrulat stellt nach vier Jahren in ihrem neuen Eigenheim fest, dass einige Heizungsrohre undicht sind. Sie führen dies auf eine mangelhafte Qualität der Rohre zurück. Die Rohre wurden vor vier Jahren am 18. September geliefert.**

**1.6** **Ein Kaufmann erhält am 3. November eine Rechnung zugestellt. Wegen Zahlungsschwierigkeiten räumt der Lieferer am 15. Januar einen Zahlungsaufschub von drei Monaten ein.**

**1.7** **Der Vermieter stellt am Jahresende fest, dass die Mieten für November und Dezember vom Mieter noch nicht bezahlt worden sind.**

## 4.12 Ratenkauf (Teilzahlungsgeschäft)

**ZAHLEN BEQUEM IN 3, 6, 9 UND 12 MONATSBETRÄGEN**

**MÖBELMARKT**
Wir verhelfen Ihnen zu Ihrem Glück in kleinen Raten.

Finanzkauf
%

**Finanzkauf**

Für alle Finanzkauf-Artikel ab EUR 300, -Zahlung in 12 bis 36 Monatsraten effektiver Jahreszins 8.9 % Finanzierung durch eine unserer Hausbanken. Bitte bringen Sie Ihren Personalausweis mit!

**Ohne Anzahlung, ohne zusätzliche Kosten, ohne weitere Gebühren.**

1. **Welche Vorteile versprechen die Anzeigen?**
2. **Welche Gründe veranlassen Käufer zum Ratenkauf?**
3. **Warum bieten viele Geschäfte und Versandhäuser ihren Kunden den Ratenkauf an?**

### SCHUFA Kredit-Kompass: Rückzahlungsquote mit 97,8 Prozent auf höchstem Niveau seit zehn Jahren

Ein wichtiger Indikator für das Kreditverhalten der deutschen Verbraucher sowie das gute Funktionieren der Kreditwirtschaft ist die Rückzahlungsquote. Sie hat in 2016 mit erfreulichen 97,8 Prozent (+0,2 Prozentpunkte) das höchste Niveau seit zehn Jahren erreicht. [...]
Zum Ende des Jahres 2016 waren im SCHUFA-Datenbestand insgesamt 17,4 Mio. laufende Ratenkredite gespeichert. Gegenüber dem Vorjahr ist dies ein leichter Zuwachs von 0,4 Prozent.

Im deutschlandweiten Durchschnitt betrug die aktuelle Kreditverpflichtung für jede Person im SCHUFA-Datenbestand mit mindestens einem Kredit im Jahr 2016 insgesamt 10 793 Euro. Sie ist damit gegenüber dem Vorjahr leicht gestiegen (2015: 10 039 Euro). Eine mögliche Erklärung ist, dass Verbraucher die niedrigen Zinsen dafür nutzen, etwas höhere Summen zu finanzieren, ohne dass die laufende Belastung dadurch steigt. [...]

Insgesamt geben 56 Prozent der Befragten an, aktuell und/oder in den letzten fünf Jahren einen Kredit genutzt zu haben. Die beliebteste Art der Finanzierung ist der Ratenkredit von einer Bank, 24 Prozent der Befragten gaben an, diese Form der Finanzierung in den letzten fünf Jahren genutzt zu haben, gefolgt vom Hypotheken-Darlehen (21 Prozent) und Dispokredit (18 Prozent). Ein Fünftel der Befragten gibt an, hin und wieder Anschaffungen durch Kredite oder Ratenzahlungen zu finanzieren.

Sowohl die Auswertungen der SCHUFA-Daten als auch die Befragung im Rahmen des Kredit-Kompass zeigen, dass Verbraucher Kreditverpflichtungen wohlüberlegt und verantwortungsbewusst eingehen. Grundsätzlich steht knapp die Hälfte der Befragten der Aufnahme eines Ratenkredits positiv gegenüber, sofern absehbar ist, dass dieser auch zurückgezahlt werden kann.

*Schufa Holding AG: Pressemitteilung der SCHUFA Holding AG. In: www.schufa.de. 30.05.2017. www.schufa.de/media/editorial/themenportal/kredit_kompass_2017/PM_SCHUFA_Kredit-Kompass_2017_neu.pdf [15.05.2018].*

Der Text zeigt, dass ein großer Teil der Güter im Privatbereich auf Teilzahlung (Raten) gekauft wird. Ein Teilzahlungsgeschäft liegt dann vor, wenn der Kaufpreis in mindestens zwei Raten bezahlt wird.

Für Haushalte, die über ein geregeltes Einkommen verfügen, ist der Ratenkauf sicherlich kein Problem. Gefährlich wird es, wenn die Ausgabenwünsche größer waren als die finanziellen Möglichkeiten.
Bei Überschuldung helfen Schuldnerberatungsstellen der Gemeinden oder Verbraucherverbände.

Um den Verbraucher vor unübersichtlichen und verlockenden Angeboten zu schützen, sind im **BGB** Regelungen über den Inhalt des Ratenkaufvertrages vorgeschrieben.

Die Bestimmungen über Teilzahlungsgeschäfte gelten nur für bewegliche Sachen (Waren), jedoch nicht für Immobilien (Häuser/Grundstücke). Laut BGB müssen bei Abschluss eines Ratenkaufvertrages folgende Regelungen beachtet werden:

1. Der Ratenkaufvertrag muss **schriftlich** abgeschlossen werden.
2. Der Vertrag muss folgende **Teilzahlungsbedingungen** enthalten:
   - die Anzahl und Höhe der Raten,
   - die Fälligkeit der Raten,
   - den Teilzahlungspreis,
   - den Barzahlungspreis,
   - den effektiven Jahreszins (Zinssatz und Kosten für die gesamte Laufzeit).
3. Der Käufer hat die Möglichkeit, **innerhalb von zwei Wochen** ohne Begründung vom Vertrag zurückzutreten. Dieses **Widerrufsrecht** muss im Vertrag enthalten sein und vom Käufer durch Unterschrift zur Kenntnis genommen werden. Das Widerrufsrecht ist hinfällig bei Bagatellgeschäften unter 40 € oder wenn der Vertreter vom Kunden bestellt worden ist.

**ZAHLEN IN BEQUEMEN MONATSBETRÄGEN**

Wählen Sie zwischen 3, 6, 9 oder 12 Monatsbeträgen.
Der 1. Betrag ist 30 Tage nach Lieferung fällig, alle weiteren jeweils einen Monat später. Bei Zahlung in Monatsbeträgen berechnen wir einen Aufschlag von 0,70 % pro Monat.

**So errechnen Sie den Teilzahlungspreis:** Bestellwert durch 100 teilen und mit der Anzahl der Monatsbeträge und dem Monatszins 0,70 % malnehmen. Der ermittelte Euro-Wert zum Warenwert dazugezählt, ergibt den zu zahlenden Gesamtpreis.

**Beispiel:**
**Bestellwert 600,00 €, zahlbar in sechs Monatsbeiträgen**
600,00 € x 6 x 0,7 : 100 = 25,20 € Teilzahlungsaufschlag.
600,00 € Bestellwert + Teilzahlungsaufschlag = Teilzahlungspreis = 625,20 € = 6 Monatsbeiträge von je 104,20 €.

**Zahlpause:** Wir berechnen hierfür einen zusätzlichen Aufschlag von 1 % auf den Barzahlungspreis (z. B. bei 300,00 € einen Aufschlag von 3,00 €). Der effektive Jahreszins beträgt max. 16,1 %. Bei Kauf in 12 Monatsbeträgen können Sie leider keine Zahlpause in Anspruch nehmen.

**WIDERRUFSRECHT**
Bestellungen ab drei Monatsbeträgen können binnen zwei Wochen schriftlich widerrufen werden. Richten Sie Ihren Widerruf an:
Versand AG, Kundenbetreuung, Postfach, 50431 Frankfurt.
Zur Wahrung der Frist genügt die rechtzeitige Absendung des Widerrufs.

**1. Eine Möbelfirma bietet eine Jugendzimmereinrichtung für 3 000 € an. Bei Ratenkauf berechnet sie einen effektiven Jahreszins von 14,4 % bei einer Laufzeit von 24 Monaten.**
   **a) Wie viel müssen Sie insgesamt für die Möbel bezahlen?**
   **b) Wie hoch sind die monatlichen Raten?**

**2. Eine Supermarktkette wirbt mit folgendem Inserat für den Kauf auf Raten:**
   **a) Worin unterscheiden sich „Barzahlungs-“ und „Teilzahlungspreis“?**
   **b) Wie beurteilen Sie das Angebot?**

Finanzkauf €

**Finanzkauf**

Keine Anzahlung!
Unsere Finanzkaufpreise sind Endpreise!

Alle Finanzkaufpreise sind Teilzahlungspreise. Die Finanzierungskosten sind darin enthalten. Sie können ab Artikelpreis 300,00 € in sechs oder zwölf Monatszahlungen bezahlen (Bankabbuchung). Bei Finanzkauf bitte den Personalausweis und die Scheckkarte mitbringen.

## 4.13 Mietvertrag

### Die meisten Bürger sind Mieter

Über 55% der Wohnungen in der Bundesrepublik werden von Mieterinnen und Mietern bewohnt. Große Schwankungen gibt es zwischen den Ballungsgebieten mit überwiegend Mietwohnraum und ländlichen Gebieten, in denen selbst genutztes Wohneigentum dominiert.
Im Vergleich zu den europäischen Nachbarn bildet die Bundesrepublik Deutschland beim Wohnungseigentum das Schlusslicht. Spitzenreiter sind Spanien mit 85% und Belgien mit 70% Wohnungseigentümern.
Wie Umfragen belegen, ist der Wunsch der Bundesbürger, statt in einer Mietwohnung in den eigenen vier Wänden zu leben, ungebrochen. Zwischen Wunsch und Möglichkeit steht für die meisten eine unüberbrückbare finanzielle Hürde. So werden auch in absehbarer Zeit die meisten Bürger Mietverträge abschließen müssen.

*Autorentext*

**1. Warum sind die meisten Bürger in der Bundesrepublik Deutschland Mieter?**
**2. Weshalb gibt es gerade in Großstädten mehr Mietwohnungen als in ländlichen Gebieten?**

Die meisten Bundesbürger wohnen zur Miete und haben einen Mietvertrag abgeschlossen. In der Bundesrepublik sind dies jährlich ca. zwei bis drei Millionen Verträge. Mietverträge können abgeschlossen werden über unbewegliche Sachen, wie Wohnungen, Geschäftsräume und Grundstücke. Ge- und vermietet werden auch bewegliche Sachen, wie Autos, Boote, Baumaschinen usw.

**§ 535 BGB Inhalt und Hauptpflichten des Mietvertrags**

(1) Durch den Mietvertrag wird der Vermieter verpflichtet, dem Mieter den Gebrauch der Mietsache während der Mietzeit zu gewähren. Der Vermieter hat die Mietsache dem Mieter in einem zum vertragsgemäßen Gebrauch geeigneten Zustand zu überlassen und sie während der Mietzeit in diesem Zustand zu erhalten. Er hat die auf der Mietsache ruhenden Lasten zu tragen.
(2) Der Mieter ist verpflichtet, dem Vermieter die vereinbarte Miete zu entrichten.

Beim **Pachtvertrag** wird neben dem Gebrauch auch eine wirtschaftliche Nutzung vereinbart. Ge- und verpachtet werden z. B. landwirtschaftliche Grundstücke, Gaststätten oder Tankstellen. Für den Pachtvertrag gelten weitgehend die gleichen Bestimmungen wie beim Mietvertrag.

Grundsätzlich gilt für Mietverträge die Formfreiheit. Mietverträge können aber auch nur aus „ein paar Zeilen“ bestehen oder mündlich abgeschlossen werden. Voraussetzung für einen wirksamen Mietvertrag ist lediglich, dass Einigkeit darüber besteht, wer Mieter und wer Vermieter ist, welche Sache vermietet wird, zu welchem Preis und wann das Mietverhältnis beginnen soll. Für die Mietverträge gibt es vorgefertigte Musterverträge. Immer dann, wenn keine vertraglichen Abmachungen bestehen, gelten die gesetzlichen Regelungen. Das Mietverhältnis endet mit dem Ablauf der vereinbarten Mietzeit oder durch Kündigung.

# MIETVERTRAG

**für nicht preisgebundenen Wohnraum und/oder Geschäftsraum**

**nur vorherige Klarstellung schützt vor schwerwiegenden und unbehebbaren späteren Nachteilen!**

- Zwischen ....Jürgen Simon....
- in ....Berggasse 4, Sinzig.... als Vermieter
- und ....Bernd Doll, Remagen.... geb. am ....17.04.89.... als Mieter

wird folgender Mietvertrag geschlossen

§ 1 Mieträume

Im Mietvertrag sollten im Wesentlichen folgende Punkte geregelt sein:

| | |
|---|---|
| **Mietsache** | benutzte und mitbenutzte Räume, Schlüssel |
| **Mietzeit** | unbefristete oder befristete Mietdauer (Zeitmietvertrag) |
| **Kündigung** | a) durch den Mieter unabhängig von der Dauer des Mietverhältnisses<br>3 Monate Kündigungsfrist<br>b) durch den Vermieter<br>Dauer des Mietverhältnisses – Kündigungsfrist<br>bis zu 5 Jahre – 3 Monate<br>bis zu 8 Jahre – 6 Monate<br>mehr als 8 Jahre – 9 Monate<br>außerordentliche Kündigung nur bei schwerwiegenden Vertragsverletzungen (z. B. wegen Mietrückstandes) |
| **Mietzins** | Nettomiete (Kaltmiete), Betriebskosten (z. B. Wasser, Heizung)<br>Minderung des Mietzinses (z. B. Ausfall der Heizung) |
| **Instandhaltung** | Reinigung, Schönheitsreparaturen, Pflicht zur Anzeige von Mängeln durch den Mieter<br>Erhaltungs- und Modernisierungsarbeiten durch den Vermieter |
| **Benutzung** | Untervermietung, Tierhaltung, Installationen, bauliche Veränderungen |
| **Beendigung** | Rückgabe der Mietsache in einwandfreiem Zustand, ggf. renoviert |
| **Sonstiges** | Hausordnung als Bestandteil des Mietvertrages, Sonderregelungen |

Durch den Mietvertrag ergeben sich für den Vermieter folgende **Pflichten:**

- Die Mietsache wird zum vertragsmäßigen Gebrauch überlassen.
- Die Mietsache muss instand gehalten bzw. instand gesetzt werden.
- Die Mietsache muss die vereinbarten Eigenschaften aufweisen.

Für den Mieter ergeben sich folgende **Pflichten:**

- Der Mietzins muss frist- und vereinbarungsgemäß gezahlt werden.
- Die Mietsache ist pfleglich zu behandeln und darf nicht vertragswidrig benutzt werden.
- Schäden und Mängel sind unverzüglich dem Vermieter anzuzeigen.

## Mieterschutz

Eine Eigenbedarfskündigung kann daran scheitern, dass die Räumung eine besondere Härte für den betroffenen Mieter darstellt. So ist es einer 89-jährigen Frau gelungen, die Ansprüche des Vermieters auf Freimachung ihrer Wohnung abzuwehren. Sie berief sich darauf, dass sie in dieser vertrauten Umgebung seit 50 Jahren lebe. Das Herauslösen der alten Dame aus dieser Umgebung würde nach Meinung des Landgerichts Bonn im Hinblick auf ihr Alter eine weitere Verschlechterung ihres Gesundheitszustandes zur Folge haben. Der Vermieter müsse sich entgegenhalten lassen, dass er beim Kauf des Hauses eine Mieterin übernommen habe, die damals schon 80 Jahre alt gewesen sei. Das Mietverhältnis müsse bei dieser Situation auf unbestimmte Zeit fortgesetzt werden.
(Urteil des Landgerichts Bonn 6 S 203/89)

1. **Warum hat der Vermieter das Mietverhältnis gekündigt?**
2. **Wie hat das Gericht entschieden, mit welcher Urteilsbegründung?**
3. **Diskutieren Sie über die Aussage „Mieterschutz verhindert neue Mietverträge".**

Eine Wohnung zählt zu den Grundbedürfnissen. Mieter und Vermieter sind, gerade wenn Wohnraum knapp ist, nicht gleichstarke Partner. Der Gesetzgeber hat deshalb in den letzten Jahren im Mietrecht die Stellung des Mieters gegenüber dem Vermieter gestärkt. Vor willkürlicher Kündigung und Mieterhöhung sollen vor allem einkommensschwache, kinderreiche Familien und ältere Mieter geschützt werden.

**§ 574 BGB: Widerspruch des Mieters gegen die Kündigung**
(1) Der Mieter kann der Kündigung des Vermieters widersprechen und von ihm die Fortsetzung des Mietverhältnisses verlangen, wenn die Beendigung des Mietverhältnisses für den Mieter, seine Familie oder einen anderen Angehörigen seines Haushalts eine Härte bedeuten würde, die auch unter Würdigung der berechtigten Interessen des Vermieters nicht zu rechtfertigen ist. [...]
(2) Eine Härte liegt auch vor, wenn angemessener Ersatzwohnraum zu zumutbaren Bedingungen nicht beschafft werden kann.

Durch die allgemeine Formulierung der Bestimmungen muss im Einzelfall geklärt werden, wie das Gesetz ausgelegt werden soll. Oft kann erst eine gerichtliche Entscheidung Klarheit verschaffen.

## Staatliche Hilfen für Mieter

Auf dem Wohnungsmarkt gibt es frei finanzierte und mit staatlicher Unterstützung erstellte Wohnungen, den sozialen Wohnungsbau. Aufgrund der staatlichen Fördermittel sind die Mieten für diese Wohnungen begrenzt. Anspruch auf eine **Sozialwohnung** haben nur Mieter mit niedrigem Einkommen.

Damit sich auch finanziell Schwächere eine angemessene und familiengerechte Wohnung auf dem freien Wohnungsmarkt suchen können, hilft der Staat durch ein **Wohngeld**. An Mieter wird das **Wohngeld** als Zuschuss zur Miete gezahlt, an Haus und Wohnungseigentümer als Lastenzuschuss. Wer Wohngeld erhalten will, muss bei der Wohngeldstelle seiner Gemeinde einen Antrag stellen.

Für die Bemessung des Wohngeldes werden folgende Faktoren zugrunde gelegt:
- Familiengröße
- Familieneinkommen
- Wohnkosten (Miete und Nebenkosten)
- Örtliches Mietniveau (Mietspiegel, Mietstufen)
- Ausstattung und Alter der Wohnung

Mit der sogenannten **Mietpreisbremse** gilt, dass bei Wiedervermietung die zulässige Miete in Gebieten mit angespanntem Wohnungsmarkt höchstens auf das Niveau der ortsüblichen Vergleichsmiete zuzüglich 10 % angehoben werden darf.

**1. Nennen Sie Gründe, warum der Mietvertrag immer schriftlich abgeschlossen werden sollte.**
**2. Erläutern Sie den Unterschied zwischen Pacht- und Mietvertrag.**
**3. Entscheiden Sie, ob die folgenden Sachen gemietet oder gepachtet werden:**
**a) Baukran — b) Weinberg**
**c) Jagdrevier — d) Hotelzimmer**
**e) Ferienwohnung — f) Tennishalle für eine Stunde**
**g) Kleintransporter — h) Tennishalle als Betreiber**
**4. Die Familie Lorenz ist vor sechs Jahren in ihre Mietwohnung eingezogen. Jetzt ist ihr vom Vermieter gekündigt worden, mit der Auflage, die Wohnung innerhalb von drei Monaten zu räumen.**
**Hat der Vermieter die Kündigungsfrist eingehalten?**
**5. Führen Sie Gründe an, warum der Staat den Wohnungsbau fördert.**
**6. Wer soll durch die Sozialklausel im BGB 574 vor Kündigung geschützt werden?**
**7. Nach welchen Faktoren wird Wohngeld berechnet?**
**8. Informieren Sie sich, welche durchschnittliche Miete in Ihrem Wohnort für eine Vier-Zimmer-Wohnung üblich ist (Mietspiegel).**
**9. Bei Problemen zwischen Mieter und Vermieter gibt es verschiedene Organisationen und Vereine (z. B. Mieterschutzbund, Mieterhilfe, Verband der Haus-, Wohnungs- und Grundeigentümer).**
**Erkunden Sie sich – z. B. mithilfe des Telefonbuches oder des Internets-, welche Organisationen es in Ihrer Nähe gibt.**

## 4.14 Einkaufen im Internet

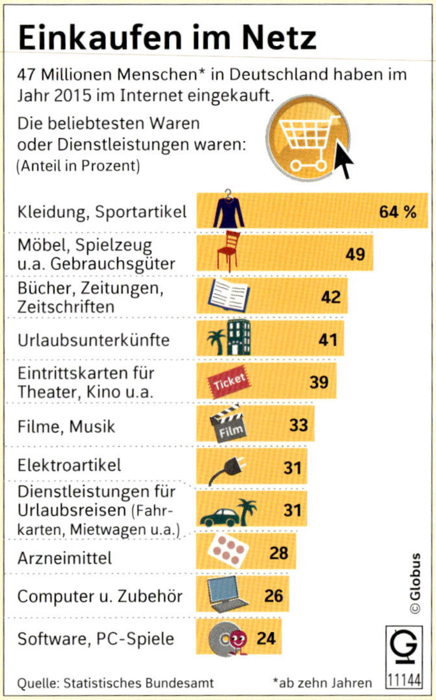

**1. Welche Vorteile bietet der Einkauf im Internet?**
**2. Welche Risiken können beim Einkauf im Internet auftreten?**

Kaufen oder Verkaufen über das Internet nimmt ständig zu. Wegen der Besonderheiten dieses „Einkaufmediums" gelten für den elektronischen Geschäftsverkehr **(E-Commerce)** zusätzliche Regelungen. So muss der Unternehmer dem Kunden alle technischen Mittel zur Verfügung stellen, mit deren Hilfe der Kunde Eingabefehler vor Abgabe seiner Bestellung erkennen und berichtigen kann.

Das anbietende Unternehmen muss den Kunden rechtzeitig vor der Bestellung informieren

- über die einzelnen technischen Schritte, die zu einem Vertragsabschluss führen;
- ob der Vertragstext vom Anbieter gespeichert wird und ob er dem Kunden zugänglich ist;
- wie Eingabefehler vor Abgabe der Bestellung erkannt und berichtigt werden können;
- in welchen Sprachen der Vertragsabschluss möglich ist;
- über die Verhaltensverpflichtungen (z. B. umweltschonende Produktion), die für das Unternehmen gelten.

Ein Internetbutton weist ausdrücklich darauf hin, dass man „zahlungspflichtig" bestellt. Der Internetverkäufer muss Preis, Lieferkosten, Mindestlaufzeiten und andere wesentliche Merkmale der Ware klar und verständlich in unmittelbarer Nähe des Buttons angeben. Klickt der Käufer darauf, unterzeichnet er damit den virtuellen Kaufvertrag.
Jede Bestellung ist dem Kunden unverzüglich elektronisch per E-Mail zu bestätigen. Der Kunde muss die Möglichkeit haben, die Vertragsbestimmungen und die AGB abzurufen und zu speichern.

Der Käufer sollte bei den Einkäufen im Internet auf folgende „10 Gebote" achten:

1. Der Anbieter identifiziert sich eindeutig mit Namen und Anschrift.
2. Die Vertragsbedingungen (AGB) müssen leicht zugänglich, lesbar und speicherbar sein.
3. Der Zeitpunkt des Vertragsabschlusses ist eindeutig erkennbar.
4. Die Ware bzw. Dienstleistung wird genau beschrieben.
5. Der Preis der Ware (einschließlich Steuern und Zusatzkosten) ist angegeben.
6. Die Liefer- und Versandkosten sind klar aufgeführt.
7. Die Zahlungsmöglichkeiten werden genau beschrieben.
8. Ein Rücktritts- bzw. Widerrufsrecht wird ausdrücklich eingeräumt.
9. Die Lieferzeit ist exakt angegeben.
10. Der Anbieter verpflichtet sich, keine Kundendaten weiterzugeben.

Für den Interneteinkauf gilt das **Fernabsatzgesetz**. Danach kann der Käufer den Kaufvertrag innerhalb von zwei Wochen widerrufen oder die Ware zurückgeben. Der Beginn der Widerrufsfrist setzt zunächst voraus, dass der Verkäufer seine Informationspflichten zuvor vollständig erfüllt hat und der Käufer weiterhin in Textform (z. B. per Fax, E-Mail oder schriftlich) ordnungsgemäß über sein Widerrufsrecht belehrt wurde. Die Frist beginnt mit dem Erhalt der Ware bzw. bei Dienstleistungen mit Vertragsabschluss. Kommt der Verkäufer den Informationspflichten nicht nach, beginnt die zweiwöchige Widerrufsfrist nicht zu laufen. Die Widerspruchsfrist verlängert sich dann auf sechs Monate.

Wird der Kaufvertrag widerrufen, dann hat der Käufer einen Anspruch auf die Rückzahlung des Kaufpreises. Der Verkäufer muss die Kosten des Rücktransports tragen, bei einem Bestellwert unter 40 € können diese Kosten auf den Käufer abgewälzt werden, wenn dies in den AGB ausgewiesen wird.

Für den Kauf bestimmter Waren ist ein Widerruf allerdings ausgeschlossen. Dazu gehören individuell angefertigte und verderbliche Produkte, Güter, die nicht zurückgesandt werden können (z. B. bestelltes Heizöl), entsiegelte Software sowie entsiegelte Audio- und Videoaufzeichnungen (CDs, DVDs und Videos). In der Regel können auch Verträge über Waren, die auf Internetauktionen ersteigert wurden, nicht widerrufen werden.

Eine der bekanntesten Auktionsplattformen ist „ebay". Diese Plattform ist ein elektronischer Marktplatz, auf dem sich die Käufer und Verkäufer treffen. Ebay ist jedoch nicht an dem zwischen Käufer und Verkäufer abgeschlossenen Kaufvertrag beteiligt und übernimmt deshalb auch keine Haftung. Kommt bei der Auktion ein Kaufvertrag zwischen einem Unternehmen und einer Privatperson zustande, gelten die gesetzlichen Gewährleistungspflichten. Privatpersonen können die Gewährleistung ausschließen.

## 4.15 Dienstvertrag, Werkvertrag und Werklieferungsvertrag

Max macht nach 32 Fahrstunden die Führerscheinprüfung. Bei der praktischen Prüfung fällt er durch. Max ist sauer auf den Fahrlehrer, weil er der Meinung ist, dass dieser ihn unzureichend ausgebildet und schlecht auf die praktische Prüfung vorbereitet hat. Die letzten drei Fahrstunden will er deshalb nicht bezahlen. Der Fahrlehrer weist ihn darauf hin, dass er seine vertraglichen Leistungen erbracht habe, und besteht deshalb auf Bezahlung.

1. **Muss Max die Fahrstunden bezahlen?**
2. **Hat der Fahrlehrer wirklich seine vertraglichen Leistungen erbracht, obwohl Max die Prüfung nicht bestanden hat?**

Wenn ein Vertragspartner sich verpflichtet, gegen Entgelt eine Dienstleistung persönlich zu erbringen, handelt es sich um einen **Dienstvertrag**. Bei diesem Vertrag muss die Tätigkeit vergütet werden, auch wenn sie zu keinem Erfolg führt. Solche Dienstleistungen sind z. B. Übungsstunden beim Tennistrainer, Nachhilfeunterricht oder die Verteidigung durch einen Rechtsanwalt.

Max hat im zweiten Anlauf die Führerscheinprüfung bestanden. Er kauft sich einen Gebrauchtwagen. Nach einigen Wochen hat er mit dem Anlassen des Motors Schwierigkeiten. Er sucht deshalb seine Werkstatt auf, die ihm den Motor neu einstellt. Doch schon am nächsten Tag zeigt das Auto die gleichen Startprobleme. Max fährt unverzüglich zur Werkstatt und besteht darauf, dass das erneute Einstellen kostenlos erfolgt.

3. **Muss die Werkstatt die zweite Reparatur kostenlos durchführen?**
4. **Handelt es sich hier um einen Dienstvertrag? Begründen Sie Ihre Meinung.**

Verpflichtet sich ein Vertragspartner, eine bestimmte Leistung, nämlich die Herstellung oder Veränderung eines Werkes zu erbringen, so handelt es sich um einen **Werkvertrag**. Diese Vertragsart kommt überwiegend im Handwerksbereich vor. Bei folgenden Leistungen handelt es sich um Werkverträge:
- Herstellung einer Sache, z. B. Erstellung eines Rohbaus, wobei der Bauherr das Baumaterial selbst besorgt;
- Veränderung einer Sache, z. B. Kfz-Reparatur;
- andere erfolgsbezogene Arbeiten, z. B. Taxifahrt, Haarschnitt.

Anders als beim Dienstvertrag muss der Auftraggeber für die Leistungen nur dann bezahlen, wenn diese erfolgreich erbracht wurden.

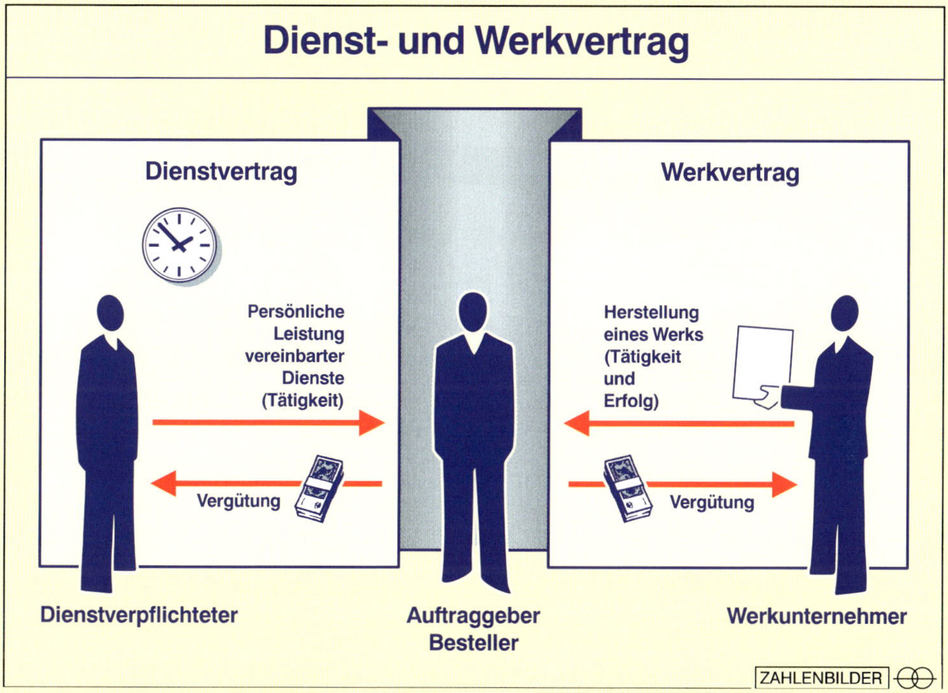


Max möchte sich ein Autoradio kaufen. Beim Autohändler sieht er ein günstiges Angebot. Im Preis ist der Einbau bereits enthalten. Max nimmt dieses Angebot an. Er kauft das Radio und lässt es sofort durch den Autohändler einbauen.

1. **Muss Max einen Kaufvertrag für das Radio und einen Werkvertrag für den Einbau abschließen?**

Liefert der Unternehmer die notwendigen Materialien und Rohstoffe, die er für seine Arbeiten braucht, so handelt es sich um einen **Werklieferungsvertrag**. Dieser Vertrag beinhaltet neben dem Werkvertrag auch den Kaufvertrag für die bereitgestellten Materialien.

Der Unterschied zwischen Werkvertrag und Werklieferungsvertrag besteht darin, dass
- beim Werkvertrag der Auftraggeber die Materialien selbst liefert,
- beim Werklieferungsvertrag der Auftragnehmer die Materialien mitliefert.

**Entscheiden Sie, um welche Vertragsart es sich jeweils handelt:**
1. **Das Ehepaar Kunz verpflichtet für den Abend einen Babysitter.**
2. **Herr Glier hat sich beim Malerbetrieb Knopf Tapeten ausgesucht und lässt seine Wohnung durch den Malerbetrieb tapezieren.**
3. **Herr Nauerth lässt sich von seinem Steuerberater die Steuererklärung erstellen.**
4. **Friseurmeisterin Michel fertigt ein Haarteil für Frau Klein.**
5. **Frau Bauer lässt sich ihr Sommerkostüm in der Schneiderei ändern.**

## 4.16 Leasingvertrag

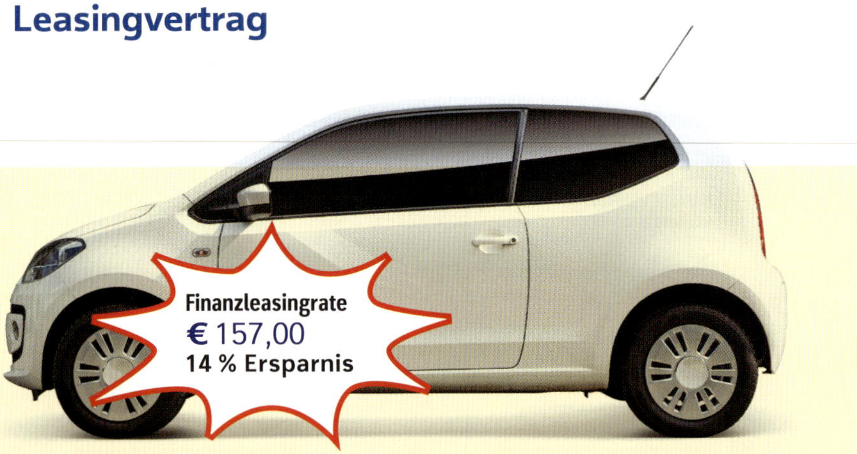


### Unser Angebot

| | | | |
|---|---|---|---|
| **Laufzeit in Monaten** | **36** | Zzgl. Auslieferungskosten: | € 395,00 |
| **Gesamtlaufleistung in km** | **60 000** | Lieferzeit in Wochen ca. | 16 |
| **Einmalige Mietsonderzahlung** | **€ 5099,99** | Auf Wunsch: Kfz-Versicherung | € 87,00 |
| **Finanzleasingrate** | **€ 157,00** | Auf Wunsch: FAirbag® | € 15,95 |
| | | **Restwert** | **€ 12577,00** |

1. **Welche Vorteile werden in der Werbung für Leasing herausgehoben?**
2. **Welche Folgen hätte es, wenn der Leasingnehmer mehr als 60 000 km fährt?**
3. **Errechnen Sie, was das Fahren mit dem angebotenen Auto nach 36 Monaten gekostet hat.**

Leasing ist in den letzten Jahren zu einer wichtigen Vertragsart geworden. Leasing heißt, dass Sachgüter, wie z. B. Maschinen, Autos, Computeranlagen, gemietet werden (engl. to lease – mieten). Auch Immobilien und Arbeitskräfte können geleast werden.

Wie bei der Miete zahlt der Leasingnehmer an den Leasinggeber einen monatlichen Mietbetrag, die Leasingrate. Meist muss zu Beginn eine einmalige Sonderzahlung geleistet werden. Viele Firmen bieten am Ende der Laufzeit die geleaste Sache zum Kauf an. Bei Vertragsabschluss wird der Restkaufpreis (Restwert) schon vorher vereinbart. Nach Ablauf des Leasingvertrages kann der Leasingnehmer entscheiden, ob er die Sache kauft oder zurückgibt.

Leasing hat gegenüber dem Kauf vor allem für Betriebe Vorteile:
- Die monatliche Belastung bleibt für den Betrieb immer gleich.
- Die Belastungen können steuerlich als Betriebskosten abgesetzt werden.
- Der Betrieb braucht keinen sehr hohen Kapitalbetrag zu investieren.
- Nach Vertragsablauf kann sofort ein „neues Modell“ geleast werden.

Für Privatleute ist der Leasingvertrag insofern ungünstiger, als für sie die Möglichkeit entfällt, die Leasingraten bei der Steuer geltend zu machen. Außerdem sollten beim privaten Leasing folgende Punkte beachtet werden:

- Wenn die Raten nicht mehr bezahlt werden können, wird der Vertrag gekündigt. Der Leasingnehmer muss eine Vertragsstrafe zahlen.
- Beim „Kilometerleasing“ (Fahrleistungsbegrenzung beim Kfz-Leasing) trägt der Leasingnehmer das Restwertrisiko. Mehr gefahrene Kilometer werden in Rechnung gestellt, da der Restwert des Autos sinkt.
- Der Leasingnehmer trägt das Risiko für Verlust und Beschädigung.
- Beim Kfz-Leasing muss in der Regel eine Vollkaskoversicherung abgeschlossen werden. Wartungsdienste und Inspektionen sind verpflichtend.

Dennoch ist Autoleasing im privaten Bereich zu einem Renner geworden. Die Angebote klingen schließlich verlockend: mäßige Anzahlung, geringe Monatsraten und alle zwei bis drei Jahre ein neues Fahrzeug. Ob Leasing wirklich günstiger als andere Finanzierungsmöglichkeiten ist, sollte der Verbraucher vor Vertragsabschluss genau prüfen.

## 4 Wege zu einem neuen Auto

**Finanzierungsvergleich zum Gegenwartswert, ohne eventuelle Rabatte auf den Kaufpreis**

**Barkauf**

Der Kunde zahlt den Kaufpreis. Damit geht das Auto sofort in sein Eigentum über.

Kosten zum Gegenwartswert: **16 250 €.**

**Kredit**

Der Kunde wählt die Bank mit den günstigsten Konditionen. Die Anzahlung beträgt 3 250 €, die monatlichen Raten betragen drei Jahre lang 383 €.

Kosten zum Gegenwartswert: **16 045 €.**

**Drei-Wege-Finanzierung**

3 250 € Anzahlung, 180 € Monatsrate. Nach drei Jahren kann der Kunde wählen:

**Kauf:** Mit 7 900 € Schlussrate kauft er das Auto. Kosten zum Gegenwartswert: **15 940 €.**

**Kredit:** Für die Schlussrate wird ein neuer Kredit aufgenommen. Zinsen werden neu ausgehandelt. Gesamtzahlung: unbekannt.

**Rückgabe:** Der Kunde gibt das Auto zurück. Gesamtzahlung: **7 146 €.**

**Leasing**

3 250 € Anzahlung, danach 180 € Monatsrate über drei Jahre. Danach kann das Auto gekauft werden.

Kosten zum Gegenwartswert: **15 348 €.**

Beispiel VW-Golf, bei Kredit und Leasing 20 % Anzahlung, drei Jahre Laufzeit

1. **Nennen Sie die Vertragspartner des Leasingvertrages.**
2. **Was sollten Sie tun, bevor Sie einen Leasingvertrag abschließen?**
3. **Worauf ist unbedingt bei einem Kfz-Leasingvertrag zu achten?**
4. **Erläutern Sie die Vorteile des Leasings für Betriebe.**
5. **Listen Sie Vor- und Nachteile eines Kfz-Leasingvertrages für den Privatkunden auf.**

# Handlungsimpulse

**Roller AP 50**
EZ 07/17, 2800 km, blau,
Sonderausst. Gepäckträger
Versicherung bis Dezember
Topzustand,
VB 1500,00 €.

Thomas Doll, Gartenstr. 4,
70667 Stuttgart

## A Rollenspiel Vertragsverhandlungen

Sie interessieren sich für den Roller der obigen Anzeige und verhandeln mit dem Verkäufer.
Spielen Sie in einem Rollenspiel die Vertragsverhandlungen durch. Achten Sie dabei auf die wichtigen Punkte, die in diesem Gespräch angesprochen werden sollten.

## B Ein Kaufvertrag-Formular entwerfen

Wichtige Verträge sollten schriftlich abgefasst werden.

Entwerfen Sie für den Kauf eines gebrauchten Rollers einen Kaufvertrag.

## C Textbausteine formulieren

Für Schreiben, die im Betrieb alltäglich sind, ist es sinnvoll, Textbausteine zu formulieren, die dann für einen Brief nur noch abgerufen werden müssen.

Erstellen Sie Textbausteine für die verschiedenen Stufen des Mahnverfahrens. Sie können dazu die Übersicht auf Seite 94 zu Hilfe nehmen.

## D Ein Faltblatt erstellen

Die häufigste Störung bei der Erfüllung von Kaufverträgen ist für den Verbraucher die mangelhafte Lieferung.

Erstellen Sie ein Faltblatt mit nützlichen Ratschlägen für Verbraucher. Der Ratgeber sollte die wichtigsten Rechte und Verhaltensregeln sowie „Muster-Briefe“ enthalten.

# 5 Zahlungsverkehr

Wer eine Ware kauft oder eine Dienstleistung in Anspruch nimmt, muss dafür bezahlen.

1. **Mit welchem Zahlungsmittel wird jeweils bezahlt?**
2. **Worin besteht der Unterschied**
   **a) für den Zahlenden?**
   **b) für den Empfänger?**
3. **Welche weiteren Zahlungsmittel kennen Sie?**

## 5.1 Zahlungsarten

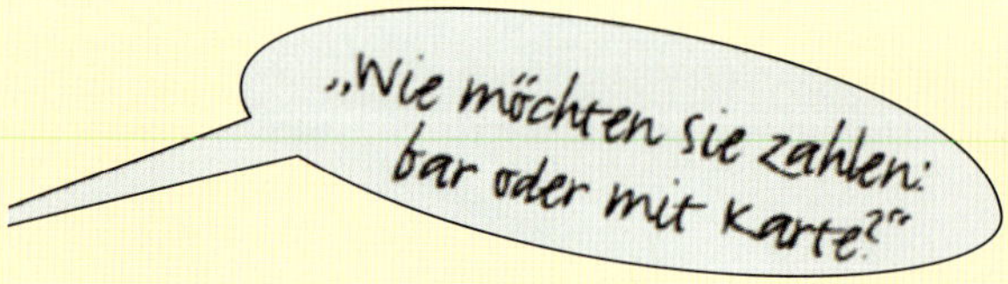


Zahlen kann man entweder bar, halbbar oder bargeldlos.

**Barzahlungen** sind im Alltag immer dann üblich, wenn die Beträge nicht sehr hoch sind, z. B. beim Einkaufen im Einzelhandel. Der Schuldner (Absender) zahlt an den Gläubiger (Empfänger) mit Münzen oder Banknoten. Beide benötigen für diesen Zahlungsvorgang kein Konto. Als Zahlungsbeleg dienen Quittung oder Kassenbon.

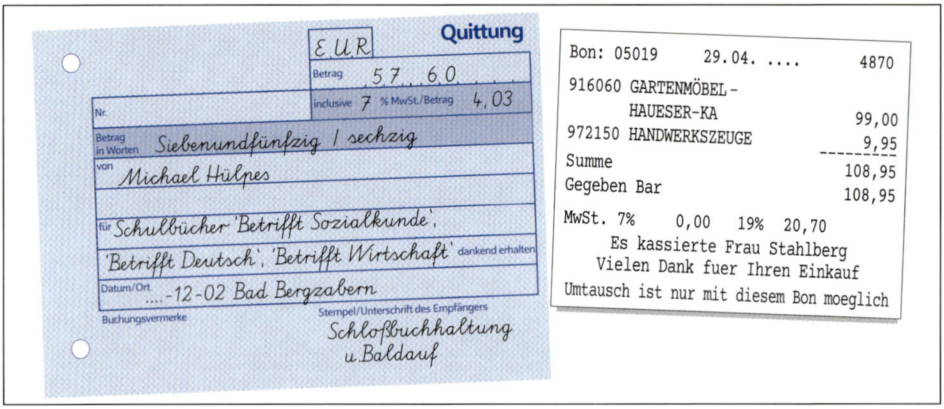

Quittung
EUR
Betrag 57,60
Nr. inclusive 7 % MwSt./Betrag 4,03
Betrag in Worten Siebenundfünfzig / sechzig
von Michael Hülpes
für Schulbücher 'Betrifft Sozialkunde', 'Betrifft Deutsch', 'Betrifft Wirtschaft' dankend erhalten
Datum/Ort ....-12-02 Bad Bergzabern
Buchungsvermerke
Stempel/Unterschrift des Empfängers Schloßbuchhaltung u. Baldauf

Bon: 05019 29.04. .... 4870
916060 GARTENMÖBEL-HAUESER-KA 99,00
972150 HANDWERKSZEUGE 9,95
Summe 108,95
Gegeben Bar 108,95
MwSt. 7% 0,00 19% 20,70
Es kassierte Frau Stahlberg
Vielen Dank fuer Ihren Einkauf
Umtausch ist nur mit diesem Bon moeglich

Eine Barzahlung kann auch über die Deutsche Post AG mit Express-Brief oder per Western Union Geldtransfer erfolgen.

Bei der **halbbaren Zahlung** benötigt entweder der Absender oder der Empfänger ein Girokonto. Halbbar heißt, dass der Zahlungsvorgang zur „Hälfte" bar und zur anderen Hälfte bargeldlos erfolgt.

Bareinzahlungen durch den Absender sind mithilfe eines Zahlscheines möglich. Bei der Bank, Sparkasse oder Postbank kann so auf das Konto des Empfängers der Betrag bar eingezahlt werden. Der Empfänger erhält den Betrag auf seinem Girokonto gutgeschrieben.

Bei der **bargeldlosen Zahlung** benötigen Absender und Empfänger ein Girokonto. Die Zahlung erfolgt durch Gutschrift bzw. Lastschrift auf den Konten. Formen der bargeldlosen Zahlung sind:

- Überweisung
- Verrechnungsscheck
- Dauerauftrag
- Lastschrift
- Einzugsverfahren
- Kreditkarte
- Geldkarte
- Kontaktlos zahlen

# 5.2 Zahlungsmöglichkeiten

## Bargeldtransfer durch Express-Brief oder Geldtransferdienste

Sonja Mertz hat im Urlaub sämtliche Papiere sowie ihr Bargeld verloren. Sie ruft zu Hause an und bittet ihre Eltern, ihr Geld zu schicken. Die Mutter geht zu einer Western Union Vertriebsfiliale und füllt ein Sendeformular für einen Western Union Geldtransfer aus. Vertriebsfilialen von Western Union sind einige Postbanken, Reisebanken, Sparkassen oder eine Western Union Bank Filiale.

Kreditinstitute und die Postbank bieten je nach Zahlungsart dem Absender oder Empfänger verschiedene Zahlungsmöglichkeiten an. Dazu können die Kunden vorgedruckte Zahlungsformulare verwenden.

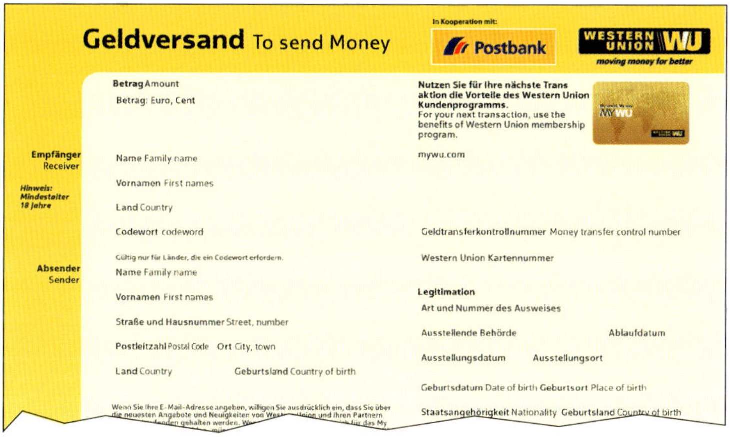
**Geldversand** To send Money

In Kooperation mit: Postbank | Western Union – moving money for better

**Betrag** Amount
Betrag: Euro, Cent

**Nutzen Sie für Ihre nächste Trans aktion die Vorteile des Western Union Kundenprogramms.**
For your next transaction, use the benefits of Western Union membership program.
mywu.com

**Empfänger** Receiver
*Hinweis: Mindestalter 18 Jahre*
Name Family name
Vornamen First names
Land Country
Codewort codeword
Gültig nur für Länder, die ein Codewort erfordern.

Geldtransferkontrollnummer Money transfer control number
Western Union Kartennummer

**Absender** Sender
Name Family name
Vornamen First names
Straße und Hausnummer Street, number
Postleitzahl Postal Code Ort City, town
Land Country Geburtsland Country of birth

**Legitimation**
Art und Nummer des Ausweises
Ausstellende Behörde Ablaufdatum
Ausstellungsdatum Ausstellungsort
Geburtsdatum Date of birth Geburtsort Place of birth
Staatsangehörigkeit Nationality Geburtsland Country of birth

Wenn Sie Ihre E-Mail-Adresse angeben, willigen Sie ausdrücklich ein, dass Sie über die neuesten Angebote und Neuigkeiten von We...

Der **Western Union Geldtransfer** ist geeignet, Geldbeträge weltweit zu übersenden, wenn Absender und Empfänger kein Konto haben. Es ist allerdings wichtig, dass sich Absender und Empfänger persönlich kennen. Der Absender muss das Formular ausfüllen und bei einer Western Union Vertriebsfiliale den Betrag bar einzahlen. Innerhalb weniger Minuten ist das Geld im In- und Ausland in einer Western Union Filiale zugänglich. Die Auszahlung erfolgt in Bargeld, meist in der entsprechenden Landeswährung, an den Empfänger. Gesichert ist der Transfer durch zwei Komponenten: Erstens muss sich der Empfänger vor Ort entsprechend ausweisen und zweitens erhält der Sender eine sogenannte Geld-Transfer-Kontroll-Nummer. Diese ist zwar nicht weltweit zwingend notwendig für die Auszahlung, bietet jedoch zusätzlichen Schutz. Die Sicherheitsnummer darf ausschließlich dem Empfänger mitgeteilt werden.

Dieser Service ist vor allem in Notfällen eine Möglichkeit, dem Empfänger schnell die notwendigen Barmittel zukommen zu lassen. Der Service mit Western Union ist allerdings keinesfalls für Einkäufe geeignet, bei denen der Verkäufer persönlich nicht bekannt ist, so wie beispielsweise im Internet. Neben Western Union gibt es weitere Geldtransferdienste per Internet.

Eine weitere Möglichkeit, Bargeld schnell zu versenden, ist den DHL Express-Brief der Deutschen Post AG zu verwenden. Zum einen wird der Brief über Nacht bis zu einer bestimmten Tageszeit angeliefert. Zum anderen erhält allein der Empfänger den Brief, der auf einem Rückschein den Empfang bestätigt. Dieser Rückschein geht an den Absender. Es besteht eine Transportversicherung gegen Verlust und Beschädigung bis zu 2500,00 € oder 25000,00 €. Für diesen Service nimmt die Post jedoch ein entsprechend hohes Entgelt.

## Halbbare Zahlung mit Zahlschein

Herr Martin ist in Bad Bergzabern für vier Wochen zur Kur. Im Handschuhfach seines Autos findet er die Rechnung der Autowerkstatt über die letzte Inspektion. Die Rechnung ist noch nicht bezahlt. Herr Martin hat zwar am Kurort kein Konto, dennoch kann er mithilfe des Zahlscheins seine Rechnung noch rechtzeitig begleichen.

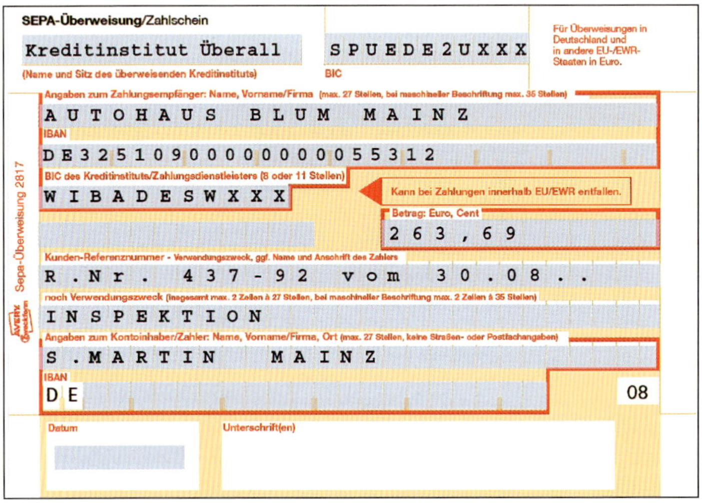

SEPA-Überweisung/Zahlschein

Kreditinstitut Überall — SPUEDE2UXXX

(Name und Sitz des überweisenden Kreditinstituts) — BIC

Für Überweisungen in Deutschland und in andere EU-/EWR-Staaten in Euro.

Angaben zum Zahlungsempfänger: Name, Vorname/Firma (max. 27 Stellen, bei maschineller Beschriftung max. 35 Stellen)

AUTOHAUS BLUM MAINZ

IBAN

DE32510900000000055312

BIC des Kreditinstituts/Zahlungsdienstleisters (8 oder 11 Stellen)

WIBADESWXXX

Kann bei Zahlungen innerhalb EU/EWR entfallen.

Betrag: Euro, Cent

263,69

Kunden-Referenznummer - Verwendungszweck, ggf. Name und Anschrift des Zahlers

R.Nr. 437-92 vom 30.08..

noch Verwendungszweck (insgesamt max. 2 Zeilen à 27 Stellen, bei maschineller Beschriftung max. 2 Zeilen à 35 Stellen)

INSPEKTION

Angaben zum Kontoinhaber/Zahler: Name, Vorname/Firma, Ort (max. 27 Stellen, keine Straßen- oder Postfachangaben)

S.MARTIN MAINZ

IBAN

DE — 08

Datum — Unterschrift(en)

Sepa-Überweisung 2817

**1. Wie kann Herr Martin nachweisen, dass er die Rechnung bezahlt hat?**
**2. Warum muss Herr Martin den Zahlschein nicht unterschreiben?**

Bei den Kreditinstituten besteht die Möglichkeit, mit einem **Zahlschein** (Gutschrift) einen Geldbetrag auf ein anderes Konto einzuzahlen. Dazu benötigt der Absender selbst kein Konto. Da die meisten über ein Girokonto verfügen, werden Zahlscheine nur in Ausnahmefällen benutzt, zumal die Gebühren höher sind als bei Überweisungsaufträgen. Deshalb können z. B. Vordrucke von Hilfsorganisationen als Zahlschein, aber auch als Überweisung benutzt werden.

Eine besondere Form ist die **Nachnahme**. Die Post händigt einen Brief, ein Päckchen oder ein Paket nur dann aus, wenn der Empfänger den Nachnahmebetrag bar zahlt. Dieser Nachnahmebetrag setzt sich zusammen aus dem Rechnungsbetrag und den Gebühren für die Nachnahme. Die Lieferung per Nachnahme (Höchstbetrag 3500,00 €) garantiert dem Absender, dass die Ware nur gegen Bezahlung ausgeliefert wird.

Eine andere Möglichkeit der halbbaren Zahlung ist der **Scheck**. Der **Barscheck** ist eine schriftliche Anweisung an das Kreditinstitut des Ausstellers, den ausgewiesenen Betrag an den Überbringer bar auszuzahlen.

## Bargeldlose Zahlung durch Überweisung und Verrechnungsscheck

Magda hat vom Bücher-Club Bücher erhalten. Der Lieferung liegt eine Rechnung bei, die sie innerhalb von zehn Tagen bezahlen soll. Magda begleicht die Rechnung, indem sie den Betrag überweist. Bei ihrer Bank füllt sie einen Überweisungsauftrag aus.

**Überweisungen** sind beim bargeldlosen Zahlungsverkehr die überwiegende Zahlungsform. Die Zahlung ist einfach und bequem mithilfe der Überweisungsformulare vorzunehmen. Überweisungen eignen sich, wenn Geldbeträge sicher über größere Entfernungen gezahlt werden sollen. Während das Girokonto des Absenders belastet wird, erhält das Konto des Empfängers eine Gutschrift. Dabei wird kein Bargeld bewegt, sondern nur über die Girozentrale der Banken eine Buchung durchgeführt. Bei Überweisungen innerhalb der EU muss die **EU-Standardüberweisung** im Onlinebanking oder als Formular verwendet werden. Dabei wird der Überweisungsauftrag an die internationale (europäische) Kontonummer – International Bank Account Number = **IBAN** – adressiert. Zudem muss die Überweisung den international standardisierten Bankcode – Bank Identifier Code = **BIC** – des Empfängers enthalten.

Eine besondere Form der Überweisung sind **Dauerauftrag und Lastschriftverfahren**. Sie erleichtern Gläubiger und Schuldner den Zahlungsverkehr. Der Schuldner spart den Gang zu seinem Kreditinstitut und kann verhindern, dass Zahlungstermine überschritten werden oder eine fällige Rechnung offen bleibt. So können Mahngebühren und Versäumniszuschläge vermieden werden.

Beim **Dauerauftrag** gibt der Kontoinhaber seiner Bank den Auftrag, zu bestimmten Terminen einen festen Betrag auf ein anderes Konto zu überweisen. Sinnvoll ist dies z. B. bei Mietzahlungen oder Vereinsbeiträgen. Solche Beträge sind in der Regel über einen längeren Zeitraum gleichbleibend und zum gleichen Termin fällig.

Bei wiederkehrenden Zahlungen, die aber immer andere Beträge aufweisen, bietet sich die Möglichkeit des **Lastschriftverfahrens** an. Dabei erteilt der Schuldner dem Gläubiger eine **Einzugsermächtigung**. Dadurch wird der Gläubiger ermächtigt, bis auf Widerruf vom Girokonto des Schuldners die fälligen Beträge abbuchen zu lassen. Das Lastschrifteinzugsverfahren bietet sich z. B. bei der Zahlung von Telefongebühren oder Zeitschriftenabonnements an. Bei irrtümlichen Abbuchungen kann der Schuldner innerhalb von sechs Wochen bei seinem Kreditinstitut Widerspruch einlegen und Zahlungen rückgängig machen.

Haben Absender und Empfänger ein Konto, so kann statt eines Barschecks ein **Verrechnungscheck** ausgestellt werden. Jeder Scheck wird durch die Aufschrift „Nur zur Verrechnung" oder durch zwei Querstriche am oberen linken Rand zum Verrechnungsscheck. Verrechnungsschecks gelten als sicheres Zahlungsmittel. Sie werden nicht bar ausbezahlt, sondern in jedem Fall als Gutschrift auf ein Konto gebucht.

Mit dem **Kontoauszug** lassen sich alle Geldbewegungen kontrollieren. Im Kontoauszug ist das Datum festgehalten, an dem eine Gutschrift oder Belastung auf dem Girokonto erfolgt. Diese **Wertstellung** ist wichtig für die Verzinsung der Guthaben oder Schulden. Den meisten Girokontoinhabern bieten die Kreditinstitute die Möglichkeit an, ihr Konto bis zu einer vereinbarten Summe zu überziehen. Wird dieser **Dispositionskredit** in Anspruch genommen, werden oft hohe Zinsen fällig.

## Zahlen mit Karte

**Welche Vorteile bieten Kreditkarten für den Verbraucher?**
Der Einsatz von Plastikgeld boomt; allein in Deutschland gab es Ende 2017 rund 100 Millionen Debitkarten. Die Anzahl der Kreditkarten lag bei rund 33 Millionen. Es lassen sich drei Kartenarten unterscheiden:
- Kreditkarte
- Kundenkarte
- Debitkarte (Girocard)

**Kreditkarten** (z. B. MasterCard, Visa) können bei einer Kreditkartenorganisation beantragt werden. Kreditwürdige Kunden erhalten gegen eine Jahresgebühr eine Karte ausgestellt. Mit dieser Karte und seiner Unterschrift kann der Karteninhaber seine Rechnung bei Vertragsunternehmen bargeldlos bezahlen.

Viele Geschäfte, Hotels oder Fluglinien akzeptieren Kreditkarten als Zahlungsmittel. Von der Kreditkartenorganisation erhält der Karteninhaber monatlich eine Abrechnung; der Betrag wird vom Girokonto durch Lastschrifteinzugsverfahren abgebucht und dem Vertragsunternehmen gutgeschrieben. Hierfür müssen die Unternehmen, die Karten annehmen, eine Gebühr zahlen. Viele Kreditkartenorganisationen bieten in Verbindung mit der Karte weitere Leistungen an, z. B. Bargeldbeschaffung, Versicherungsleistungen und Rabatte.

Die **Kundenkarte** (z. B. Conrad, Ikea) ist eine Kreditkarte, die ein Unternehmen seinen Kunden ausstellt. Der Kunde kann damit nur bei diesem Unternehmen bargeldlos wie mit einer Kreditkarte einkaufen oder Leistungen in Anspruch nehmen.

Die **Debitkarte** oder **Girocard** (umgangssprachlich EC-Karte) ermöglicht u. a. bargeldloses Zahlen, Bargeldbeschaffung und die Benutzung von Geldautomaten im Inland und im europäischen Ausland (an entsprechend gekennzeichneten Automaten). Außerdem kann mit der Debitkarte eine Abbuchung direkt über die Einkaufskasse erfolgen. Dazu muss der Karteninhaber seine Geheimnummer (PIN) am Bezahlterminal eingeben oder den Abbuchungsbeleg unterschreiben. Auch kontaktloses Bezahlen (S. 118) ist mit Debitkarten möglich.

Bei vielen Girocards ist zudem die GeldKarte-Funktion auf dem Chip hinterlegt. Mit dieser Prepaid-Funktion ist es möglich, an Terminals der Kreditinstitute Geldbeträge auf die Karte zu „laden". Beim Bezahlen an der Kasse wird der Betrag von der Geldkarte abgebucht, ohne einen PIN-Code eingeben zu müssen. Dies bedeutet allerdings auch, dass bei Verlust der Debitkarte der gespeicherte Geldbetrag verloren ist.

**kartensicherheit.de**
Aufklärung, Vernetzung, Information

**SOS-INFOPASS**

SPERR-NOTRUF 116 116

| | |
|---|---|
| Sperr Notruf | |
| in Deutschland | 116 116[1] |
| aus anderen Ländern | +49 116 116[2] |
| oder | +49 30-4050 4050[2] |

Gilt für alle girocards (ehemals ec-Karte) und für andere Karten, deren Herausgeber am Sperr-Notruf teilnehmen.

Halten Sie bei Anruf IBAN (alternativ Kontonummer und BLZ) und Kartennummer (für Kreditkarten) bereit.

Stellen Sie bei Diebstahl Strafanzeige bei der Polizei. Weitere Informationen unter www.kartensicherheit.de

**Eigene Nummern**

..........................................................

..........................................................

..........................................................

..........................................................

**kartensicherheit.de**
Aufklärung, Vernetzung, Information

**SOS-INFOPASS**

**Alternativen**

| | |
|---|---|
| **Mastercard** | |
| in Deutschland | +49 800 071 3542[1] |
| in den USA | +1 800-6 278 372[2] |
| außerhalb der USA | +1 636-7 227 111[2] |
| **Visa** | |
| in Deutschland | 0800-8 118 440[1] |
| aus anderen Ländern | +1 303-9 671 096[3] |
| **American Express** | +49 69-97 971 000[1] |
| **Diners Club** | +49 69-900 150-135/-136 |

[1] Kostenfrei aus dem deutschen Festnetz

[2] Höhe der Gebühren abhängig vom ausländischen Anbieter/Netzbetreiber

[3] R-Gespräch bei Festnetz

*Stand: 11.10.2019. Die aktuelle Version des SOS-Infopasses ist stets online unter www.kartensicherheit.de zu finden.*

| Vorteile der Debitkarte | Nachteile der Debitkarte (Girokarte) |
|---|---|
| • in vielen Ländern akzeptiert, auch an Geldautomaten bzw. Bargeldschaltern<br>• sehr einfache Handhabung (PIN-Eingabe genügt)<br>• sicherer, da weniger Bargeld notwendig ist<br>• unabhängig vom Bargeld, dadurch immer zahlungsfähig<br>• währungsunabhängig, da in vielen Ländern Bargeld (auch außerhalb der EU) in der Landeswährung abgehoben werden kann<br>• Haftung bei Betrug nur bei fahrlässiger Verwendung der Debitkarte (Girocard)<br>• keine Gebühr bei der Zahlung<br>• meist nur geringe oder keine Kartengebühr<br>• ausführliche Infos auf Kontoauszug | • Überblick über Ausgaben geht schnell verloren<br>• erhöhte Verschuldung durch Spontankäufe<br>• nicht alle Geschäfte nehmen Debitkarten an (nur Akzeptanzstellen)<br>• Servicegebühren (oder evtl. eine Jahresgebühr) fallen an<br>• bei Ausfall eines Terminals kein Geld zur Verfügung<br>• Girokonto wird sofort belastet<br>• Betrug durch Phishing der PIN-Nummer an Automaten<br>• keine Haftungsübernahme bei fahrlässiger Aufbewahrung von Debitkarte und PIN |

## Kontaktlos zahlen

Mithilfe der sogenannten NFC-Technik kommunizieren Zahlmittel und Lesegerät kontaktlos miteinander. NFC ist ein internationaler Standard für die kabellose Datenübertragung über kurze Distanzen. Beim kontaktlosen Zahlen sind dies 4 cm.

Es gibt drei Möglichketen kontaktlos an der Kasse zu zahlen:

- NFC-fähiges Smartphone
- Debitkarte- oder
- Kreditkarte mit NFC-Chip

Beim **NFC-fähigen Smartphone** sind die Bank- oder Kreditkartendaten in einem sicheren Bereich hinterlegt. Das Smartphone wird an das Terminal an der Kasse gehalten.

Die meisten Kredit- oder Debitkarten sind mit dem **NFC-Chip** ausgestattet, so dass auch diese Karten zum Kontaktlosen Zahlen verwendet werden können. Karten mit der NFC-Technik tragen das „Kontaklos zahlen – Wellensymbol".

Kontaktloses Zahlen ist bisher nur bei einem Einkauf bis maximal 25,00 € möglich. Ist der Betrag höher, ist die Eingabe der PIN erforderlich.

**Kontaktloses Bezahlen per Kreditkarte und NFC**

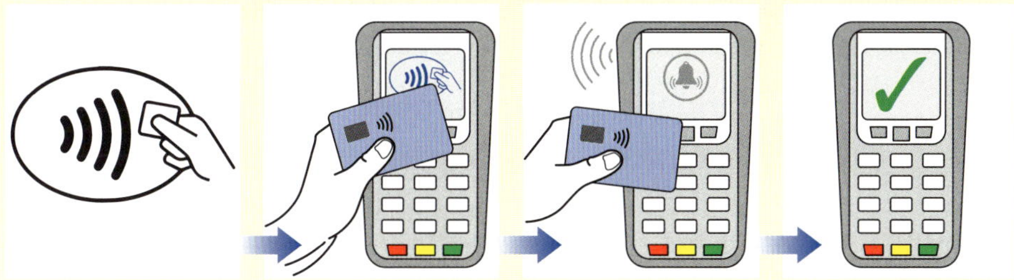

**Voraussetzung**
Achten Sie auf das „Kontaktlos"-Symbol (meist im Kassenbereich des Geschäfts).

**Karte anhalten**
Halten Sie die Karte mit einem maximalen Abstand von 4 cm vor das Zahlungsgerät.

**Bestätigung/PIN**
Ein Signalton bestätigt die Zahlung. Beträge über 25,00 € erfordern die Eingabe Ihrer PIN.

**Abschluss**
Das Display zeigt an, dass der Zahlungsvorgang erfolgreich abgeschlossen wurde.

1. **Nennen Sie die wichtigsten Zahlungsmittel.**
2. **Erklären Sie die Begriffe „bar", „halbbar" und „bargeldlos".**
3. **Nennen Sie die wesentlichen Bestandteile, die eine Quittung enthalten muss.**
4. **a) Wann werden Express-Brief oder Western Union Geldtransfer benutzt?**
   **b) Zu welcher Zahlungsart gehören sie?**
5. **Wer benötigt bei folgenden Zahlungsvorgängen ein Konto?**
   **a) Zahlschein b) Barscheck c) Verrechnungsscheck d) Express-Brief**
6. **Erläutern Sie die Unterschiede zwischen Barscheck und Verrechnungsscheck.**
7. **Weshalb ist bei der Bezahlung mit Debitkarte (Girocard) eine Unterschrift oder die PIN-Nummer erforderlich?**
8. **Erklären Sie den Unterschied zwischen Kredit- und Kundenkarte.**
9. **Warum werden im bargeldlosen Zahlungsverkehr überwiegend Überweisungen getätigt?**
10. **Erklären Sie den Unterschied zwischen Dauerauftrag und Lastschriftverfahren. Führen Sie Beispiele an.**
11. **Entscheiden Sie, welche Zahlungsmöglichkeiten in den folgenden Fällen sinnvoll sind:**
    **a) Sie wollen die laufende Stromrechnung bezahlen.**
    **b) Sie kaufen im Lebensmittelgeschäft für 75,00 € ein.**
    **c) Einem Bekannten wollen Sie 450,00 € in bar schicken.**
    **d) In der Auslage eines Geschäftes sehen Sie einen Mantel für 194,00 €. Sie haben allerdings nicht genügend Bargeld dabei.**
    **e) Sie haben die Rechnung der letzten Kfz-Reparatur über 309,00 € erhalten.**
    **f) Sie machen Urlaub in Frankreich.**
12. **„Die Geldkarte sollte wie Bargeld behandelt werden." Erläutern Sie die Aussage.**
13. **Erläutern Sie die Abkürzungen IBAN und BIC.**
14. **Erläutern Sie den Ablauf einer kontaktlosen Zahlung.**

# 6 Wirtschaftsbürger und volkswirtschaftliche Grundlagen

### Händeringend Auszubildende gesucht

Handwerk und Industrie gehen die Lehrlinge aus.

### G+H steigert den Umsatz

**Grünzweig + Hartmann AG (G+H), Ludwigshafen.** Das Unternehmen hat von der guten Baukonjunktur profitiert.

### Unbefristete Arbeitsverträge

BERLIN. Die Diskussion um unbefristete Arbeitsverträge hält an.

### IG Metall Lohnerhöhung von 5%

LUDWIGSHAFEN. Fünf Prozent mehr Lohn verlangt die IG Metall in Ludwigshafen.

### Bundesbürger sparen wieder Milliarden

BERLIN. Die Bundesbürger werden in diesem Jahr wieder etliche Milliarden Euro sparen, wenn auch nicht ganz so viel wie letztes Jahr.

### Niedrige Inflationsrate

WIESBADEN. Die Lebenshaltung aller privaten Haushalte hat sich im Oktober um 0,3 % im Vergleich zum Vormonat verteuert.

### EU und NAFTA unterzeichnen Vertrag

BRÜSSEL. Das Abkommen zwischen der EU und den Ländern der Amerikanischen Freihandelszone steht.

### Höchstbetrag der Sozialversicherung steigt

### In Deutschland ist die Umwelt teuer

KÖLN. Deutschland steht bei den Ausgaben für den Umweltschutz weltweit an der Spitze.

### Mehr Sozialwohnungen gefordert

### EU fördert die Westpfalz

MAINZ/BRÜSSEL. Rheinland-Pfalz erhält insgesamt 5,3 Millionen Euro.

### DIE MEISTEN ÖLKONZERNE HEBEN SPRITPREISE AN

HAMBURG. Einen Tag nach der Deutschen Shell AG haben gestern auch die meisten anderen Mineralölkonzerne die Preise für alle Benzinsorten und Diesel um drei Cent pro Liter erhöht.

### Karte ersetzt Bargeld

Einzelhandel registriert eine deutliche Zunahme der bargeldlosen Bezahlung.

1. a) Aus welchen Bereichen stammen die Schlagzeilen?
   b) Von welchen Zeitungsmeldungen sind Sie betroffen?
2. Wie können Sie als Bürger Einfluss auf die Gestaltung und Entwicklung in der Wirtschaftspolitik nehmen?

Ob die Preise steigen, Steuern zu zahlen sind oder der Dollar fällt – immer betreffen wirtschaftliche Fragen und Entwicklungen direkt unser Leben. Auch bei persönlichen Entscheidungen spielen wirtschaftliche Überlegungen eine Rolle: ob beim Kaufen und Verkaufen oder bei einer Kreditaufnahme und Geldanlage. Und schließlich sind es betriebliche Maßnahmen und Entwicklungen, die Auszubildende und Arbeitnehmer angehen, sei es in Fragen der Mitbestimmung, bei Rationalisierungsmaßnahmen oder bei der beruflichen Fort- und Weiterbildung. Viele Lebensbereiche werden durch die Wirtschaft direkt oder indirekt beeinflusst, ob in der Ausbildung, im Berufsleben, im Alltag oder in der Freizeit.

In diesen konkreten Situationen schlüpft jede Bürgerin und jeder Bürger in verschiedene Rollen, etwa als Auszubildender, Arbeitnehmer, Konsument, Produzent, Mieter oder Sparer. Sinnvolles und verantwortungsvolles Handeln als Wirtschaftsbürger setzt voraus, wirtschaftliche und betriebliche Zusammenhänge, Sachverhalte und Interessenkonflikte zu kennen und beurteilen zu können.

## Rezeptur für Kindergetränk nach Verbraucherkritik umgestellt

Der Frucht-Tiger besteht jetzt nur noch aus Saft, Wasser und einem Minimum an Zucker.

Der deutsche Fruchtsafthersteller Eckes-Granini hat nach Angaben der Verbraucherorganisation foodwatch vom Freitag das Rezept für das Kinder-Getränk „Frucht-Tiger“ umgestellt und verzichtet nun etwa auf bedenkliche Zusatzstoffe. Die Organisation wertete dies als Erfolg ihrer „abgespeist“-Kampagne, bei der Verbraucher über Werbelügen und Mogelpackungen abstimmen können. „Verbraucherkritik kann etwas bewirken, Eckes-Granini hat sich dem Druck gebeugt“, erklärte Anne Markwardt, Leiterin der foodwatch-Kampagne abgespeist.de in Berlin.

Der Fruchtsafthersteller verzichtet laut Markwardt in dem Kindergetränk nun auf umstrittene Süßstoffe, Aromen und den Zusatzstoff E 330 (Zitronensäure), der den Zahnschmelz stark angreife. „Frucht-Tiger“ bestehe nach Herstellerangaben jetzt nur noch aus Fruchtsaft, Wasser und 0,1 Prozent zugesetztem Zucker. Laut foodwatch hatte Eckes-Granini wegen der Kritik der Organisation zuvor bereits darauf verzichtet, das Kindergetränk als „gesunden Durstlöscher“ zu bewerben.

*jo/jdö: Rezeptur für Kindergetränk nach Verbraucherkritik umgestellt. 24.02.2014. © Agence France-Presse.*

## „Das ist das Allerletzte!“ Ledvance-Mitarbeiter zornig und frustriert

Mitarbeiter beim Augsburger Lampenhersteller Ledvance sind verärgert. Weder sie noch der Betriebsrat wurden über die Schließung des Werkes informiert. [...] Dass man davon aus den Medien erfahre, sei eine absolute Sauerei, schimpfte ein langjähriger Mitarbeiter des früheren Osram-Werkes. Viele Kollegen seien über 50 Jahre alt, einige hätten bereits Verträge für Altersteilzeit unterschrieben, man habe kaum Hoffnung, noch eine Stelle auf dem Arbeitsmarkt in Augsburg zu bekommen.

*Werkschließung. In: www.br.de. 13.11.2017. www.br.de/nachrichten/das-ist-das-allerletzte-ledvance-mitarbeiter-zornig-und-frustriert-100.html [15.05.2018].*

1. **Macht und Ohnmacht des Wirtschaftsbürgers liegen oft nahe zusammen. Erläutern Sie dies an den beiden Zeitungsmeldungen.**
2. **Führen Sie aktuelle Beispiele für Einflussmöglichkeiten als Wirtschaftsbürger an.**

# 6.1 Bedürfnisse, Bedarf und Güter

**1. Nicht alle Wünsche können in Erfüllung gehen.
Wie verhalten Sie sich, um möglichst viele Wünsche Wirklichkeit werden zu lassen?**
**2. Um welche Bedürfnisse muss sich jeder Mensch zuerst sorgen?**

Jeder Mensch, gleich wann, wo und wie er lebt, hat Wünsche bzw. **Bedürfnisse**, die er befriedigen möchte. Doch nicht alle Wünsche können erfüllt werden, da die Geldmittel nicht ausreichen. Um sich möglichst viele Bedürfnisse und Wünsche erfüllen zu können, muss der Mensch wirtschaftlich handeln. Das heißt, er muss die vorhandenen knappen Mittel sinnvoll zur Bedürfnisbefriedigung einsetzen.

Bedürfnisse sind nicht alle gleichwertig. Es gibt Grundbedürfnisse, die jeder Mensch zum Leben braucht. Dazu gehören Nahrung, Kleidung und Wohnung. Es ist aber eine Tatsache, dass ein Teil der Weltbevölkerung auch diese **Existenzbedürfnisse** kaum befriedigen kann. Hungerkatastrophen zeugen davon.
Daneben gibt es Bedürfnisse, die zwar nicht lebensnotwendig sind, aber zum Leben in einer Gesellschaft normalerweise dazugehören. Diese **Kulturbedürfnisse** sind je nach Kulturkreis unterschiedlich. Kulturbedürfnisse sind z. B. Bildung, Unterhaltung und Kunst. Massenbedürfnisse wie Telefon, Auto, Fernseher oder Waschmaschine gehören bei uns heute zu den Kulturbedürfnissen.
Weiter gehende Bedürfnisse werden als **Luxusbedürfnisse** bezeichnet. Sie können von den meisten Bürgern nicht befriedigt werden. Was Luxusbedürfnisse sind, lässt sich jedoch nicht genau bestimmen. Dies hängt von verschiedenen Gesichtspunkten ab, wie z. B. dem Lebensstandard, den wirtschaftlichen Verhältnissen oder dem technischen Fortschritt. Viele frühere Luxusbedürfnisse sind heute zu Kulturbedürfnissen geworden. Galt z. B. ein Computer 1985 noch als Luxus, so ist er heute in den meisten Haushalten zu finden.

Bedürfnisse ändern sich und werden durch die Werbung beeinflusst. Ziel der Werbung ist es, den Verbraucher zu informieren und zum Kauf anzuregen. Ist der Verbraucher bereit, für ein Bedürfnis Geld auszugeben, wird aus dem Bedürfnis ein **Bedarf**, der auf dem Markt zur Nachfrage nach Gütern führt.

Die meisten **Güter** sind knapp, sodass damit wirtschaftlich gehandelt werden muss. Nur wenige Güter sind unbegrenzt verfügbar und kostenlos zu haben. Zu den freien Gütern zählen z. B. Luft, Sonne und in manchen Gebieten Wasser. Auch freie Güter können zu wirtschaftlichen Gütern werden, z. B. die Luft, wenn sie in der Raumfahrt oder beim Tauchen gebraucht wird. Die wirtschaftlichen Güter lassen sich in Sachgüter, Dienstleistungen und Rechte einteilen.

## „Was nichts kostet, ist nichts wert"

BZ: Wie beurteilen Sie den aktuellen Grad der ÖPNV-Nutzung hier in Freiburg und in Baden-Württemberg?
Edith Sitzmann: Die Regiokarte für Freiburg und die Region war und ist seit 20 Jahren ein Erfolgsmodell. Weil sie ein attraktives Angebot zu einem fairen Preis darstellt, sind viele Autofahrer auf den ÖPNV umgestiegen. Genau das ist das Ziel grüner Verkehrspolitik und daran werden wir weiter in Freiburg und in Baden-Württemberg arbeiten.
BZ: Es gibt neue Vorschläge: Alle Bürger, außer den Kindern, zahlen eine ÖPNV-Abgabe und haben dann freie Fahrt mit Bussen und Bahnen. Das müsste Ihnen als Grüne doch passen, oder?
Sitzmann: Warum sollte das unser Ziel sein? Oft ist ja auch das, was nichts kostet, nichts wert. Ein attraktives Angebot darf durchaus auch was kosten; das gerade zeigt der Erfolg der Regiokarte. Preise sind auch ein Gestaltungsmittel, etwa um die Ausnutzung zu verbessern oder die Attraktivität bestimmter Leistungen zu erhöhen.

*BZ-INTERVIEW mit der grünen Landtagsabgeordneten Edith Sitzmann zum kostenlosen ÖPNV. In: Badische Zeitung. 14.06.2012. www.badische-zeitung.de/freiburg/was-nichts-kostet-ist-nichts-wert [15.05.2018].*

Sachgüter sind Waren, die gebraucht oder verbraucht werden. Werden sie zur Herstellung von anderen Gütern eingesetzt, handelt es sich um **Produktionsgüter**, dienen sie dem Verbrauch der privaten Haushalte, werden sie als **Konsumgüter** bezeichnet. So ist ein Auto für den Verbraucher ein Konsumgut, während es für ein Unternehmen als Firmenwagen ein Produktionsgut ist. Das Auto ist aber für beide ein Gebrauchsgut; dagegen ist das Benzin für das Fahrzeug ein Verbrauchsgut. Als **Verbrauchsgüter** gelten alle Güter, die einmal benutzt werden; **Gebrauchsgüter** sind mehrmals benutzbar und längerlebig.

Viele Güter werden als **Dienstleistungen** angeboten. Die Leistungen von Krankenhäusern, Versicherungen, Reisebüros, Schulen, Handel oder Banken sind Dienste, die als wirtschaftliche Güter in Anspruch genommen werden können. Die Nachfrage nach Dienstleistungen ist in den letzten Jahren gegenüber den Sachgütern deutlich größer geworden. Erklärbar ist dies u. a. durch den gewachsenen Lebensstandard und den größeren Bedarf nach Freizeitgestaltung. Deshalb bezeichnet man unsere Volkswirtschaft auch als **Dienstleistungsgesellschaft**.

Wirtschaftliche Güter sind z. B. auch Computersoftware, Bücher oder Filme. Sie gründen auf geistigen Leistungen, die als **Rechte** geschützt werden. Urheberrechte, Patente, Lizenzen und eingetragene Markennamen sind als Rechte auch wirtschaftliche Güter, die gekauft und verkauft werden.

## Der Verkäufer und der Elch

Kennt ihr das Sprichwort „Dem Elch eine Gasmaske verkaufen“?
Das sagt man in Schweden von jemandem, der sehr tüchtig ist, und ich möchte jetzt erzählen, wie es zu diesem Sprichwort gekommen ist.
Es gab einmal einen Verkäufer, der war dafür berühmt, dass er allen alles verkaufen konnte. Er hatte schon einem Zahnarzt eine Zahnbürste verkauft, einem Bäcker ein Brot und einem Obstbauern eine Kiste Äpfel.
„Ein wirklich guter Verkäufer bist du aber erst“, sagten seine Freunde zu ihm, „wenn du einem Elch eine Gasmaske verkaufst.“
Da ging der Verkäufer so weit nach Norden, bis er in einen Wald kam, in dem nur Elche wohnten. „Guten Tag“, sagte er zum ersten Elch, den er traf, „Sie brauchen bestimmt eine Gasmaske.“ „Wozu?“, fragte der Elch. „Die Luft ist gut hier.“ „Alle haben heutzutage eine Gasmaske“, sagte der Verkäufer. „Es tut mir leid“, sagte der Elch, „aber ich brauche keine.“ „Warten Sie nur“, sagte der Verkäufer, „Sie brauchen schon noch eine.“
Und wenig später begann er mitten in dem Wald, in dem nur Elche wohnten, eine Fabrik zu bauen.
„Bist du wahnsinnig?“, fragten seine Freunde.
„Nein“, sagte er, „ich will nur dem Elch eine Gasmaske verkaufen.“
Als die Fabrik fertig war, stiegen so viel giftige Abgase aus dem Schornstein, dass der Elch bald zum Verkäufer kam und zu ihm sagte: „Jetzt brauche ich eine Gasmaske.“
„Das habe ich gedacht“, sagte der Verkäufer und verkaufte ihm sofort eine. „Qualitätsware!“, sagte er lustig.
„Die andern Elche“, sagte der Elch, „brauchen jetzt auch Gasmasken. Hast du noch mehr?“ (Elche kennen die Höflichkeitsform mit „Sie“ nicht.)
„Da habt ihr Glück“, sagte der Verkäufer, „ich habe noch Tausende.“
„Übrigens“, sagte der Elch, „was machst du in deiner Fabrik?“
„Gasmasken“, sagte der Verkäufer.

*Hohler, Franz: Ein eigenartiger Tag. In: Lesebuch. Darmstadt: Luchterhand 1979, S. 74–75.*

1. **Zeigen Sie auf, inwiefern in der Satire „Der Verkäufer und der Elch“ Bedürfnisse und Bedarf kritisch beleuchtet werden.**

## 6.2 Sharing-Economy: Teilen, Tauschen und Verleihen

**Analysieren Sie die Abbildung:**

1. **Was versteht man unter Peer-to-Peer Sharing?**
2. **Welche Produkte und Dienstleistungen werden mit den einzelnen Symbolen beschrieben?**

Das Konsumverhalten wandelt sich. Immer mehr Menschen teilen und tauschen ihr Eigentum mit anderen. Ihre Bedürfnisse befriedigen sie nicht mehr, indem sie immer neue Waren kaufen. Vielmehr wird der Bedarf dadurch gedeckt, indem sie Güter und Dienstleistungen gemeinsam nutzen: „Nutzen statt Besitzen".

Das Prinzip der gemeinsamen Nutzung wird als **„Sharing Economy"** bezeichnet. Wenn auch die Bezeichnung neu ist, so hat es schon immer dieses wirtschaftliche Prinzip des gemeinsamen Wirtschaftens gegeben. Ein Beispiel ist die mittelalterliche Allmende, wo Wiesen, Wälder oder Seen von allen nach klaren Regeln genutzt wurden. Die Allmende-Wirtschaft hat sich in manchen Gegenden bis heute erhalten.

Sharing hat mittlerweile viele Lebensbereiche erreic ht. So werden z. B. Autos, Wohnraum, Kleidung, Maschinen und Werkzeuge, Kinderspielzeug oder Versicherungen geteilt. Dabei ist das sogenannte **Peer-to-Peer-Sharing** von großer Bedeutung. Privatpersonen treten dabei entweder als Anbieter oder als Nachfrager von Gütern und Dienstleistungen auf. Die Vermittlung erfolgt dabei über eine Internetplattform oder Apps. Damit können Güter nicht nur zwischen Freunden und Bekannten, sondern auch mit „fremden" Menschen geteilt werden. Für die Nutzung zahlen die Nachfrager zumeist einen Preis an den privaten Anbieter. Viele Onlineplattformen verlangen eine Vermittlungsgebühr.

Noch nutzen relativ wenige die Möglichkeiten des Sharings. Aber jeder Dritte kann sich vorstellen am Sharing teilzunehmen. Diese Art des Konsumierens hat damit erhebliche Wachstumspotentiale.

Abbildung 4: **Nutzungsabsicht für Peer-to-Peer Sharing allgemein**

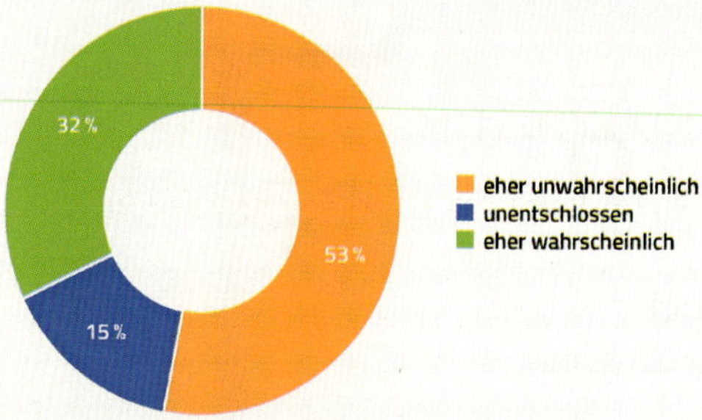


N=2.001, Onlinebefragung, Stichprobe ab 16 Jahren, Zustimmung anhand einer 7er-Skala von 1-„sehr wahrscheinlich" bis 7-„sehr unwahrscheinlich", Skalenpunkte 1 bis 3: eher unwahrscheinlich, Skalenpunkt 4: unentschlossen, Skalenpunkte 5 bis 7: eher wahrscheinlich.

Die wesentlichen Vorteile des Sharings sind:

- finanziell: Geld sparen und Geld verdienen
- nachhaltig: Umwelt- und Ressourcen schonen
- sozial: Möglichkeit, neue Menschen kennenzulernen und das Gefühl gemeinschaftliche Ziele zu verfolgen

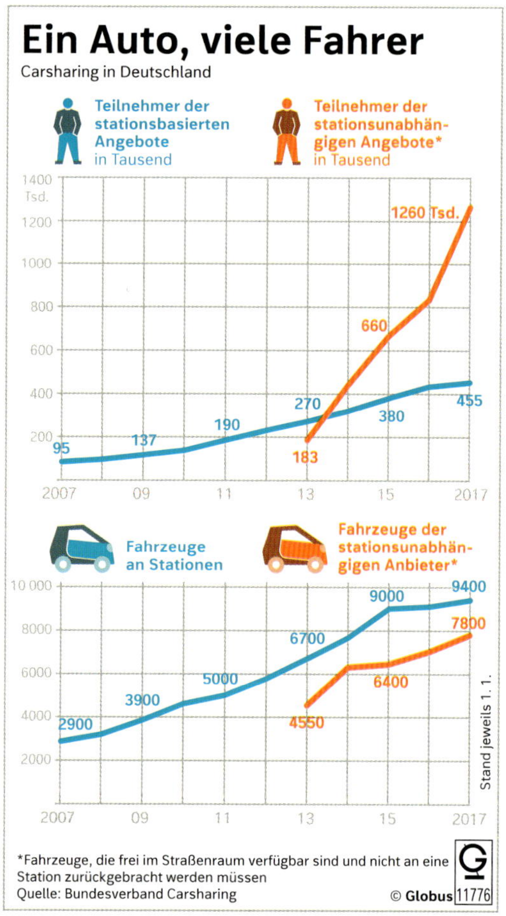

## 6.3 Einflüsse auf die Entscheidungen von Konsumenten

### KIDS UND KONSUM

#### Das Konsumverhalten von Kindern und Jugendlichen

**Kinder und Jugendliche zeigen ein anderes Konsumverhalten als Erwachsene. Zwar treffen sie ihre Kaufentscheidungen durchaus gezielt, sind dabei aber viel beherzter. Oft ist die Ware Statussymbol, koste sie, was es wolle.**

Teenager achten sehr auf ihr Image. Ob im Schulalltag oder im Freundeskreis, sie möchten von anderen akzeptiert und respektiert werden, im Trend liegen und zugleich herausstechen. Dazu werden vorzugsweise Markenartikel gekauft, die sie präsentieren und zur Schau tragen können, wie etwa ein teures Handymodell, mit dem täglich die neuesten Downloads ausgetauscht werden. Aber auch jedwede Kleidung soll nicht nur angesagt sein, sondern vor allem einen exklusiven Labelaufdruck tragen. Und selbstverständlich trifft man sich auch zum Imbiss bei *McDonalds* und nicht in einer Dönerbude, obgleich dies billiger wäre. [...]

Viel eher berichten Kinder zu Hause ihren Eltern von Dingen, die sie bei Freunden oder in Geschäften gesehen haben als von guten Leistungen in der Schule oder im Sportverein. Spätestens im Freundeskreis gelten diese sogar als „uncool". [...]

Zweifellos wird ein wesentlicher Anteil der Alltagskultur von Kindern und Jugendlichen durch das Medium Konsum geprägt. Durch den Konsum werden Zugehörigkeiten und Positionen markiert, im Konsum drücken sich Lebensgefühle aus und prägen sich auch Beziehungen zu anderen. Zudem darf die Rolle der Popkultur und Werbung nicht unterschätzt werden. Dem Wunsch nach Anerkennung folgend, finden Teenager genau dort Orientierung und Entscheidungshilfen für die Wahl der Produkte, deren Besitz sie kurzzeitig befriedigt und in den Augen anderer aufwertet. [...]

*Flügel, Daniel: Kids und Konsum – Das Konsumverhalten von Kindern und Jugendlichen. In: www.hallofamilie.de. www.hallofamilie.de/familienleben/kind-eltern/artikel/1/640-kids-und-konsum.html [15.05.2018].*

1. **Welche Ziele verfolgen Kinder und Jugendliche mit ihren Kaufentscheidungen?**
2. **Welche Rolle spielen Markenartikel?**
3. **Wer beeinflusst die Kaufentscheidungen von Kindern und Jugendlichen?**

Das Konsumverhalten wird durch verschiedene Faktoren beeinflusst. Dazu spielt neben der Qualität und dem Preis das Markenbewusstsein eine wichtige Rolle. Vor allem Jugendliche verbinden Marken mit Image und Zugehörigkeitsgefühlen.

Bedürfnisse werden durch Werbung, aber auch den Freundeskreis, die sogenannte „Peer-Group" geweckt. Der Begriff **„Peer Group"** kommt aus dem Englischen und bedeutet „Gruppe von Gleichaltrigen". Junge Leute identifizieren sich sehr stark mit den Gleichaltrigen. Sie sind neben Familie, Schule und Betrieb wichtige soziale Bezugspersonen. Der Freundeskreis prägt somit auch Verhaltensmuster und Kaufentscheidungen: „Man will dazugehören".

„Kein Fleisch auf dem Teller, kein unnötiger $CO_2$-Ausstoß, keine von Kinderhänden zusammengenähten Billig-Klamotten." Immer mehr Verbraucher stehen einem Konsumverhalten kritisch gegenüber, das nur auf neue Bedürfnisse ausgerichtet ist. Sie kaufen bewusst Güter und Dienstleistungen, die ihren Werten und ethischen Überzeugungen entsprechen.

**Werbung** hat Konjunktur. Jährlich werden in der Bundesrepublik Deutschland über 30 Mrd. Euro in die „geheimen Verführer" investiert. Dabei werden zwei Drittel der Werbeausgaben für Anzeigen und Spots ausgegeben, immer mit dem Ziel, Bedürfnisse zu wecken und den Konsumenten zum Kauf von Gütern und Dienstleistungen zu bewegen.

Kann die Werbung das Verhalten der Konsumenten wirklich beeinflussen? Diese viel diskutierte Frage lässt sich nicht eindeutig beantworten. Die Wirkung der Werbung hängt sowohl von der Machart der Werbung als auch von der Kaufbereitschaft des Verbrauchers ab.

Im Verhältnis zu den vielen Werbespots im Fernsehen oder der Masse der Anzeigen in Zeitschriften und Zeitungen fällt die Wirkung der Werbung recht bescheiden aus. Würden alle Produkte gekauft, die täglich angepriesen werden, würde das sowohl die Unternehmen als auch die Verbraucher überfordern. Werbung wirkt, aber ihre Wirkung endet beim Bedarf, beim Geldbeutel und bei der Enttäuschung über nicht erfüllte Werbeversprechen.

**Social Media** gewinnen immer mehr Einfluss auf Kaufentscheidungen. Onlinenutzer werden durch Empfehlungen von „Freunden" im Netz zum Kauf angeregt. Vor allem Jugendliche und junge Erwachsene folgen solchen privaten Kaufempfehlungen in Social-Media-Diensten. Auch Vlogger und Blogger sind mit ihren Posts und Videos starke Meinungsbilder im Internet („Influencer"). Der Einfluss dieser Influencer ist bei jungen Internetnutzern sehr hoch. Jeder zweite Jugendliche und junger Erwachsene folgt solchen Empfehlungen im Hinblick auf seine Kaufentscheidungen. Es ist davon auszugehen, dass das **Influence-Marketing** und damit die Bedeutung von Youtubern, Bloggern, Foren oder anderen Social-Media-Plattformen wie Instagram, Twitter und SnapChat für die Produktplatzierung und Werbung weiter wachsen wird.

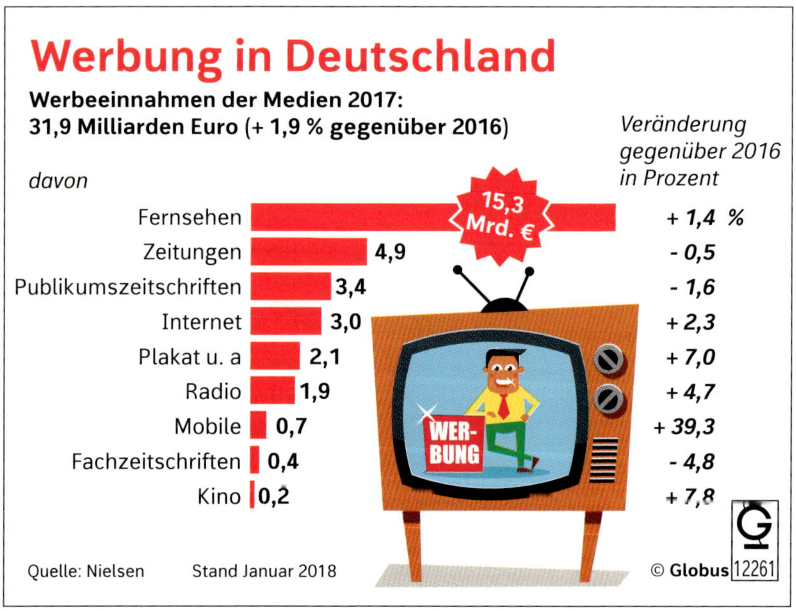

## 6.4 Sparen und Konsumieren

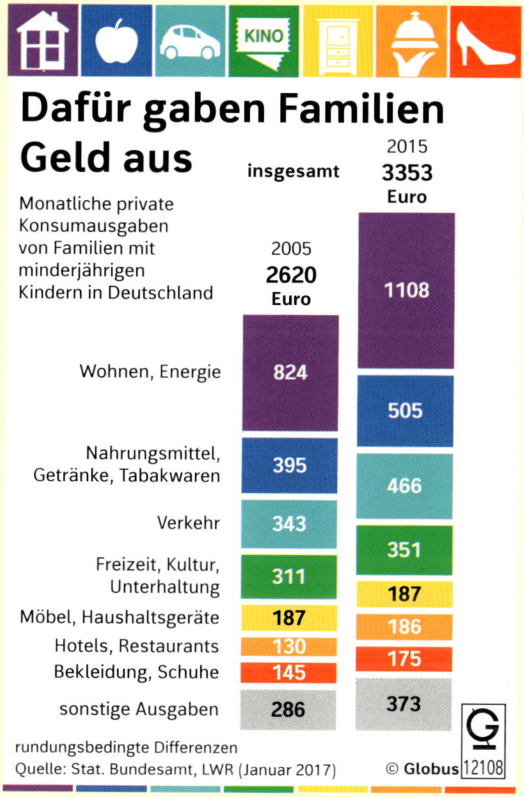


1. **Bei welchen Ausgaben können die Haushalte selbst wenig, bei welchen mehr Einfluss nehmen?**
2. **Für was geben Sie Ihr Einkommen aus? Listen Sie Ihre Ausgabenposten auf.**

Über die Verwendung ihres Einkommens können die Haushalte selbst entscheiden. Allerdings fallen bestimmte Ausgaben wie z. B. für Nahrung, Wohnung und Kleidung in jedem Haushalt an; diese Grundbedürfnisse zwingen die Haushalte, bestimmte Summen für diesen Zweck bei der Einkommensverwendung einzuplanen. Wie viel der einzelne Haushalt an Verbrauchs- und Gebrauchsgütern konsumiert, hängt vom Lebensstandard und den jeweiligen Bedürfnissen ab.

Indem die Haushalte vorübergehend auf Konsum verzichten, können sie einen Teil ihres Einkommens sparen. Die jährliche **Sparquote** in der Bundesrepublik Deutschland liegt bei gut 10 %.

Viel sparen kann nur, wer viel verdient. Die Sparfähigkeit ist aber nicht allein vom Einkommen abhängig. Die wirtschaftlichen Verhältnisse (z. B. Preise, Zinsen, Löhne), zukünftige Ziele und der Wille zum Sparen beeinflussen die Sparquote.

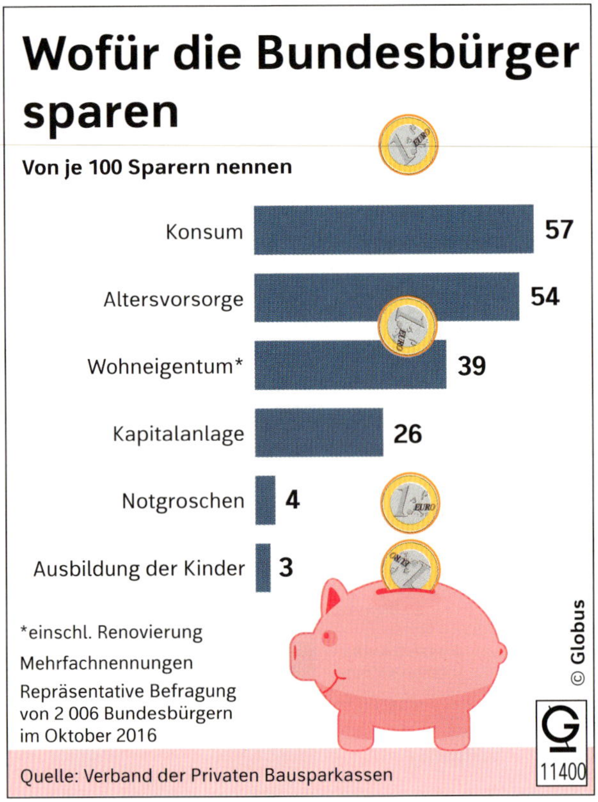


Die Gründe zu sparen sind vielschichtig. Beweggründe sind:

## Zwecksparen

Bei größeren Anschaffungen (Auto, Hausbau) oder Ausgaben (Urlaub) ist es notwendig, über einen längeren Zeitraum Geldmittel vom verfügbaren Einkommen anzusparen. Nur so sind diese Anschaffungen und Ausgaben in der Regel zu finanzieren.

## Vermögensbildung

Spargelder können der Geldanlage dienen. Für die Kapitalanlage erwartet der Sparer eine Verzinsung und damit ein zusätzliches Einkommen. Der Staat unterstützt die Vermögensbildung von Haushalten mit niedrigem Einkommen, indem er Sparprämien zahlt.

## Vorsorgesparen

Für Notsituationen, für das Alter oder für die Aus- und Weiterbildung der Kinder werden Spargelder bei Versicherungen oder Banken angelegt. Der Beweggrund zum Sparen ist hier vor allem das Bedürfnis nach Sicherheit.

**1. Was heißt „sparen“?**
**2. Wodurch wird die Sparquote beeinflusst?**
**3. Nennen Sie Beweggründe für das Sparen.**
**4. Erklären Sie, was mit dem Begriff „Sparwille“ gemeint ist.**

# 6.5 Anlageformen und Vermögensbildung

Antonia hat 20 000 € von ihrer Tante geerbt. Sie möchte das Geld anlegen. Bei ihrem Kreditinstitut lässt sie sich von einer Mitarbeiterin beraten. Die Mitarbeiterin erklärt Antonia, dass die Form der Geldanlage von mehreren Fragen abhängt. Zunächst sollte sich Antonia überlegen, ob sie das Geld nicht in Kürze wieder für Ausgaben benötige. Davon hänge es ab, ob sie ihr Geld kurz- oder langfristig anlegen kann. Je nach der Art der Kapitalanlage, z. B. Aktien oder Sparbücher, sei das Risiko unterschiedlich hoch. Wer viel wage, könne zwar viel gewinnen, aber auch viel verlieren. Die Geldberaterin erläutert Antonia auch, dass sie vom Staat für bestimmte Anlagen eine Sparförderung in Anspruch nehmen kann.

**1. Über welche Fragen muss sich Antonia vor der Geldanlage Gedanken machen?**
**2. Welche Folgen hat eine langfristige Geldanlage?**
**3. Wieso besteht bei der Anlage in Aktien oder Sparbüchern ein unterschiedliches Risiko?**

Wer sparen und Geld anlegen will, sollte sich beraten lassen. Geld anlegen kann der Sparer nicht nur bei Sparkassen oder Banken, sondern z. B. auch bei Versicherungen oder Bausparkassen. Welche Anlageform für den einzelnen Sparer die richtige ist, hängt von drei Überlegungen ab:

1. Wie lange kann der Sparer darauf verzichten, sofort über sein Geld verfügen zu können?
2. Wie hoch ist die Risikobereitschaft des Anlegers?
3. Welchen Ertrag erwartet der Sparer von der Geldanlage?

Diese Anlagekriterien sind miteinander verknüpft. So bringen langfristige Anlagen größere Zinserträge als Anlagen, über die der Sparer kurzfristig verfügen kann.

Bei risikoreicheren Anlagen ohne Ertragsgarantie sind hohe Gewinne, aber auch Verluste möglich.

Die wichtigsten Anlageformen der privaten Haushalte sind: Sparbuch (42 %), Sparen auf dem Girokonto (41 %), Bausparen (34 %), Rentenpapiere (32 %) und Aktien (15 %).

# Anlageformen

## Spareinlagen

Das „klassische“ Sparbuch ist noch immer eine beliebte Sparform. Bei Spareinlagen mit gesetzlicher Kündigungsfrist von drei Monaten darf der Sparer bei vielen Banken und Sparkassen pro Monat höchstens 2 000,00 € abheben. Sonst muss er „Strafzinsen“ zahlen. Die schnelle Verfügbarkeit wird allerdings nur niedrig verzinst. Besser verzinst werden Sparkonten mit länger vereinbarter Kündigungsfrist.

## Termingelder und Sparbriefe

Bei Termingeldern stellt der Sparer der Bank einen Geldbetrag für eine festgelegte Zeit (30, 90, 180 Tage) zur Verfügung. Dieses „Festgeld“ steht am Ende der Laufzeit mit den Zinsen dem Sparer wieder zur freien Verfügung. Das kurzfristige „Parken“ von Geldern auf Festgeldkonten bringt mehr Zinsen als das Girokonto.

Viele Kreditinstitute bieten ihren Kunden, die mit dem Ertrag auf dem normalen Sparbuch nicht zufrieden sind, die Risiken von Anleihen oder Aktien jedoch scheuen, Sparbriefe an. Der Sparbrief garantiert über die gesamte Laufzeit einen festen Zins. Der Sparer kann erst nach Ende der Laufzeit über sein Geld verfügen.

## Rentenpapiere

Der Geldanleger erwirbt über sein Kreditinstitut festverzinsliche Wertpapiere, z. B. Bundesanleihen, Pfandbriefe oder Obligationen. Das Kreditinstitut kauft für den Sparer die Rentenpapiere an der Wertpapierbörse. Die im Wertpapier verbriefte Geldschuld wird mit einem festen Zinssatz verzinst. Kauf und Verkauf der Wertpapiere sind jederzeit zum Tageskurs möglich.

## Aktien und Aktienfonds

Über sein Kreditinstitut kauft der Anleger Aktien an der Aktienbörse zum aktuellen Kurswert. Damit erwirbt er Anteile an Aktiengesellschaften. Aktieninhaber haben ein höheres Risiko. Der Kurs richtet sich nach Angebot und Nachfrage, die Verzinsung (Dividende) nach der Geschäftsentwicklung der AG. Durch Anteile an Aktienfonds kann das Kursrisiko begrenzt werden.

## Versicherungssparen

Die Kapitallebensversicherung ist die typische Form des Versicherungssparens. Der Versicherte zahlt monatlich einen festen Betrag und erhält am Ende der vereinbarten Laufzeit die Beiträge mit den Gewinnanteilen ausbezahlt. Andere Formen des Versicherungssparens sind Ausbildungs- und Aussteuerversicherung.

## Bausparen

Für Sparer, die in der Zukunft ein Grundstück, Haus oder eine Wohnung erwerben bzw. modernisieren wollen, sind Bausparverträge eine gute Finanzierungsgrundlage. Der Bausparer schließt mit einer Bausparkasse einen Vertrag über eine bestimmte Bausparsumme ab. Der Sparer zahlt regelmäßig Beiträge auf seinen Bausparvertrag ein. Nachdem er einen Anteil der Bausparsumme eingezahlt hat, erfolgt die Zuteilung. Der Sparer und Bauherr kann sich die gesamte Bausparsumme auszahlen lassen; das zugeteilte Darlehen erhält er zu einem günstigen Zinssatz.

## Sparförderung

Sparen ist für die gesamte Volkswirtschaft von Bedeutung. Spargelder stehen der Wirtschaft als Kredite für Investitionen zur Verfügung. Deshalb fördert der Staat bestimmte Sparformen durch Steuervergünstigungen sowie durch Sparprämien.

### Vermögensbildung für Arbeitnehmer

Staatliche Förderung gibt es für

- **Vermögenswirksame Leistungen (z. B. Bausparen)**
  bis zu 470 € pro Jahr
  ➤ 9 % Sparzulage (= 43 €)
  Einkommensgrenzen (zu versteuerndes Jahreseinkommen):
  ➤ Ledige 17 900 €
  ➤ Verheiratete 35 800 €

- **Bausparen**
  bis zu 512 Euro pro Jahr;
  Verheiratete bis zu 1 024 €
  ➤ 8,8 % Wohnungsbauprämie (= 45,06 bzw. 90,11 € für Verheiratete)
  Einkommensgrenzen:
  ➤ Ledige 25 600 €
  ➤ Verheiratete 51 200 €

- **Beteiligung an Produktivvermögen (z. B. Fondssparen)**
  bis zu 400 € pro Jahr
  ➤ 20 % Sparzulage (= 80 €)
  Einkommensgrenzen:
  ➤ Ledige 20 000 €
  ➤ Verheiratete 40 000 €

Zinsen aus Kapitalvermögen sind einkommensteuerpflichtig. Durch den Sparerfreibetrag sind Zinsen bis zu einer Höhe von 801 € (ledig) bzw. von 1 602 € (verheiratet) steuerfrei.

Steuerlich begünstigt werden in der Einkommensteuererklärung Bausparbeiträge, die als Sonderausgaben geltend gemacht werden können. Bis zu einer bestimmten Einkommensgrenze kann der Bausparer statt der Sonderausgaben eine **Wohnungsbauprämie** beantragen.

Der Staat fördert die Vermögensbildung in Arbeitnehmerhand durch Arbeitnehmersparzulagen. Die **Arbeitnehmersparzulage** erhalten Arbeitnehmer, wenn ihr Einkommen 20000 € (ledig) bzw. 40000 € (verheiratet). nicht übersteigt. In vielen Tarifverträgen ist festgelegt, dass der Arbeitgeber sich an der Vermögensbildung des Arbeitnehmers durch einen Zuschuss beteiligt.

**1. Nach welchen Anlagekriterien sollte sich der Sparer richten?**
**2. Weshalb haben die meisten Sparer ein Sparbuch?**
**3. Welche Sparform ist in den folgenden Fällen sinnvoll? Begründen Sie.**
**a) Sie wollen für ein neues Auto sparen.**
**b) Im Sommer möchten Sie eine Weltreise machen.**
**c) Herr und Frau Klein wollen für die Ausbildung ihrer Kinder vorsorgen.**
**d) Sie wollen für Ihr Geld einen möglichst hohen Ertrag erzielen.**
**e) Sie haben 8 000 € zur Verfügung. In drei Monaten wollen Sie eine größere Anschaffung tätigen.**
**4. Wie fördert der Staat das Bausparen?**
**5. Weshalb lohnt sich für die Arbeitnehmer das vermögenswirksame Sparen?**

## 6.6 Kredite

Michael Brunner hat gerade seinen Führerschein gemacht. Er will sich einen Gebrauchtwagen kaufen. Obwohl Michael von seiner Ausbildungsvergütung jeden Monat gespart hat, fehlen ihm noch 4 000 €.

1. **Welche Möglichkeiten hat Michael, den Fehlbetrag zu besorgen?**
2. **Worauf sollte Michael dabei achten?**

Grundsätzlich gilt: Kreditgeschäfte sind für Personen unter 18 Jahren verboten und müssen schriftlich abgeschlossen werden. Nur wenn Sorgeberechtigte und das Vormundschaftsgericht zustimmen, kann ein Jugendlicher wirksam Schulden machen. Fehlt diese Zustimmung, so sind die Schulden unwirksam und können vom Kreditgeber nicht mehr zurückgefordert werden.

Kredit kommt vom Lateinischen *credere* und bedeutet *vertrauen auf, glauben.* Den Kreditgeber bezeichnet man folglich auch als Gläubiger. Aber das Kreditinstitut vertraut nicht einfach darauf, dass der Kreditnehmer seinen Kredit zurückbezahlt. Vielmehr sichert sich die Bank oder Sparkasse zusätzlich ab.

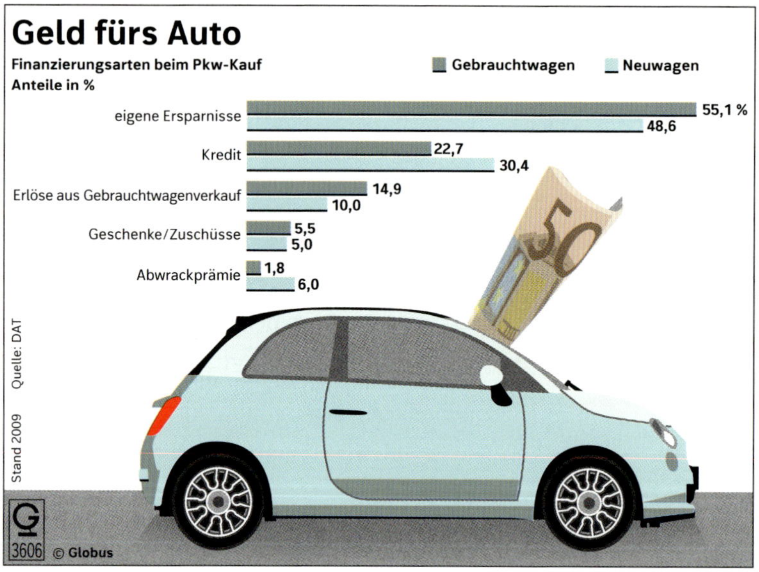


Für größere Anschaffungen im privaten Bereich, wie z. B. Kauf eines Autos oder von Möbeln, wird oft ein **Ratenkreditvertrag** abgeschlossen. Ein Abzahlungsgeschäft liegt dann vor, wenn der Kaufpreis in mindestens zwei Raten bezahlt wird.

Um den Verbraucher vor unübersichtlichen und verlockenden Angeboten zu schützen, sind im **BGB** (Bürgerlichen Gesetzbuch) Regelungen über den Inhalt des Ratenkaufvertrages vorgeschrieben (vgl. S. 98 f.).

**Mithilfe eines Zinsrechners lässt sich der effektive Jahreszins bestimmen und kontrollieren. Zinsrechner finden Sie im Internet.**

Kredite lassen sich nach verschiedenen Gesichtspunkten unterscheiden, z. B. nach dem Kreditnehmer (Verbraucher- oder Unternehmenskredit), nach der Laufzeit (kurz-, mittel-, langfristig), nach der Sicherheit (Dispositionskredit, Bürgschaft, Hypothek) oder nach der Verwendung (Konsum- oder Investitionskredit).

Der **Dispositionskredit** erlaubt dem Inhaber eines Girokontos, sein Konto bis zu einer bestimmten Höhe (meist das Zwei- bis Dreifache des Monatseinkommens) zu überziehen. Deshalb heißt dieser Kredit auch Überziehungskredit. Wenn der Giroinhaber sein Konto überzieht, muss er bei seiner Bank keine ausdrückliche Genehmigung einholen. Nur wenn der Kredit in Anspruch genommen wird, fallen Zinsen an, die meist verhältnismäßig hoch sind.

Anders als beim Dispositionskredit wird beim **Kontokorrentkredit** ein Vertrag zwischen Bank und Kreditnehmer abgeschlossen. Kreditnehmer sind in der Regel Unternehmen, die ihr Geschäftskonto bis zu einer vereinbarten Höhe zu einem festgelegten Zins überziehen dürfen.

Die Banken geben nur unter bestimmten Voraussetzungen und Sicherheiten Kredite. **Kreditfähig** ist jede voll geschäftsfähige natürliche und juristische Person. Vor der Kreditvergabe prüft der Kreditgeber, ob der Kreditnehmer **kreditwürdig** ist. Dies ist dann gegeben, wenn die Bank davon ausgehen kann, dass der Schuldner den Kredit zurückzahlen kann. Informationen über die Kreditwürdigkeit geben Auskunfteien, z. B. die **Schufa** (Schutzgemeinschaft für allgemeine Kreditsicherung) oder die Creditreform.

Bei manchen Kreditverträgen verlangen die Kreditgeber zusätzliche Sicherheiten. Dazu zählen Sicherungsübereignung, Bürgschaft, Lohn- und Gehaltsabtretung, Pfand und Hypothek.

Bei der **Sicherungsübereignung** wird eine Sache an den Kreditgeber übereignet. Der Kreditnehmer bleibt im Besitz der Sache. Dies wird z. B. bei einem Anschaffungskredit für ein Kraftfahrzeug vereinbart. Die Bank behält den Kfz-Brief bis zur Rückzahlung des Kredits und ist damit Eigentümer, während der Schuldner das Fahrzeug als Besitzer benutzen darf.

Eine typische Form der Kreditsicherung ist die **Lohn-** und **Gehaltsabtretung**. Der Kreditnehmer vereinbart mit dem Gläubiger, dass ein bestimmter Teil seines Einkommens an den Kreditgeber abgetreten wird. Dies kann allerdings nur bis zur Höhe des nicht pfändbaren Lohnes erfolgen. Der Arbeitgeber muss an den Kreditgeber nur dann Zahlungen vom Lohn oder Gehalt leisten, wenn der Schuldner seinen Zahlungsverpflichtungen nicht nachkommt.

Die Sicherheit für einen Kredit wird bei der **Bürgschaft** durch eine weitere Person garantiert. In einem Vertrag wird festgelegt, dass eine dritte Person (Bürge) für die Schulden bei Ausfall des Schuldners haftet. Der Bürge muss die Schuld bezahlen, wenn der Schuldner seinen Verpflichtungen nicht nachkommt.

Größere und längerfristige Kredite werden häufig durch eine **Hypothek** abgesichert. So dient z. B. beim Erwerb eines Grundstückes oder Hauses das Grundstück als Sicherheit. Die Belastung durch eine Hypothek muss im Grundbuch eingetragen werden.

## 6.7 Überschuldung und Verbraucherinsolvenz

### Wenn die Schuldenfalle zuschnappt

**Privatinsolvenz als Ausweg**

Fast sieben Millionen Verbraucher in Deutschland kennen das: Immer mehr unbezahlte Rechnungen machen schier ratlos. Selbst für Miete, Energiekosten und Telefon reichen die eigenen Mittel nicht mehr aus. Von den fälligen Ratenkrediten für den neuen Fernseher oder die Küche ganz zu schweigen.

Auch junge Leute kennen das schon. Schleichend sind sie in diese Situation gerutscht. Die ersten Zahlungsschwierigkeiten konnten noch mit Kleinkrediten fürs erste behoben werden, aber irgendwann ging gar nichts mehr.

Schulden zu machen ist zunächst oft unumgänglich, etwa bei einem Kredit für ein neues Auto oder beim Kauf einer Immobilie. Solange die Kredite fristgemäß bedient werden, ist das kein Problem. Erst wenn die Einnahmen nicht mehr ausreichen, um die Lebenshaltungskosten, Rechnungen und Raten zu bezahlen, spricht man von Überschuldung.

Das Problem: Viele Betroffene reagieren zu spät. Dabei gibt es Wege aus der Schuldenfalle. Zunächst ist es wichtig, sich professionelle Hilfe zu suchen. Schon wenn der Dispositionskredit nicht mehr ausreicht, um alle Forderungen zu bedienen, sollte man sich an eine anerkannte Schuldnerberatungsstelle wenden. Die wird versuchen mit den Gläubigern Wege zu finden, die Belastungen zu reduzieren oder gar in Privatinsolvenz zu gehen, d. h. ein gerichtliches Verbraucherinsolvenzverfahren zu beantragen, um durch eine Restschuldbefreiung langfristig wieder schuldenfrei zu werden.

*Autorentext*

1. **Warum landen immer mehr Privatpersonen in der Schuldenfalle?**
2. **Weshalb geraten zunehmend junge Erwachsene in die Schuldenfalle?**
3. **Welche Möglichkeiten gibt es, sich aus der Schuldenfalle zu befreien?**

Das Verhältnis zu Krediten hat sich mit der zunehmenden Kaufkraft der privaten Haushalte und dem Vertrauen auf ein regelmäßiges Einkommen verändert. Immer häufiger werden auch Konsumgüter durch Kredite finanziert. Dies ist unproblematisch, sofern genügend finanzieller Spielraum für die Rückzahlung der Raten bleibt und Risiken wie Arbeitsplatzverlust oder Krankheit einkalkuliert werden.

Reicht das monatliche Einkommen dauerhaft nicht aus, die laufenden Lebenshaltungskosten sowie fällige Raten und Rechnungen zu bezahlen, ist eine **Überschuldung** eingetreten.

Drückt die Schuldenlast, ist es wichtig, sich professionelle Hilfe zu suchen – je früher, desto besser. So kann möglicherweise noch eine Verbraucherinsolvenz abgewendet werden. Beratungsstellen von Verbraucherzentralen, Wohlfahrtsverbänden, Kommunen oder Kirchen helfen weiter. Gemeinsam mit dem Schuldner wird dessen finanzielle

Situation genau untersucht und ein Schuldenbereinigungsplan aufgestellt. Verbraucherzentralen warnen vor Angeboten einer „unkomplizierten Soforthilfe“ sogenannter Schuldenregulierer.

Schuldnerberatungsstellen: www.schuldnerberatungen.org
Inkasso-Forderungen überprüfen: www.inkasso-check.de

Kann der Schuldenberg nicht mehr abgetragen werden, so bietet das seit 1999 geltende **Verbraucherinsolvenzverfahren** eine zusätzliche Entschuldungsmöglichkeit. Insolvenz bedeutet, dass der Schuldner zahlungsunfähig ist.

Um die Schulden loszuwerden, muss der Schuldner ein langwieriges Verfahren durchlaufen, das in folgenden Stufen zu einem echten finanziellen Neuanfang führen soll:

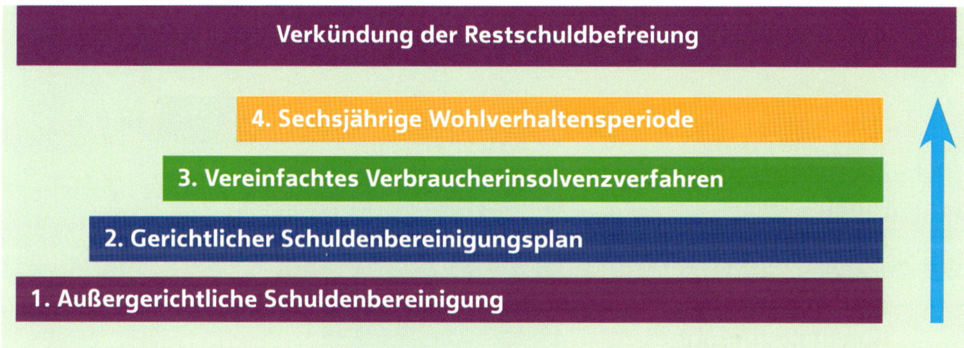


## Ablauf der Verbraucherinsolvenz

Vor dem gerichtlichen Verfahren muss zunächst ein außergerichtlicher Versuch des Schuldners, sich mit seinen Gläubigern über eine Regulierung der Schulden zu einigen, durchgeführt werden. Der Schuldner unterbreitet seinen Gläubigern ein Angebot, welches im Rahmen der wirtschaftlichen Möglichkeiten des Schuldners eine Reduzierung der Gesamtverbindlichkeiten beinhaltet. Nehmen die Gläubiger diesen Vorschlag an, wird das Insolvenzverfahren nicht eröffnet.

Wenn der außergerichtliche Einigungsversuch gescheitert ist, kann der Schuldner die Eröffnung des gerichtlichen Verfahrens beantragen. Der Schuldner überreicht dem Insolvenzgericht neben den Auskünften über sein noch vorhandenes Vermögen und seine Einkommenssituation wiederum einen Plan zur Bereinigung der Verbindlichkeiten.

Kommt das Gericht aufgrund der Erkenntnisse des außergerichtlichen Einigungsversuches des Schuldners selbst zu dem Ergebnis, dass auch ein gerichtlicher Einigungsversuch keine Aussicht auf Erfolg verspricht, so kann das Gericht sofort das Verfahren eröffnen und einen Treuhänder bestellen.

Mit Eröffnung des Verfahrens ist der Schuldner vor weiteren Vollstreckungsmaßnahmen durch die Gläubiger geschützt. Von diesem Zeitpunkt an können sich die Gläubiger nur noch an den Treuhänder halten.

Der eingesetzte Treuhänder zieht das pfändbare Vermögen des Schuldners sowie dessen pfändbares Arbeitseinkommen ein und verteilt den Verwertungserlös nach Abzug der Kosten anteilig auf alle Gläubiger. Diese Treuhand-Periode dauert sechs Jahre nach Eröffnung des Verfahrens. Danach wird der Schuldner durch entsprechenden Beschluss des Gerichts von seinen Schulden befreit.

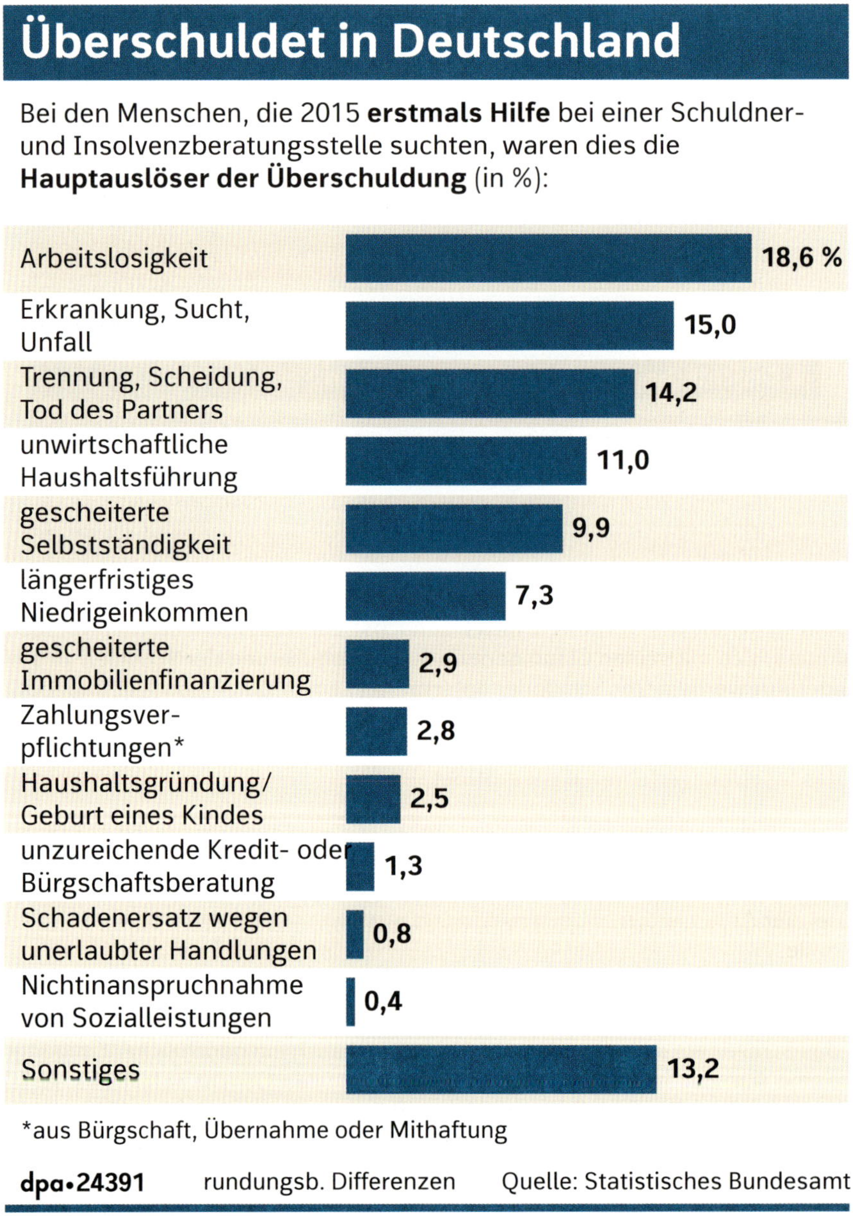

## 6.8 Produktionsfaktoren

**500 000 Euro**
für Geschäftsbeteiligung gesucht

**Wir stellen ein:**
- Facharbeiter
- Auszubildende

**Wer verpachtet Weinberg?**

1. **Was wird in den Anzeigen gesucht?**
2. **Zu welchem Zweck werden die gesuchten „Mittel“ gebraucht?**

Um Güter herzustellen oder Dienstleistungen anzubieten, werden die drei Mittel Arbeit, Boden (Natur) und Kapital benötigt. Diese werden als **Produktionsfaktoren** bezeichnet. Benötigt werden sie alle drei, je nach Produktion überwiegt aber der eine oder andere Faktor. So ist z. B. beim Landwirt der Boden, bei einer Schneiderin die menschliche Arbeitskraft der wichtigste Produktionsfaktor.

Für Güter, die der Mensch herstellt, werden Rohstoffe aus der Natur benötigt. Dabei müssen bestimmte Rohstoffe, wie z. B. Erdöl, Metalle oder Kohle, abgebaut werden; sie sind nur begrenzt vorhanden. Dagegen lassen sich z. B. Holz, Getreide oder Pflanzenöle durch Anbau als Rohstoffe erneuern. Für alle Rohstoffe gilt, dass wir sie umweltschonend und umweltbewusst nutzen müssen, um die Grundlage des Wirtschaftens und unseres Lebens zu erhalten. In diesem Zusammenhang spielt das **Recycling** (Wiederverwertung) eine immer größere Rolle.

Zum Produktionsfaktor **Boden** zählt auch der Standort für die Gebäude und Anlagen von Betrieben. Für die Wahl eines Standortes sind verschiedene Gesichtspunkte ausschlaggebend, z. B. Verkehrsanbindung, Internetanschluss, Kunden- oder Lieferantennähe, Umweltauflagen, verfügbare Arbeitskräfte, Steuersätze, staatliche Fördermittel und Energiekosten.

**Arbeit** ist jede Tätigkeit des Menschen, durch die Güter produziert und Dienstleistungen bereitgestellt werden. Zum Produktionsfaktor Arbeit zählen sowohl geistige als auch körperliche Tätigkeiten. In den hoch entwickelten Industrieländern spielen die Qualität der Arbeitskräfte und das technische Wissen (Know-how) eine immer wichtigere Rolle. Zudem verliert der Produktionsfaktor Arbeit in der industriellen Produktion an Bedeutung, während er im Dienstleistungsbereich an Bedeutung gewinnt. Dies hat seine Gründe in der zunehmenden Automation und Rationalisierung.

Hierzu benötigen die Unternehmen Maschinen und Anlagen, wofür große Geldmittel erforderlich sind. Geldmittel sind für die Unternehmen Geldkapital. Wird Geld in Gebäude, Anlagen und Maschinen investiert, entsteht Sachkapital. Geld- und Sachkapital gehören zum dritten Produktionsfaktor, dem **Kapital**.

Während die Produktionsfaktoren Arbeit und Boden als natürliche Mittel vorhanden sind, muss der Produktionsfaktor Kapital erst „geschaffen“ werden. Dies geschieht durch Sparen und Konsumverzicht der Haushalte bzw. Gewinnentnahme der Unternehmen. Fast alle Unternehmen benötigen neben dem Eigenkapital vor allem bei größeren Investitionen Kredite und damit Fremdkapital.

Auf betrieblicher Ebene werden die volkswirtschaftlichen Größen Arbeit, Boden und Kapital entsprechend dem betrieblichen Leistungsprozess unterteilt in:

| Werkstoffe | Arbeit | Betriebsmittel |
|---|---|---|
| Rohstoffe, Hilfsstoffe | leitend, ausführend | Kapital, Werkzeuge, Maschinen |

↓

**Produktion von Gütern**
**Dienstleistungen**
**Rechte**

Wirtschaften bedeutet, die drei Produktionsfaktoren sinnvoll und optimal einzusetzen. Ihr Zusammenspiel im Unternehmen wird durch innere und äußere Faktoren beeinflusst:

| Innere Faktoren | Äußere Faktoren |
|---|---|
| z. B.<br>• Standort des Unternehmens<br>• Unternehmensziele<br>• Management<br>• Qualifikation der Mitarbeiter | z. B.<br>• Technische Entwicklung<br>• Gesetze, Vorschriften<br>• Rohstoffknappheit<br>• Preisentwicklung |

Um das Verhältnis zwischen Kosten und Ertrag zu verbessern, ist es notwendig, die Kombination der Produktionsfaktoren laufend zu verändern und Faktoren anders zu gewichten. Dieser Vorgang wird als **Substitution** bezeichnet.

Die technische Entwicklung hat zu einer Verlagerung zugunsten des Produktionsfaktors Kapital geführt. Vor allem in der Produktion wird menschliche Arbeit immer mehr durch Sachkapital ersetzt. Dies hat auf der einen Seite zur Humanisierung der Arbeit und zur Arbeitszeitverkürzung beigetragen. Auf der anderen Seite verschärft sich das Problem der Arbeitslosigkeit.

Mittlerweile ist auch im Dienstleistungsbereich eine Substitution im Gange. So wird z. B. bei Banken und Sparkassen Personal abgebaut und durch Home- und Direktbanking ersetzt.

# 6.9 Ökonomisches Prinzip

## Statt Gold nur Neunter bei Olympia

Bei den Olympischen Spielen in Los Angeles galt der deutsche Schwimmer Thomas Fahrner als Mitfavorit über 400m-Freistil. Fahrner gewann seinen Vorlauf. Im anschließenden Qualifikationslauf hätte die achtbeste Zeit gereicht, um ins Finale zu kommen. Der deutsche Schwimmer wollte seine Kräfte für den Endlauf schonen, verspekulierte sich aber.

Er schwamm nur die neuntbeste Zeit. Das Finale fand ohne ihn statt.

Im B-Finale hingegen schwamm Thomas Fahrner olympischen Rekord und damit schneller als der Olympiasieger George Dicarlo (USA) im A-Finale. Trotz Bestzeit wurde Fahrner nur Neunter.

*Autorentext*

1. **Mit welcher Überlegung ist der Schwimmer an den Start zum Vorlauf gegangen?**
2. **Welches Ziel hatte Thomas Fahrner im B-Finale?**
3. **Vergleichen Sie, wie der Schwimmer seine Kräfte im Vorlauf und im B-Finale eingesetzt hat.**

Der Fall des Schwimmers zeigt, dass wirtschaftliches Handeln erfordert, die Mittel richtig einzusetzen, um die gesteckten Ziele zu erreichen. Dieses **wirtschaftliche (ökonomische) Prinzip** gilt für private Haushalte wie für Unternehmen. Dabei lassen sich zwei Formen des ökonomischen Prinzips unterscheiden: das Maximal- und das Minimalprinzip.

Beim **Minimalprinzip** soll ein bestimmtes Ziel mit möglichst geringen (minimalen) Mitteln erreicht werden. Beim **Maximalprinzip** soll ein höchstmögliches (maximales) Ergebnis mit einem bestimmten Mitteleinsatz erzielt werden.

In den Unternehmen finden beide Prinzipien ihre Anwendung. Umsatz und Gewinn richten sich in der Regel nach dem Maximalprinzip, während z. B. beim Einsatz von Rohstoffen und Energie das Minimalprinzip (Sparprinzip) gilt. Gerade umweltschonendes Produzieren erfordert dieses Sparprinzip.

Auch die privaten Haushalte bedienen sich der beiden wirtschaftlichen Prinzipien. Indem z. B. der Verbraucher Angebote vergleicht, um möglichst preiswert einzukaufen, wendet er das Minimalprinzip an. Der Sparer sucht nach dem Maximalprinzip die beste Anlageform für seine Ersparnisse.

Das Modell des ökonomischen Prinzips geht von einem wirtschaftlich vernünftig handelnden Menschen aus (**Homo oeconomicus**), der seine Mittel optimal einsetzt. Gewinnmaximierung steht im Vordergrund. Dies gilt sowohl für private Haushalte als auch für die Unternehmen.

In der Wirklichkeit handeln die Menschen nicht nur rational und egoistisch. Bei wirtschaftlichen Entscheidungen spielen auch andere Motive wie z. B. Gerechtigkeit, soziale Verantwortung, Umweltbewusstsein und Nachhaltigkeit eine wichtige Rolle.

Ein Beispiel für private Haushalte:
Verbraucher kaufen durchaus Lebensmittel beim Bauern in der Region ein, obwohl diese dort etwas teurer sind als vergleichbare Bio-Ware im Supermarkt nebenan.

Ein Beispiel für Unternehmen:
Ein Familienunternehmen setzt auf langfristige, nachhaltige Beziehungen und Verträge mit anderen Unternehmen statt einmal ein sehr vorteilhaftes Geschäft zu machen. Ganz nach dem Grundsatz: „Man sieht sich mehr als einmal im Leben."

# 6.10 Der Wirtschaftskreislauf

Das Ehepaar Schweizer hat die Ein- und Ausgaben eines Monats zusammengestellt:

| Einnahmen: | | Ausgaben: | |
|---|---|---|---|
| Nettogehalt: | 1455 € | Miete und Nebenkosten: | 460 € |
| Wohngeld: | 45 € | Nahrung: | 338 € |
| | | Kleidung: | 175 € |
| | | Kfz-Steuer: | 112 € |
| | | Kreditrate: | 55 € |
| | | Sonstiges: | 285 € |
| | | Sparen: | 75 € |
| Summe: | 1500 € | Summe: | 1500 € |

1. **Woher bezieht das Ehepaar Schweizer seine Einnahmen?**
2. **a) An wen sind die Zahlungen für die Grundbedürfnisse zu leisten?**
   **b) Wohin fließen die restlichen Ausgaben?**
3. **Zeigen Sie den Kreislauf von Geld und Leistungen nach dem Haushaltskonto auf.**

Jeder Haushalt verfügt über Einnahmen, mit denen er Güter und Dienstleistungen bezahlen kann. Die Einnahmen werden vor allem als Entgelt für Arbeitsleistungen erzielt. Dazu stellen die Haushalte den Unternehmen ihre Arbeitskraft zur Verfügung. Die Unternehmen stellen Güter her oder bieten Dienstleistungen an. Diese werden wiederum von den Haushalten gekauft. So entsteht ein **Güter- und ein Geldkreislauf** zwischen Haushalten und Unternehmen.

## Der einfache Wirtschaftskreislauf

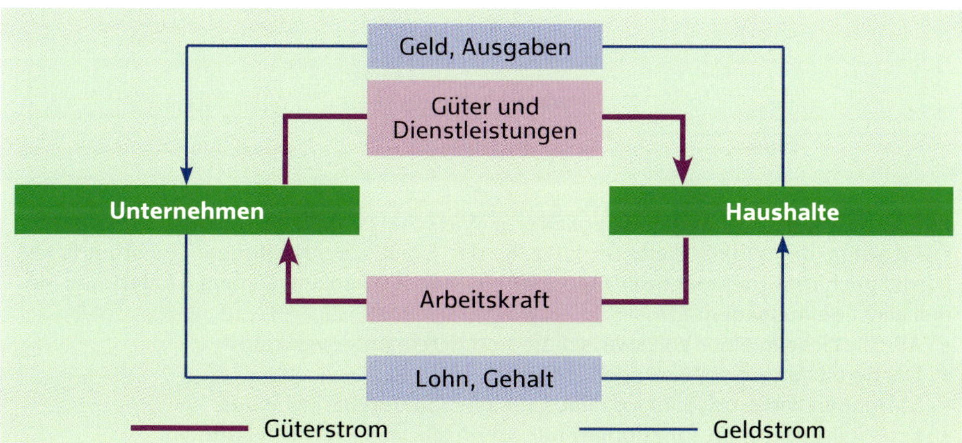

Haushalte und Unternehmen bilden die Zellen der Volkswirtschaft, in denen produziert und konsumiert wird. Neben den Haushalten und Unternehmen spielen der Staat, die Banken und das Ausland bei den Güter- und Geldströmen eine wichtige Rolle. Das Grundmodell des einfachen Wirtschaftskreislaufes muss also um diese Bereiche erweitert werden.

## Der erweiterte Wirtschaftskreislauf

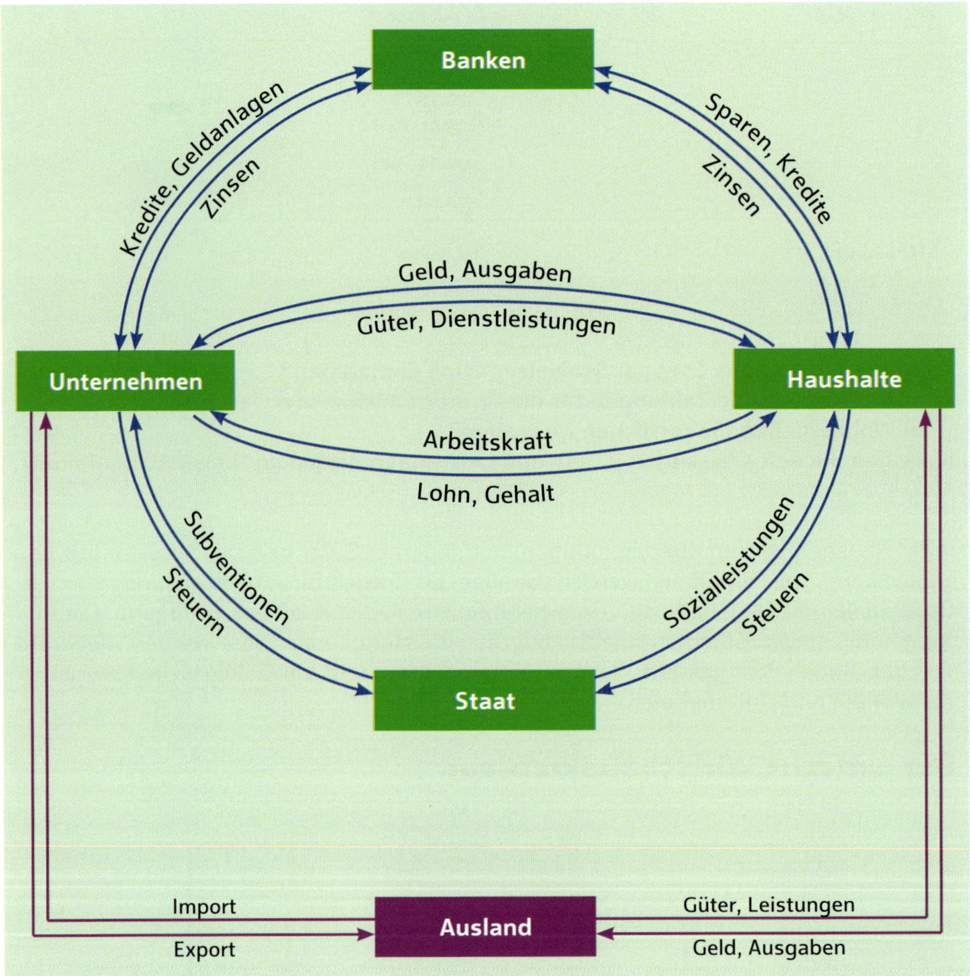


Wie jedes Modell ist auch der erweiterte Wirtschaftskreislauf nur eine vereinfachte Darstellung der Wirklichkeit. So ist z. B. der Staat als Arbeitgeber im öffentlichen Dienst auch Unternehmer oder Kreditnehmer bei den Banken. Dennoch liefert das Modell wichtige Aussagen:

- Alle Bereiche in einer Volkswirtschaft sind miteinander verknüpft.
- Die Bereiche sind voneinander abhängig.
- Störungen wirken sich im Kreislauf auf alle anderen Bereiche aus.
- Eine Volkswirtschaft funktioniert nur, wenn alle wirtschaftlich handeln.
- Freier Handel mit dem Ausland ist eine wichtige Grundlage für die Volkswirtschaft.

# 6.11 Währung

Das gesetzliche Zahlungsmittel eines Staates oder einer Staatengemeinschaft wird als **Währung** bezeichnet. Die nationalen Währungen von Belgien, Deutschland, Estland, Finnland, Frankreich, Griechenland, Irland, Italien, Lettland, Litauen, Luxemburg, Malta, Niederlande, Österreich, Portugal, Slowakei, Slowenien, Spanien und Zypern wurden durch den Euro (EUR) als gemeinsames Zahlungsmittel abgelöst.

**AUSLANDSWÄHRUNGEN**

Sortenschalterkurse, Stand: 30. Juli 2018, 8:00 Uhr

| Land | ISO | Ankauf | Verkauf | Einheit |
|---|---|---|---|---|
| Hauptwährungen | | | | |
| USA | USD | 1,219 | 1,102 | 1 |
| Kanada | CAD | 1,608 | 1,424 | 1 |
| Großbritannien | GBP | 0,9290 | 0,8400 | 1 |
| Schweiz | CHF | 1,218 | 1,102 | 1 |
| Währungen nach Ländern | | | | |
| Ägypten | EGP | 25,001 | 16,227 | 1 |
| Argentinien | ARS | 42,895 | 24,667 | 1 |
| Australien | AUD | 1,684 | 1,431 | 1 |
| Bahrain | BHD | 0,501 | 0,392 | 1 |
| Botswana | BWP | 14,877 | 8,805 | 1 |
| Brasilien | BRL | 5,178 | 3,399 | 1 |
| Bulgarien | BGN | 2,171 | 1,711 | 1 |

| Land | ISO | Ankauf | Verkauf | Einheit |
|---|---|---|---|---|
| Chile | CLP | 934,51 | 551,16 | 1 |
| China | CNY | 8,928 | 6,531 | 1 |
| Costa Rica | CRC | 822,75 | 487,50 | 1 |
| Dänemark | DKK | 7,823 | 7,040 | 1 |
| Dom. Republik | DOP | 72,030 | 42,904 | 1 |
| Hongkong | HKD | 10,481 | 7,733 | 1 |
| Indonesien | IDR | 210,16 | 122,67 | 0,01 |
| Island | ISK | 135,90 | 103,63 | 1 |
| Israel | ILS | 4,888 | 3,348 | 1 |
| Jamaika | JMD | 194,95 | 113,89 | 1 |
| Japan | JPY | 136,77 | 122,70 | 1 |
| Jordanien | JOD | 0,998 | 0,645 | 1 |
| Katar | QAR | 4,820 | 3,693 | 1 |

*BayernLB (Hg.): Aktuelle Kurse Sorten. In: www.bayernlb.de. 30.07.2018. www.bayernlb.de/internet/de/blb/resp/kunden_1/sparkassen_2/privatkundengeschaeft/sorten_1/kursinformationen/kursinfo_3.jsp [30.07.2018]*

Die Einführung des Euro war keine Währungsreform, sondern eine Währungsumstellung. Bei Reisen in Länder, die nicht zur Währungsunion gehören, ist es weiterhin erforderlich, die Währung des Landes zu kaufen. Für das Wechseln verlangen die Banken und Wechselstuben Gebühren. Dies drückt sich in den verschiedenen Preisen von An- und Verkaufskurs aus.

Der Preis für die ausländische Währung ist der **Wechselkurs**. An der Devisenbörse wird der amtliche Kurs der Währungen nach Angebot und Nachfrage täglich neu festgelegt. Der Wechselkurs drückt den Wert einer Währung gegenüber ausländischen Währungen aus. Sinkt der Außenwert einer Währung, so spricht man von einer Abwertung, steigt der Außenwert, so handelt es sich um eine Aufwertung.

Bei einer Aufwertung werden Einfuhren billiger und Ausfuhren teurer. Für eine exportabhängige Wirtschaft ist dies ein Nachteil. Denn die Produkte werden entweder im Ausland für die dortigen Käufer teurer oder müssen wegen der Konkurrenz billiger angeboten werden. Dagegen wird ein Urlaub im Ausland billiger.
Viel Geld muss nicht immer auch viel wert sein. Der Geldwert ist abhängig von der angebotenen Gütermenge. Wird in einer Volkswirtschaft mehr Geld gedruckt, als Waren und Dienstleistungen vorhanden sind, verliert das Geld seinen Wert. Diese Geldentwertung wird als **Inflation** bezeichnet. Eine Inflation gab es z. B. in der Weimarer Republik.

Ein Grund dafür waren die Kriegsschulden. Als die Franzosen durch den Einmarsch in das Ruhrgebiet ihren Forderungen Nachdruck verleihen wollten, kam es zu einem Generalstreik. Der Staat konnte die Streikenden nur dadurch unterstützen, dass er Tag und Nacht Geld druckte.

## Inflation: Geldmenge größer als Gütermenge

**Inflation** hat mehrere Ursachen und Folgen. So können z. B. Staatsverschuldung oder zu hohe Lohnabschlüsse der Tarifpartner zu einer Geldentwertung führen. Folgen der Inflation sind u. a. steigende Preise, sinkende Kaufkraft, höhere Lohnforderungen, Verluste bei Sparern oder eine Flucht in Sachwerte.

Steigt der Preisindex nur gering, so spricht man von einer schleichenden Inflation. Niedrige Inflationsraten sind in einer Volkswirtschaft kaum zu vermeiden, zumal auch Einflüsse des Außenhandels eine Rolle spielen. Erfolgt die Geldentwertung dagegen schnell und in großen Sprüngen, handelt es sich um eine sogenannte **galoppierende Inflation**.
Verändert sich das Verhältnis von Geld- und Gütermenge zugunsten der Waren und Dienstleistungen, so steigt der Wert des Geldes. Dies wird als **Deflation** bezeichnet.

## Deflation: Geldmenge ist kleiner als Gütermenge

Die Deflation ist in den Volkswirtschaften selten. Sie kann z. B. durch strikte Sparmaßnahmen des Staates ausgelöst werden. Deflation bedeutet, dass die Preise fallen. Dies hat allerdings auch negative Auswirkungen. Die Nachfrage sinkt, die Produktion geht zurück, der Staat nimmt weniger Steuern ein; vor allem steigt durch den Rückgang des Wirtschaftswachstums die Gefahr von Arbeitslosigkeit.

In den Jahren 1930 und 1931 hat die Regierung Brüning durch ihre Deflationspolitik versucht, die deutsche Wirtschaft international konkurrenzfähiger zu machen. Dies sollte durch Einkommens- und Preissenkungen geschehen. Die gleichzeitig eingeleiteten Arbeitsbeschaffungsmaßnahmen kamen nicht mehr zum Tragen. Die Folge war eine Massenarbeitslosigkeit.

Ein Gleichgewicht zwischen Geld- und Gütermenge ist in einer Volkswirtschaft der Idealfall. Die Europäische Zentralbank, die nationalen Zentralbanken sowie die Regierungen versuchen, durch ihre Politik diesem Idealzustand möglichst nahe zu kommen. Geldwertstabilität ist wichtig für das Vertrauen der Haushalte und Unternehmen gegenüber dem Staat und der Wirtschaft.

Es hat sich gezeigt, dass ein Stillstand in der Wirtschaftsentwicklung (Stagnation) weder Preissenkungen noch Preisstabilität zur Folge haben muss. Im Gegenteil kann eine Stagnation dazu führen, dass die Unternehmen durch höhere Preise ihre Gewinne sichern wollen. Dies führt zu einer Inflation. Diese Situation wird als **Stagflation** (Stagnation + Inflation) bezeichnet.

## Zur Wiederholung

1. Was ist die Voraussetzung für ein verantwortliches Handeln des Wirtschaftsbürgers?
2. Nennen Sie typische Rollen, die Sie als Wirtschaftsbürger spielen.
3. Warum muss der Mensch wirtschaften?
4. Wodurch unterscheiden sich wirtschaftliche und freie Güter?
5. Weshalb zählen Rechte und Lizenzen zu den wirtschaftlichen Gütern?
6. Erklären Sie den Zusammenhang von Bedürfnis, Bedarf und Nachfrage.
7. Erläutern Sie den Unterschied zwischen Ge- und Verbrauchsgut.
8. Kann die Werbung das Verhalten der Konsumenten wirklich beeinflussen?
9. Nach welchen Kriterien lassen sich die Güter in Existenz-, Kultur- und Luxusbedürfnisse einteilen?
10. Ordnen Sie die folgenden Güter nach Existenz-, Kultur- und Luxusbedürfnissen:
    a) Fernsehen, b) Telefon, c) Motoryacht,
    d) Ausbildung, e) Kaffee, f) Digitalkamera.
11. „Zu oft sind Existenzbedürfnisse für viele Menschen Luxusbedürfnisse." Erläutern Sie diese Aussage.
12. „Ein Gut kann sowohl Konsum- als auch Produktionsgut sein." Erläutern Sie dies an Beispielen.
13. Ordnen Sie nach Sachgut und Dienstleistungen:
    a) Der Friseur schneidet einem Kunden die Haare.
    b) Der Friseur fertigt ein Haarteil für einen Kunden an.
    c) Die Kfz-Mechanikerin repariert die Bremsen eines Autos.
    d) David mietet sich eine Wohnung.
14. Wieso handelt es sich bei einer CD-Raubkopie um einen Diebstahl?
15. Erläutern Sie „Sharing Economy".
16. Welche Vorteile bietet das Sharing?
17. a) Welche Vorteile bietet ein Dispositionskredit? b) Wo liegen die Nachteile?
18. Was verstehen Sie unter
    a) Kreditfähigkeit b) Kreditwürdigkeit?
19. Worüber sollte sich ein Bürge im Klaren sein?
20. Was ist eine Hypothek?
21. Eine Möbelfirma bietet eine Jugendzimmereinrichtung für 3 000 € an. Bei Ratenkauf berechnet sie einen effektiven Jahreszins von 14,4 % bei einer Laufzeit von 24 Monaten.
    a) Wie viel müssen Sie insgesamt für die Möbel bezahlen?
    b) Wie hoch sind die monatlichen Raten?
22. Welche Aufgaben haben die Banken im Wirtschaftskreislauf?
23. Erklären Sie den Begriff „Währung".
24. Erläutern Sie den Unterschied zwischen An- und Verkaufskurs einer Währung.
25. Erklären Sie die Begriffe „Inflation", „Deflation", „Stagflation".
26. Worin liegen die Ursachen für eine Inflation?
27. Welche Folgen hat die Inflation?

# Handlungsimpulse

## A Kreditkonditionen vergleichen

Kredite werden wie Waren zu unterschiedlichen Preisen angeboten. Um den günstigsten Preis zu ermitteln, ist es notwendig, verschiedene Angebote zu vergleichen.

Ermitteln Sie bei den Kreditinstituten vor Ort, wie viel
a) ein Dispositionskredit über 2 500,00 €,
b) ein Anschaffungskredit über 10 000,00 € kostet.

Vergleichen Sie die Angebote und präsentieren Sie Ihre Ergebnisse.

## B Eine Adressenliste über Schuldnerberatungsstellen anfertigen

Suchen Sie im Telefonverzeichnis nach Anlauf- und Beratungsstellen für Schuldner. Erstellen Sie ein (kommentiertes) Verzeichnis über Schuldnerberatungsstellen in Ihrer Nähe.

## C Ein Ablaufdiagramm erstellen

Im Falle der Überschuldung ist es wichtig, die richtigen Schritte in der richtigen Reihenfolge zu tun.
Erstellen Sie ein Ablaufdiagramm über das richtige Verhalten bei Überschuldung. Informationen finden Sie bei den Schuldnerberatungsstellen.

## D Eine historische Recherche anfertigen

Der Hunderttausend-Mark-Schein stammt aus dem Jahre 1923. Die Summe erscheint sehr hoch, aber dennoch war der Besitzer kein reicher Mann.
Recherchieren Sie die historischen Zusammenhänge der Inflation in Deutschland von 1923 und präsentieren Sie Ihre Ergebnisse.

# 7 Das Unternehmen im Wirtschaftsprozess

## 7.1 Wirtschaftsbereiche und Wertschöpfungskette

Unternehmen sind innerhalb einer Volkswirtschaft in vielfältigster Weise miteinander verzahnt. Auch private Haushalte und Unternehmen sind voneinander abhängig. Es lassen sich drei große Wirtschaftsbereiche unterscheiden.

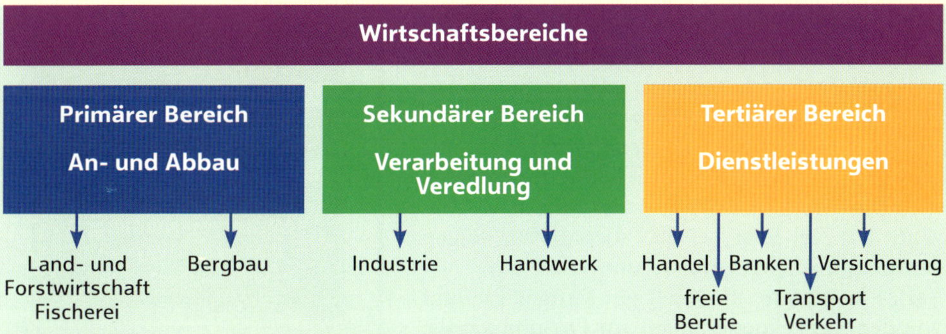


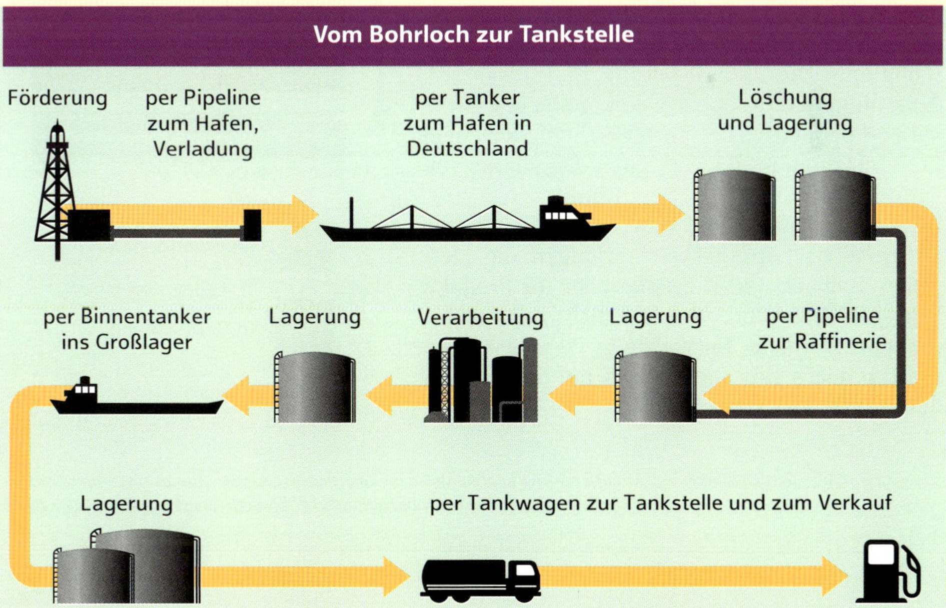


1. **Zeigen Sie auf, welche Wirtschaftsbereiche auf dem Weg vom Bohrloch zur Tankstelle aktiv werden.**
2. **Zu welchem Wirtschaftsbereich gehört Ihr Ausbildungsbetrieb?**
3. **Zeigen Sie an Beispielen auf, dass Handwerksbetriebe sowohl dem sekundären als auch dem tertiären Bereich zugeordnet werden können.**

Wenn ein Unternehmen ein Produkt herstellt, erfolgt dies meist in mehreren Schritten. Oft ist auch eine Reihe von Unternehmen daran beteiligt. Durch den Einsatz von menschlicher Arbeitskraft und Maschinen steigt auf dem Weg vom Rohstoff zum Endprodukt der Wert. Die Produktionskette vom primären über den sekundären zum tertiären Bereich wird damit auch zu einer **Wertschöpfungskette**.

**Wertschöpfungskette am Beispiel der Kaffee-Kooperative.de**

## Unsere Kaffee-Wertschöpfungskette im Vergleich zu anderen Importeuren

Kaffee wird heute oftmals als Fairtrade-Kaffee vermarktet. Entscheidend hierbei ist, wie viel von dem Erlös des Kaffees in Deutschland den Bauern und Kooperativen vor Ort tatsächlich zugutekommt. [...] Üblicherweise verbleiben nur 15 Prozent der Wertschöpfung im Erzeugerland. Bei kaffee-kooperative.de sind es derzeit 48 Prozent, das Ziel liegt bei 50 Prozent. Wir folgen damit dem Fairchain-Handelsmodell.

Kaffee-kooperative.de kauft ein fertiges Produkt von den Kaffeekooperativen vor Ort und keinen Rohstoff, der dann gemischt und weiterverarbeitet wird. Das heißt die Hersteller vor Ort haben die volle Kontrolle über die Preise und die Wertschöpfung. Die Preisgestaltung ist transparent, denn die Anbau-Kooperativen können auf www.kaffee-kooperative.de einsehen, zu welchem Preis wir ihren Kaffee verkaufen. Die Marge von kaffee-kooperative.de ist beschränkt.

Durch Transparenz und volle Kontrolle über die Kaffee-Wertschöpfungskette erlangen die Hersteller Teilhabe und Kontrolle über ihr Produkt. Wir sind überzeugt, dass dies nicht nur gut für die wirtschaftliche Entwicklung ist und Kosten spart, sondern sich auch positiv auf die Qualität des Kaffees auswirkt.

*Text (ohne Grafik): Xaver Kitzinger: Unsere Kaffee-Wertschöpfungskette im Vergleich zu anderen Unternehmen. In: www.kaffee-kooperative.de.www.kaffee-kooperative.de/kaffee-wertschoepfungskette [16.05.2018].*

## 7.2 Aufbau eines Betriebes

Der Schreinergeselle Heider wartet mit dem Verkaufsleiter des Spanplattenwerkes, Herrn Lorenz, auf den Meister, um die Bestellung durchzusprechen.

**Dabei kommen sie ins Gespräch.**

**Heider** Sie müssen sich leider noch etwas gedulden, aber der Meister ist noch bei einem Kunden. Mein Chef muss sich fast um alles selbst kümmern.

**Lorenz** Bei Ihrer Betriebsgröße wird das wohl auch gar nicht anders zu machen sein. In unserem Industriebetrieb ist der Chef in erster Linie für die Geschäftsführung zuständig. Alles andere ist Aufgabe der verschiedenen Abteilungen.

**Heider** Bei uns gibt's keine Abteilungen; meine Arbeit besteht vor allem im Anfertigen von Einbaumöbeln.

**Lorenz** Die Produktion gehört bei uns zum technischen Bereich; dieser ist auch für die Forschung und Entwicklung neuer Produkte zuständig. Zum kaufmännischen Bereich zählen die Beschaffung, also der Einkauf, der Absatz und die Verwaltung, also Buchführung, Personalwesen usw.

**Heider** Für die Buchführung und den Schriftverkehr haben wir sozusagen eine eigene Abteilung. Dies erledigt nämlich die Chefin. Wer ist bei Ihnen für die Ausbildung zuständig? Bei uns machen das der Meister und ich.

**Lorenz** Wir haben dafür eine Ausbildungswerkstatt. Wenn die Auszubildenden in den verschiedenen Abteilungen sind, werden sie dort von den jeweils zuständigen Ausbildern unterwiesen.

1. a) **Listen Sie die einzelnen Abteilungen des Spanplattenwerkes auf.**
   b) **Ordnen Sie die Abteilungen dem kaufmännischen und technischen Bereich zu.**
2. **Zu welcher Abteilung gehört Herr Lorenz?**
3. **Wie ist der Handwerksbetrieb aufgebaut?**

In den meisten Handwerksbetrieben werden mehrere Aufgaben von einer Person übernommen, z. B. ist der Handwerksmeister zugleich für Einkauf, Fertigung und Absatz zuständig. Bei Industriebetrieben ist eine größere Arbeitsteilung und eine organisatorische Gliederung in Abteilungen und Stellen erforderlich.
Der Aufbau eines Betriebes ist abhängig von
- seiner Größe,
- seinen Produkten oder Dienstleistungen,
- seiner Rechtsform (z. B. Einzelunternehmung, AG, GmbH).

Durch die Struktur und Organisation eines Betriebes soll ein planvoller und wirtschaftlicher Einsatz der Mittel für die Produktion ermöglicht werden.

**Beispiel für den Aufbau eines Industriebetriebes (Organigramm)**

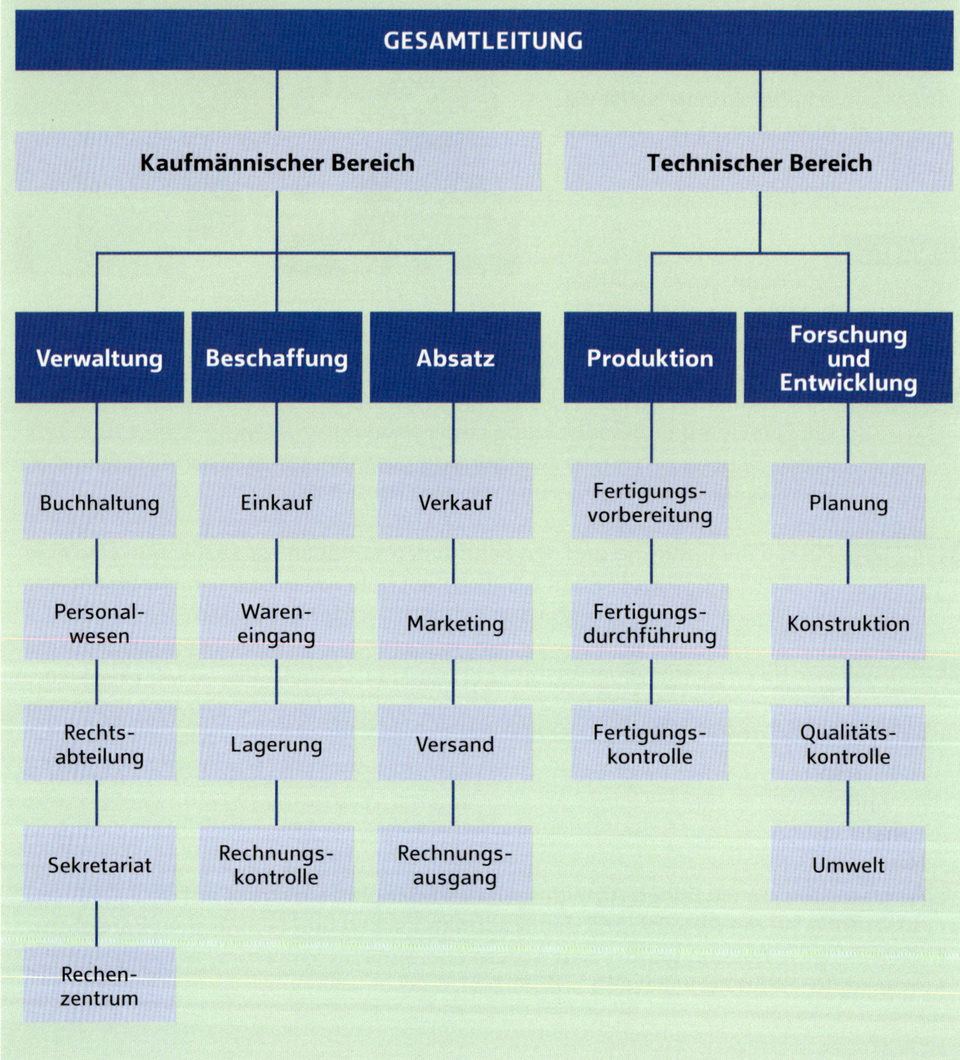

## Zur Wiederholung

1. Erläutern Sie, was unter „Wertschöpfung“ von Unternehmen zu verstehen ist.
2. Skizzieren Sie eine Wertschöpfungskette an einem Beispiel.
3. Wodurch entsteht der Wertzuwachs im Produktionsprozess?
4. Skizzieren und erläutern Sie den Aufbau Ihres Ausbildungsbetriebes.
5. Wer bzw. welche Abteilung ist in Ihrem Betrieb für Umweltschutz zuständig?
6. Nach welchen Gesichtspunkten richtet sich der Aufbau eines Betriebes?
7. Welche Probleme könnten sich für einen größeren Handwerksbetrieb ergeben, wenn der „Chef“ alles allein macht?
8. Welche Abteilung in einem Industriebetrieb ist zuständig für
   a) Mahnungen,
   b) Angebote,
   c) Werbung,
   d) Endabnahme,
   e) Maschinenwartung,
   f) Lohn und Gehalt?
9. Erkunden Sie vor Ort den Aufbau einer Behörde, z. B. Ihrer Stadt- bzw. Verbandsgemeindeverwaltung, des Finanzamtes oder der Arbeitsagentur.
10. Ein Industriebetrieb ist nach dem Liniensystem organisiert. Beim hierarchisch strukturierten Liniensystem besteht eine eindeutige Weisungsbefugnis von oben nach unten. Dies gilt auch für die Verantwortung der Mitarbeiter. Diese straffe Organisation schafft zwar klare Zuständigkeiten, verhindert aber einen schnellen Informationsfluss, insbesondere in der Breite. Das Liniensystem ist eher für kleinere Betriebe zweckmäßig.

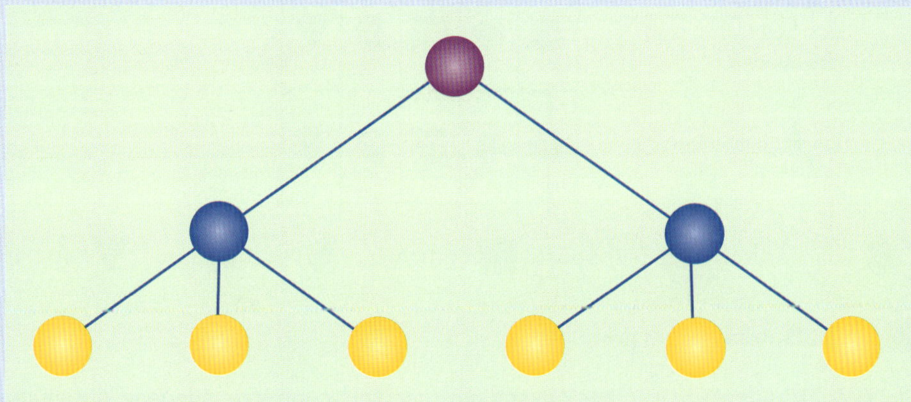

Zeichnen Sie mit den folgenden Angaben ein Organigramm:

Einkaufsplanung (**EP**)
Rechnungswesen (**RW**)
Rohstofflager (**RL**)
Marketing (**MK**)
Abteilungsleiter Verkauf (**AV**)
Abteilungsleiter Produktion (**AP**)
Personalwesen (**PW**)
Fertigungsdurchführung (**FD**)
Versand (**VS**)
Abteilungsleiter Verwaltung (**AW**)

Technischer Leiter (**TL**)
Abteilungsleiter Einkauf (**AE**)
Gesamtleitung (**GL**)
Einkaufsdurchführung (**ED**)
Fertigungsvorbereitung (**FV**)
Kaufmännischer Leiter (**KL**)
Verkauf (**VK**)
Wartung und Reparatur (**WR**)
Abteilungsleiter Technischer Dienst (**AT**)
Fuhrpark (**FP**)

# Handlungsimpulse

Die Ablauforganisation legt die Reihenfolge der einzelnen Arbeitsschritte fest, bestimmt die Termine sowie den Einsatz der Arbeitskräfte und Arbeitsmittel. In Betrieben wird dies häufig mithilfe eines Ablaufdiagramms festgehalten. Symbole ermöglichen eine übersichtliche Darstellung:

**Tätigkeit:** Bearbeitung der Auftragsbestätigung
**Abteilung:** Verkauf
**Abnahme und Prüfung des Arbeitsablaufs:** Fr. Flemming
**Datum:** 24.05.

| Nr. | Arbeitselemente | Symbole | Bemerkung |
|---|---|---|---|
| 1 | Auftrag geht ein | | |
| 2 | Prüfung der Lieferbereitschaft | | |
| 3 | Kontrolle der Kreditwürdigkeit des Kunden | | |
| 4 | Kundenkonditionen festlegen | | |

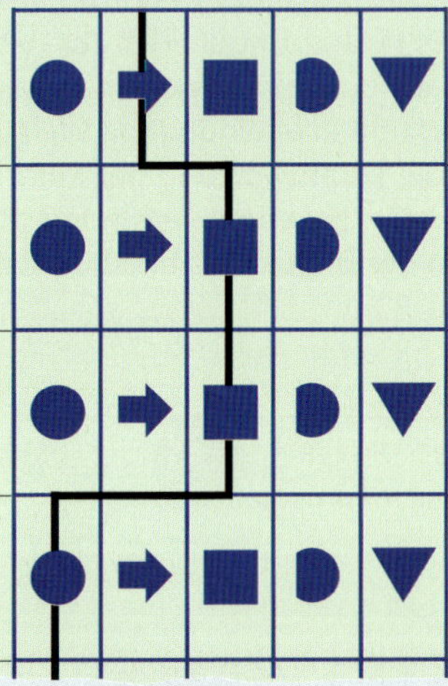

Bearbeitung · Transport · Kontrolle · Verzögerung · Lagerung

## A Ein Ablaufdiagramm erstellen

Ein Auftrag durchläuft bis zur Ausstellung der Rechnung verschiedene Abteilungen und Stellen.
Erstellen Sie für einen typischen Geschäftsvorgang Ihres Ausbildungsbetriebes ein Ablaufdiagramm.

## B Eine Werbeanzeige für eine Industrieansiedlung entwerfen

In Ihrer Stadt bzw. Region soll für die Neuansiedlung von Unternehmen geworben werden.
Ermitteln Sie die wichtigsten Daten, die für eine Standortwahl der Unternehmen entscheidend sind.
Entwerfen Sie eine Anzeige für eine überregionale Tageszeitung oder eine Plakatwand für das neue Industrie- und Gewerbegebiet.

## 7.3 Betriebliche Grundfunktionen

**Auszubildende Laura berichtet:**

Unser Ausbildungsleiter hat uns diese Woche bei einem Rundgang durch die verschiedenen Abteilungen und Produktionsstätten einen Überblick über die innerbetrieblichen Vorgänge und Funktionen des Betriebes verschafft. Dabei konnten wir erfahren, wie aus den zugelieferten Rohstoffen und Einzelteilen, die über verschiedene Lieferanten beschafft werden, schließlich nach mehreren Produktionsstufen das Endprodukt, nämlich Einbauküchen, entsteht. Neben der Endmontage befindet sich das Lager, von wo die Küchenmöbel ausgeliefert werden. Ein Mitarbeiter der Vertriebsabteilung erklärte uns, dass zurzeit die Nachfrage auf dem Markt hoch sei und somit der Absatz unserer Einbauküchen keine Probleme aufwerfe.

Am Schluss unseres Rundgangs waren wir auch in der Verwaltung. Der Ausbildungsleiter betonte, dass Produktion und Verwaltung miteinander verzahnt sind. Denn ohne Personalplanung, Finanzierung sowie Ein- und Verkauf könne auch nicht produziert werden.

1. **Zeigen Sie die drei Grundfunktionen des Betriebes auf, die beim Rundgang sichtbar werden.**
2. **Worin besteht die Verzahnung zwischen Produktion und Verwaltung?**
3. **Klären Sie, wie in Ihrem Betrieb die Produktionsabläufe sind, und ordnen Sie die Vorgänge mithilfe des folgenden Schaubildes ein.**

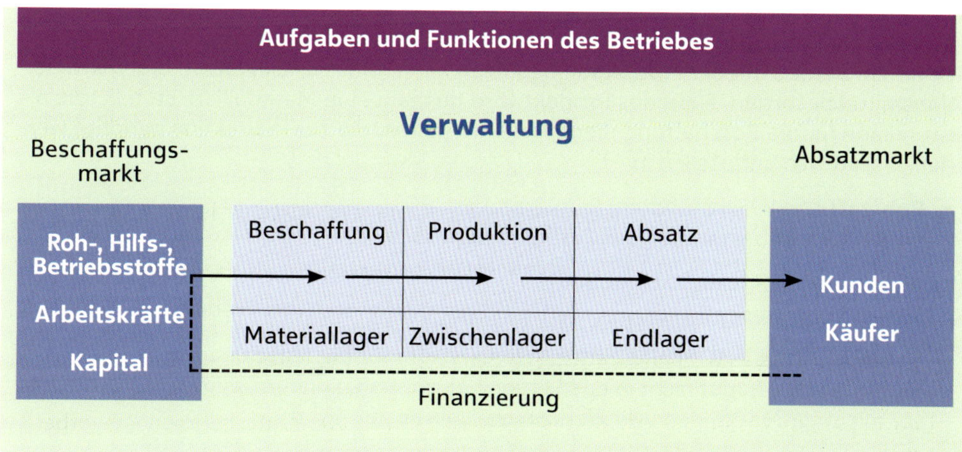


Zentrale Aufgabe eines Betriebes ist die Produktion von Waren oder die Erstellung von Dienstleistungen, um Gewinne zu erzielen. Außer dieser Leistungserstellung sind Beschaffung und Absatz die wesentlichen Aufgaben des Betriebes. Neben den Grundfunktionen Beschaffung, Produktion und Absatz sind Organisation und Verwaltung wichtige betriebliche Aufgabenbereiche.

## 7.4 Beschaffung

Die Möbelfabrik ALBI hat eine Bestellung über einen Wandschrank erhalten. Nach dem Fertigungsplan wird eine Liste zusammengestellt, die alle benötigten Materialien für die Produktion beinhaltet:

**Werkstoffliste** — **Werkstück/Auftrag: Wandschrank**

| Nr. | Teilewerkstück | Werkstoff | Stückzahl | Fertigmaße in mm | | Nr. | Teilewerkstück | Werkstoff | Stückzahl | Fertigmaße in mm | |
|---|---|---|---|---|---|---|---|---|---|---|---|
| | | | | Länge | Breite | | | | | Länge | Breite |
| 1 | Korpuswände | FPY (16) | 2 | 750 | 230 | 10 | Gesamtschrank | | | | |
| 2 | Korpuswände | FPY (16) | 2 | 550 | 230 | | Korpus u. Tür | | – | – | – |
| 3 | Tür | FPY (16) | 1 | 730 | 530 | | Rückwand | Lack | – | – | – |
| 4 | Rückwand | FU 6 | 1 | 730 | 530 | | Böden | | – | – | – |
| 5 | Einlegeböden | Kiefernholz | 2 | 510 | 210 | 11 | – | Eckdübel | 12 | – | – |
| 6 | Korpuswände | Furnier | 1 | 5200 | 230 | 12 | – | Boden- | | | |
| 7 | Tür | Furnier | 2 | 750 | 550 | | – | träger | 8 | – | – |
| 8 | Korpus und Tür | Leim | | (Wie Furnier) | | 13 | – | Scharnier | 2 | – | – |
| | | | | | | 14 | – | Knopf | 1 | – | – |
| 9 | Korpus und Tür | Kanten- | | | | 15 | – | Ösen | 2 | – | – |
| | | furnier | 1 | 5120 | – | 16 | – | Schnäpper | 1 | – | – |
| | | | | | | 17 | – | Nägel | | | |
| | | | | | | | Schrauben | Schleifm. | – | – | – |

1. **Ordnen Sie die Werkstoffe nach Roh- und Hilfsstoffen.**
2. **Für die Herstellung des Wandschrankes müssen noch weitere Produktionsmittel eingesetzt werden. Welche sind dies?**

Bevor ein Betrieb mit der Produktion beginnen kann, muss er die notwendigen Produktionsmittel besorgen. Für jedes Produkt wird deshalb eine Materialliste erstellt, die als Grundlage für die Beschaffung dient. Die Materialien, die zur Produktion benötigt werden, lassen sich unterteilen in:

- **Rohstoffe,** z. B. Spanplatten, Furniere
  Sie sind Hauptbestandteil des Fertigerzeugnisses.
- **Hilfsstoffe**, z. B. Leim, Schrauben
  Sie sind kein wesentlicher, aber notwendiger Bestandteil des Produkts.
- **Betriebsstoffe**, z. B. Schleifmittel, Schmierstoffe für die Maschinen
  Sie gehen überhaupt nicht in das Fertigerzeugnis ein, sondern werden nur mittelbar, vor allem für Maschinen und Werkzeuge, gebraucht.

Damit die Produktion reibungslos erfolgen kann, muss bei der Beschaffung darauf geachtet werden, dass die Produktionsmittel rechtzeitig, ohne Mängel und vollständig zur Verfügung stehen. Dies ist besonders wichtig, da eine Unterbrechung in der Produktion zu Ausfällen und höheren Kosten führt. Der Betrieb wird deshalb versuchen, durch eine entsprechende Lagerhaltung die wichtigsten Materialien für die Produktion bereitzuhalten.

### 7.4.1 Personalbeschaffung

1. **Wie ermittelt der Betrieb, ob er neue Mitarbeiter/-innen „als Verstärkung" benötigt?**
2. **Welche Informationen können Bewerber/-innen der Stellenanzeige entnehmen?**
3. **Was bedeutet „mit den üblichen Unterlagen"?**

Geeignetes Personal auf dem Arbeitsmarkt zu finden, ist im Handwerksbetrieb Aufgabe des Handwerksmeisters. In größeren Betrieben übernimmt dies die Personalabteilung. **Personalbeschaffung** geht immer einher mit Personalplanung, Personalentwicklung und Personaleinsatz.

Auch bei steigenden Aufträgen muss der Betrieb in der Lage sein, termingerecht zu produzieren. Dies ist nur möglich, wenn durch eine vorausschauende Personalplanung und -entwicklung Mitarbeiter und Auftragslage aufeinander abgestimmt sind. Fort- und Weiterbildung sind notwendig, um die Mitarbeiter für neue Technologien oder Entwicklungen zu qualifizieren.

Personaleinsatz beginnt bereits mit der Einstellung. Hier gilt der Grundsatz: „die richtige Mitarbeiterin/der richtige Mitarbeiter am richtigen Platz". Bei einer Stellenausschreibung ist es deshalb wichtig, dass sie die wesentlichen Anforderungen an die Bewerber enthält, z. B. über Schul- und Berufsausbildung, Berufserfahrung, Kurse, besondere Kenntnisse und Fähigkeiten.

Durch zusätzliche Anreize, wie z. B. Prämien, Belegschaftsaktien oder Freizeitangebote, versuchen viele Betriebe, ihre Mitarbeiter zu motivieren und an das Unternehmen zu binden. Ein gutes Betriebsklima fördert die Leistungsbereitschaft und steigert damit die Produktivität.

## 7.4.2 Kapitalbeschaffung

Die Möbelfabrik ALBI liefert termingerecht den bestellten Wandschrank. Die Rechnungsabteilung der Möbelfabrik schickt drei Tage nach Auslieferung die Rechnung an den Kunden. Es wurde eine Zahlungsfrist von dreißig Tagen vereinbart.

1. **Der Möbelfabrik sind schon vor der Lieferung Kosten entstanden. Nennen Sie diese.**
2. **Wie kann ALBI ihre Kosten begleichen, obwohl der Kunde erst nach dreißig Tagen die Rechnung bezahlt?**
3. **Welche Möglichkeiten hat das Unternehmen, Geld zu beschaffen?**

Bei jedem Unternehmen besteht zwischen den Ausgaben für die Produktion und den Einnahmen durch Verkauf der Erzeugnisse eine zeitliche Spanne. Um diese finanzielle Lücke zu schließen, muss das Unternehmen Kapital beschaffen. Zudem benötigt ein Unternehmen auch Kapital, um anstehende Investitionen zu finanzieren. Solche Investitionen sind z. B. neue Werkstätten oder Maschinen.

Nach der Herkunft des Kapitals lassen sich folgende Finanzierungsarten unterscheiden:

- **Eigenfinanzierung:** Die Finanzierung erfolgt beim Einzelunternehmen aus dem Vermögen des Inhabers, bei Personengesellschaften durch die Einlagen der Gesellschafter.
- **Selbstfinanzierung:** Gewinne, die erzielt wurden, und Abschreibungserlöse aus dem Unternehmen werden zur Finanzierung im Unternehmen belassen.
- **Fremdfinanzierung:** Die Finanzierung erfolgt durch Aufnahme von Krediten, z. B. Bank- und Lieferantenkredite.

Bei der Finanzierung durch Fremdkapital ist zu beachten, dass Kosten für Zinsen entstehen. Außerdem werden für größere Kredite in der Regel zusätzliche Sicherheiten verlangt. Die Abhängigkeit des Unternehmens von den Kreditgebern steigt, je höher der Fremdkapitalanteil ist. Deshalb ist eine gute Mischung zwischen Eigen- und Fremdkapital wichtig.

1. **Nennen Sie die drei Grundfunktionen des Betriebes.**
2. **Erklären Sie den Unterschied zwischen Roh-, Hilfs- und Betriebsstoffen.**
3. **Nennen und erläutern Sie die Hauptaufgaben der Personalabteilung.**
4. **Warum sind Aus- und Weiterbildung wichtige Bereiche der Personalentwicklung?**
5. **Erläutern Sie den Unterschied zwischen Selbst- und Eigenfinanzierung.**
6. **Erklären Sie den Begriff Investition.**
7. **Inwiefern steigt mit dem wachsenden Anteil der Fremdfinanzierung die Abhängigkeit des Unternehmens vom Kreditinstitut?**

### 7.4.3 Materialbeschaffung und Lagerhaltung

**1. Warum benötigt der Betrieb ein Lager?**
**2. An welchen Stellen des Produktionsablaufs ist eine Lagerhaltung notwendig?**

In jedem Haushalt werden Vorräte angelegt. Die Vorratskammer ermöglicht es, auch unangemeldete Gäste zu bewirten oder bei Sonderangeboten günstige Großeinkäufe zu tätigen. Diese Funktionen der Vorratskammer lassen sich auf die **Lagerhaltung** des Betriebes übertragen.

Die **Materialbeschaffung** kann zeitlich nicht immer mit dem Produktionsablauf in Einklang gebracht werden. Deshalb soll das Rohstoff- und Materiallager eine Brücke zwischen Beschaffungsmarkt und Produktion bauen. Die gleiche Pufferfunktion hat die Lagerhaltung im Bereich der Produktion. Zwischenlager ermöglichen es, Engpässe zu vermeiden oder Überkapazitäten aufzufangen. Im Endlager werden die Fertigprodukte bis zur Auslieferung an die Kunden gelagert.

Wichtig für die Lagerhaltung ist eine Lagerorganisation. Nur die sachgerechte und übersichtliche Lagerung der Ware schützt vor Verlusten. Die Lagerhaltung dient auch dazu, Roh- und Hilfsstoffe dann zu beschaffen, wenn kostengünstige Angebote vorliegen. Dabei muss aber berücksichtigt werden, dass die Lagerhaltung Kosten verursacht, z. B. Mieten für Gebäude, Löhne für Lageristen oder Nebenkosten für Strom und Heizung.

Lagerhaltung ist so gesehen für die Unternehmen „totes Kapital“, denn durch eine zu große Lagerhaltung wird zu viel Kapital gebunden. Viele Unternehmen halten heute deshalb nur noch sehr geringe Vorräte. Dieses „Von-der-Hand-in-den-Mund-Leben“ – auch **„Just-in-time“**-Produktion genannt – bringt für das Unternehmen Kapitaleinsparungen, birgt aber auch Risiken. Zum Beispiel steigt die Abhängigkeit von den Zulieferern und von den momentanen Marktpreisen.

## 7.5 Produktion

1. **Wie ist der jeweilige Fertigungsablauf organisiert?**
2. **Welche Auswirkungen hat das Fertigungsverfahren auf die Produkte?**

Die Produktion ist die wichtigste Grundfunktion eines Unternehmens. Je nachdem, ob ein Produkt einzeln oder mehrfach hergestellt wird, lassen sich verschiedene Fertigungsarten unterscheiden:

- **Einzelfertigung:** Ein Produkt wird nach Wunsch eines Kunden angefertigt. Dies ist gerade im Handwerk noch oft üblich, z. B. bei der Anfertigung von Einbaumöbeln oder Maßanzügen. Aber auch im industriellen Bereich kommen Einzelfertigungen vor, z. B. beim Brücken- oder Schiffsbau.
- **Serienfertigung:** Von einem Produkt werden größere Stückzahlen angefertigt. Nach Herstellung einer begrenzten Stückzahl wird eine neue Serie produziert. Dazu muss in der Regel die Fertigungsanlage umgestellt werden. Typische Serienfertigung ist die Herstellung von Elektrogeräten oder Möbeln. Bei der Serienproduktion von Autos handelt es sich um eine Großserienfertigung, die der Massenfertigung sehr nahekommt.
- **Sortenfertigung:** Während bei der Serienfertigung der Fertigungsprozess für jede Serie verändert wird, bleibt der Fertigungsablauf bei der Sortenfertigung immer gleich. So werden im Walzwerk aus dem gleichen Rohstoff verschiedene Sorten von Blechen mit unterschiedlichen Stärken oder in der Brauerei über die gleiche Anlage verschiedene Biersorten hergestellt.
- **Massenfertigung:** Eine sehr große Stückzahl völlig gleichartiger Erzeugnisse wird über einen längeren Zeitraum produziert, wobei der Fertigungsablauf unverändert bleibt. Massenprodukte sind z. B. Nägel, Zigaretten, oder Papier.

Bei der Produktion versucht jedes Unternehmen, den Fertigungsablauf optimal zu organisieren, um Zeit und Kosten zu sparen. Die Organisation der Fertigung richtet sich u. a. nach der Art und Menge der Produkte, aber auch nach den Einsatzmöglichkeiten der Maschinen und Arbeitskräfte.

Je nach Organisation unterscheidet man die folgenden Fertigungsverfahren:

- **Werkstattfertigung:** Für die Produktion sind verschiedene Arbeitsvorgänge notwendig. Dabei werden bestimmte Maschinen mehrmals benutzt und Bearbeitungsvorgänge am Produkt wiederholt. Das Werkstück kann dabei in einer oder in mehreren Werkstätten bearbeitet werden.
  Vorteile der Werkstattfertigung sind: schnelle Anpassung und Umstellung auf neue Produkte, vielseitiger Einsatz der Arbeitskräfte und von Universalmaschinen, geringer Produktionsausschuss.

- **Fließfertigung:** Die Fertigung ist in einzelne Arbeitsvorgänge zerlegt und erfolgt am Fließband. Die Arbeit am Produkt wird durch Taktzeit und Fördergeschwindigkeit bestimmt. Um einen gleichmäßigen Arbeitsfluss zu gewährleisten, müssen die Bearbeitungsgänge genau aufeinander abgestimmt sein.
  Vorteile der Fließfertigung sind: niedrige Fertigungskosten, kurze Fertigungszeiten und Transportwege, leicht anlernbare Tätigkeiten.

- **Gruppenfertigung:** Fließfertigung wird immer öfter durch Gruppenfertigung ergänzt. Jede Gruppe ist dabei für einen bestimmten Bereich der Produktion oder Montage zuständig. Innerhalb der Gruppe wird vereinbart, welcher Arbeitsvorgang von wem übernommen wird. Die Gruppenmitglieder wechseln sich in ihren Aufgaben und Tätigkeiten ab.
  Vorteile der Gruppenfertigung sind: weniger monotone Arbeiten, größere Einsatzmöglichkeiten der Arbeitskräfte, geringerer Produktionsausschuss.

- **Automatisierung:** Die Entwicklung von computergesteuerten Fertigungsanlagen hat es in einigen Bereichen ermöglicht, dass die Fertigung weitgehend vollautomatisiert abläuft. Die Mitarbeiter übernehmen ausschließlich Überwachungs- und Wartungsarbeiten.
  Für die Automatisierung gelten die gleichen Vorteile wie bei der Fließfertigung. Weitere Vorteile sind eine hohe und gleichbleibende Qualität sowie geringe Lohnkosten.

**1. Nach welchen Gesichtspunkten unterscheidet man**
**a) Fertigungsarten, b) Fertigungsverfahren?**
**2. Welche Fertigungsverfahren und Fertigungsarten lassen sich unterscheiden?**
**3. Erläutern Sie den Unterschied zwischen Serien- und Sortenfertigung.**
**4. Wieso ist die Automobilproduktion eine Serienfertigung, die der Massenfertigung sehr nahekommt?**
**5. Vergleichen Sie Fließbandarbeit und Gruppenarbeit.**
**Erstellen Sie dazu eine Wandtafel, an der Sie folgende Punkte gegenüberstellen:**
**a) Verantwortung, b) Motivation der Mitarbeiter,**
**c) Arbeitsplatz, d) Aufgabenbereich und Arbeitsplan.**
**6. Ordnen Sie die Produkte den verschiedenen Fertigungsarten zu:**
**a) Staubsauger, b) Nägel, c) Elektrizität, d) Innentüren, e) Hoftor.**
**7. Erläutern Sie, nach welcher Fertigungsart und nach welchem Fertigungsverfahren in Ihrem Betrieb gearbeitet wird.**
**8. „Massenprodukte sind Grundlage unseres Wohlstandes.“ Diskutieren Sie.**
**9. Warum wird z. B. in Automobilwerken Fließfertigung mit Gruppenfertigung kombiniert?**
**10. Im Zusammenhang mit Industrie 4.0 spricht man auch von „additiven Fertigungsverfahren“. Recherchieren Sie im Internet, was darunter zu verstehen ist.**

# 7.6 Absatz

## Lego baut Stein auf Stein

**Dänischer Spielwarenhersteller wächst in Deutschland zweistellig**

**HOHENWESTEDT. Der Spielwarenhersteller Lego hat in Deutschland 17 % mehr Umsatz erzielt.**

„Wir wachsen wesentlich schneller als der Markt", sagt Balke. Der Anteil von Lego am deutschen Spielwarenmarkt liegt bei 12 %.

Lange Zeit litt Lego unter Absatzproblemen. Wie die Marktforschung herausfand, identifizierten Eltern das Produkt mit einfachen Kunststoffbauteilen, die sie nicht mehr nachkauften. „Dann gelang es uns, das Image hin zu einem ‚differenzierten' Spielzeug zu wandeln", berichtet Balke. Die Zahl der angebotenen Artikel wurde verdoppelt. Jedes Jahr wird ein Drittel des Sortiments ausgetauscht.

Die Lego GmbH war der erste Markenartikler der Spielwarenbranche, der seine Produkte auch in Verbrauchermärkten anbot. „Das hat uns der Einzelhandel damals sehr übel genommen", weiß Balke. Inzwischen wird gut ein Viertel des Umsatzes in SB-Märkten erzielt, der traditionelle Fachhandel setzt 40 % um.

*Autorentext*

1. **Warum hatte Lego Absatzprobleme?**
2. **Wie wurde das Image des Spielzeugs verbessert?**
3. **Welche Absatzwege hat die Firma gewählt, um den Umsatz zu steigern?**

Ziel eines Unternehmens ist es, seine Produkte auf dem Markt mit Gewinn zu verkaufen. Der Absatz bildet damit den dritten Aufgabenbereich des Unternehmens nach Beschaffung und Produktion. Um möglichst viele Waren oder Dienstleistungen absetzen zu können, ist es notwendig, den Markt genau zu beobachten und die Wünsche und Bedürfnisse der Verbraucher zu kennen. Die Bedarfsermittlung erfolgt mithilfe der **Marktforschung**.

Die Marktforschung versucht z. B. durch statistische Auswertungen, Umfragen oder Interviews, den Markt und das Käuferverhalten zu erforschen. Die Daten sollen dem Unternehmen helfen, Werbung, Produktgestaltung, Absatzwege und Preisbildung so zu gestalten und aufeinander abzustimmen, dass möglichst viele Erzeugnisse abgesetzt werden können.

Die Marktforschung kennt drei verschiedene Fragestellungen:

- **Wie ist die momentane Marktsituation?** (Marktanalyse)
  Hier wird der Marktzustand in einer einmaligen Marktuntersuchung erforscht. Diese Zeitpunktanalyse wird z. B. bei Einführung neuer Produkte angewandt.
- **Wie hat sich der Markt entwickelt?** (Marktbeobachtung)
  Über einen längeren Zeitraum werden Veränderungen auf dem Markt und im Käuferverhalten beobachtet. Diese Zeitraumanalyse ist z. B. wichtig, um frühzeitig Mode- oder Geschmacksänderungen der Verbraucher zu erkennen.
- **Wie wird sich der Markt zukünftig entwickeln?** (Marktprognose)
  Vorhersagen und Vorausberechnungen sind für die Produktplanung von großer Bedeutung, um Produktion und Absatz für die Zukunft zu sichern.

## „Wer nicht wirbt, der stirbt."

Diese Aussage macht deutlich, wie wichtig die Werbung für ein Unternehmen ist. Die Werbung unterstützt den Absatz, indem sie neue Bedürfnisse weckt und über die Produkte informiert. Durch die Werbung sollen alte Kunden erhalten und neue Kunden gewonnen werden.

Dabei werden verschiedene **Werbemittel** (z.B. Auslagen, Inserate, Prospekte, Fernsehspots) eingesetzt und der Verbraucher entweder direkt und persönlich oder indirekt angesprochen. Typische direkte Werbung sind Vertreterbesuche, Werbebriefe oder Kostproben; die indirekte Werbung bedient sich meistens der Massenmedien als Werbeträger.

Die Slogans verdeutlichen: Werbung kann von einzelnen Unternehmen, aber auch von mehreren Unternehmen oder Unternehmensverbänden ausgehen. Wegen der hohen Werbekosten sind **Werbegemeinschaften** gerade im Einzelhandel häufiger anzutreffen. Aber auch zur Imagepflege einer ganzen Branche eignet sich diese Art der Werbung besser als die **Einzelwerbung**.

Wie das Beispiel der Firma Lego zeigt, sind **Produktgestaltung** und neue **Absatzwege** wichtige Voraussetzungen, um den Umsatz zu steigern. So muss das Unternehmen auf veränderte Kundenwünsche durch eine entsprechende Produktgestaltung reagieren, z.B. durch Veränderung oder Neuentwicklung von Produkten.

Auf welchen Wegen das Erzeugnis den Verbraucher erreicht, richtet sich meist nach den Kosten für den Vertrieb oder nach den Chancen für den Umsatz. So kann es für eine Weinkellerei sinnvoll sein, den Wein direkt an den Verbraucher zu liefern oder über den Groß- und Einzelhandel abzusetzen.

Der Preis eines Produktes entscheidet auch über dessen Absatz. In der **Preisgestaltung** ist das Unternehmen von der Konkurrenzsituation, der Nachfrage und den Produktionskosten abhängig. Zur Preispolitik gehört es, Kunden durch besondere Leistungen für das Unternehmen oder ein Produkt zu gewinnen, z.B. durch Kundendienste oder Wartungsverträge. Sonstige Dienstleistungen, wie z.B. Finanzierungsangebote oder Rücknahmeverpflichtungen, sowie kundenfreundliche Zahlungs- und Lieferungsbedingungen sind Mittel der Preispolitik und der Absatzförderung.

## Zur Wiederholung

1. Welche Fragen versucht die Marktforschung zu beantworten?
2. Nennen Sie die Aufgaben der Werbung.
3. Erklären Sie den Unterschied zwischen direktem und indirektem Absatzweg.
4. Welche Ziele werden mit der Preispolitik verfolgt?
5. Welche Möglichkeiten stehen dem Unternehmen für die Preisgestaltung offen?
6. Warum ist die Preispolitik ein wichtiges Mittel der Absatzförderung?
7. Handelt es sich bei den folgenden Beispielen um einen direkten oder indirekten Absatz?
   a) Ein Bauer verkauft seinen Weizen an die Mühle.
   b) Die Schuhfabrik verkauft an die Endverbraucher.
   c) Die Weinkellerei verkauft an einen Verbrauchermarkt.
8. Zeigen Sie die unterschiedlichen Absatzwege auf, die beim Vertrieb von Bier möglich sind.
9. a) Mit welchen Mitteln wirbt Ihr Ausbildungsbetrieb?
   b) Welche Werbeträger werden dabei eingesetzt?
10. Ordnen Sie die folgenden Slogans nach Einzel- und Gemeinschaftswerbung:
    a) Tapete – Kleb dir eine!
    b) Milch macht müde Männer munter
    c) Mars macht mobil – bei Arbeit, Sport und Spiel
    d) Wenn's um Geld geht – Sparkasse
    e) Schuhe kauft man gut bei Schaller
11. Welchen Einfluss hat das gewachsene Umweltbewusstsein der Verbraucher auf die Produktgestaltung? Nennen Sie Beispiele.
12. Diskutieren Sie die Aussage „Der Preis entscheidet über den Umsatz".

# Handlungsimpulse

### A Eine Stellenbeschreibung anfertigen

*„Die richtigen Mitarbeiterinnen und Mitarbeiter am richtigen Platz."*
Dies ist das Ziel für den betrieblichen Personaleinsatz. Als Grundlage hierfür dienen Stellenbeschreibungen, in denen die wesentlichen Anforderungen, Aufgaben und Zuständigkeiten aufgeführt werden.

Erstellen Sie in tabellarischer Form eine Stellenbeschreibung für Ihren Ausbildungs- oder zukünftigen Arbeitsplatz.

### B Eine Stellenanzeige gestalten

Suchen Sie für Ihren Betrieb neue Mitarbeiterinnen und Mitarbeiter, indem Sie eine Stellenanzeige gestalten.

## C Werbemittel gestalten

*„Wer nicht wirbt, der stirbt."*

Gestalten Sie für Ihren Betrieb eine Werbung, in der Sie für die Produkte bzw. Dienstleistungen werben.
Wählen Sie das für Ihren Betrieb geeignete Werbemittel aus (Plakat, Prospekt, ...).

## D Eine Umfrage durchführen

Die Marktforschung teilt aufgrund ihrer Analysen die Konsumenten in verschiedene Gruppen ein:

**Die folgende Tabelle zeigt die einzelnen Konsumtypen im Überblick**

| Corporate-Responsibility-Typ | Anteil an der Gesamtbevölkerung | Charakteristika |
|---|---|---|
| Fleiß- und Fortschrittsgläubige | 21,0 % | • Beruf und Arbeit von großer Bedeutung<br>• Förderer von Wissenschaft und Forschung |
| Traditionelle Egoisten | 20,8 % | • Eigenes Wohlbefinden im Mittelpunkt<br>• Fortschrittsavers |
| Verantwortungsbewusste Konsumenten | 13,9 % | • Verantwortungsvoller Umgang mit Ressourcen<br>• Wohl der Erzeuger |
| Fortschrittliche Idealisten | 21,2 % | • Verantwortungsgefühl für sozial Bedürftige |
| Ehrenamtliche Engagierte | 23,1 % | • Ausübung von Ehrenämtern in der Freizeit<br>• Sportlich aktiv |

*Vgl. GfK-Studie zu verschiedenen Käufertypen. In: business-on.de Berlin, beUnity. http://berlin.business-on.de/soziales-engagement-zahlt-sich-fuer-unternehmen-aus_id3702.html [16.05.2018].*

Erstellen Sie einen Fragebogen zu den fünf Konsumentengruppen. Führen Sie in Ihrer Lerngruppe eine Befragung durch und stellen Sie fest, wie viel Prozent sich der jeweiligen Konsumentengruppe zuordnen.

## E Einen Schnäppchen-Führer herausgeben

Das Preis-Leistungs-Verhältnis ist ein Kriterium für Kaufentscheidungen. Erstellen Sie einen „Schnäppchen-Führer", indem Sie
- eine begrenzte Produktpalette festlegen,
- gemeinsame Bewertungskriterien (z. B. Preis, Qualität, Service, Garantie, Lieferbedingungen) erarbeiten, die Sie auf einem Bewertungsbogen festhalten,
- in Expertenteams die Untersuchung durchführen,
- die Ergebnisse präsentieren und als Schnäppchen-Führer herausgeben.

# 7.7 Unternehmensziele

## Lösch AG hat Unternehmensziele erreicht

### Chemie-Konzern mit Umsatz und Ergebnis zufrieden

NEUNKIRCHEN. Der Chemiekonzern Lösch AG weist in seinem Geschäftsbericht einen höheren Gewinn als im Vorjahr aus. Nach Angaben des Unternehmens ist der Gewinn um 4% auf 600 Millionen Euro gestiegen. Ausschlaggebend für das gute Ergebnis war die hohe Inlandsnachfrage, während das Geschäft im Ausland durch die Schwankungen des US-Dollars leicht zurückging. Die Prognose für das Inlandsgeschäft ist aufgrund der guten Konjunkturlage optimistisch.

Im Bereich Farben und Lacke ist der Chemiekonzern weiterhin Marktführer. Trotz der starken Konkurrenz konnte der Marktanteil auf 23,7% (Vorjahr 21,9%) gesteigert werden.

Wegen Engpässen bei der Lieferung von Rohstoffen konnte im ersten Halbjahr die Nachfrage nicht sofort befriedigt werden. Für die notwendigen Investitionen im Umweltschutz hat das Unternehmen im letzten Jahr bereits 51 Millionen Euro ausgegeben, weitere 40 Millionen werden dieses Jahr folgen.

Die eingeleiteten Maßnahmen zur Kostenreduzierung zeigten bereits Wirkung. Durch neue Anlagen konnten die Lohnkosten verringert werden. Ein Sozialplan ermöglicht es, dass 700 Mitarbeiter des Konzerns in den vorzeitigen Ruhestand gehen konnten, ohne große Einkommensverluste hinnehmen zu müssen.

*Autorentext*

**1. Nennen Sie das wichtigste Ziel des Unternehmens.**
   **a) Welche anderen Ziele verfolgt das Unternehmen?**
   **b) Weshalb ist Umweltschutz ein Unternehmensziel?**
**2. Von welchen Entwicklungen ist das Erreichen der Unternehmensziele abhängig?**
**3. Welche „Maßnahmen zur Kostenreduzierung" kann ein Betrieb ergreifen?**

Unternehmen verfolgen unterschiedliche Ziele. Hauptziel erwerbswirtschaftlicher Unternehmen ist es, Gewinne zu erwirtschaften. Der Gewinn ergibt sich aus der Summe der Erlöse abzüglich der Summe der Aufwendungen:

**Gewinn = Erlöse – Aufwendungen**

Aufwendungen sind z. B. Löhne und Gehälter, Steuern oder Treibstoffkosten. Der Gewinn steht den Kapitalgebern zur Verfügung; er ist der Lohn für die Unternehmertätigkeit, für die Bereitstellung von Kapital und die Übernahme des Risikos. Dabei bleibt es den Eigentümern überlassen, wie viel Gewinn sie entnehmen und wie viel sie wieder in das Unternehmen investieren. Investitionen sind notwendig, um das Unternehmen zu erhalten, zu erweitern oder neue Anlagen anzuschaffen. Nur dadurch kann das Unternehmen konkurrenzfähig bleiben.

Neben dem Gewinnstreben verfolgt ein Unternehmen noch weitere, nachrangige Ziele:

- Umsatzsteigerung,
- Erhöhung des Marktanteils,
- Bedarfsdeckung,
- Kostenreduzierung,
- soziale Verantwortung.

Auch das Ziel des Umweltschutzes ist wichtiger geworden. Dies ist einerseits die Folge von erhöhten Umweltauflagen. Andererseits haben viele Unternehmen den Schutz der Umwelt als notwendig erkannt und nutzen ihre Investitionen in diesem Bereich zur Werbung und Imagepflege.

Ob die Unternehmensziele erreicht werden, hängt in erster Linie von der Leitung und den Mitarbeitern ab. Daneben beeinflussen außerbetriebliche Entwicklungen das Erreichen dieser Ziele. Solche Entwicklungen sind z. B. der Konjunkturverlauf, politische Ereignisse, das Rohstoffangebot oder die Konkurrenzsituation.

Auch der Staat hat eigene Unternehmen. Vorrangiges Ziel dieser **gemeinwirtschaftlichen Betriebe** ist nicht die Gewinnerzielung, sondern die Versorgung der Bevölkerung mit wichtigen Waren und Dienstleistungen. Solche staatlichen Betriebe sind z. B. Wasserwerke und Krankenhäuser. Um das Ziel der **Marktversorgung** zu erreichen, arbeiten diese Einrichtungen zum Teil auch unrentabel.

Viele der gemeinwirtschaftlichen Betriebe erwirtschaften keine Gewinne. Sie sind jedoch verpflichtet, ihre Aufwendungen durch die Erlöse abzudecken. Diese **Kostendeckung** wird aber nicht immer erreicht. In der Regel bleiben z. B. der öffentliche Personennahverkehr (ÖPNV) oder die Theater „Zuschussbetriebe“, d. h., die öffentlichen Träger müssen die Verluste durch Zuschüsse ausgleichen.

**1. Erklären Sie den Unterschied zwischen erwerbswirtschaftlichen und gemeinwirtschaftlichen Betrieben.**
**2. Warum sind Gewinne für ein Unternehmen wichtig?**
**3. Wie lässt sich der Anspruch des Unternehmers auf Gewinn begründen?**
**4. Erläutern Sie den Unterschied zwischen Bedarfsdeckung und Marktversorgung.**
**5. Umweltschutz und Absatzchancen schließen sich nicht aus.**
**Belegen Sie diese Aussage an Beispielen.**
**6. Im öffentlichen Personennahverkehr (ÖPNV) sind in den letzten Jahren etliche stillgelegte Strecken wieder in Betrieb genommen worden.**
**a) Welches Ziel verfolgen die Verkehrsbetriebe damit?**
**b) Beurteilen Sie dies im Hinblick auf die Aufgabe des ÖPNV, die dieser als gemeinwirtschaftlicher Betrieb hat.**

## 7.8 Betriebliche Kennziffern

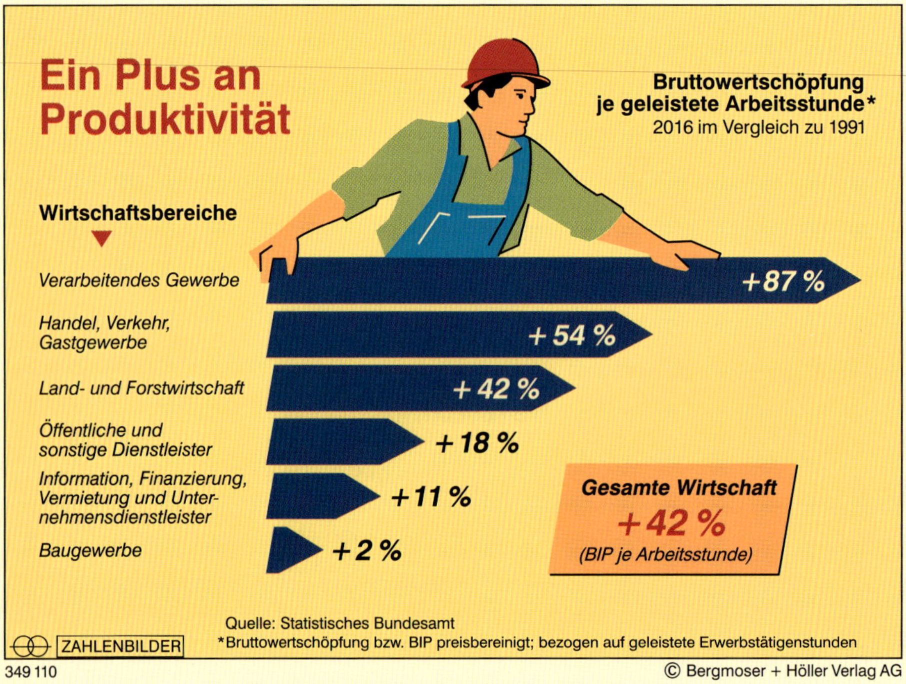


1. **Welches Verhältnis wird durch die Produktivität ausgedrückt?**
2. **Worauf lässt sich die unterschiedliche Produktivität in den verschiedenen Wirtschaftsbereichen (Branchen) zurückführen?**

Die Leistungsfähigkeit eines Betriebes lässt sich an verschiedenen Daten ablesen: Umsatz, Kapitaleinsatz, Kosten, Gewinn, Arbeitsstunden, Materialeinsatz, Maschinenlaufzeit, Produktionsmengen usw. Das Verhältnis verschiedener Daten zueinander ergibt die betrieblichen Kennziffern, die Auskunft über die Leistung eines Betriebes geben. Die wichtigsten Kennziffern sind:

**Produktivität** | **Wirtschaftlichkeit** | **Rentabilität**

Die betrieblichen Kennziffern sind einzeln wenig aussagekräftig. Nur in ihrer Gesamtheit und über einen längeren Zeitraum betrachtet, geben sie die Leistungsfähigkeit von einzelnen Betrieben, Branchen oder einer Volkswirtschaft wieder.

### Produktivität

Die Produktivität misst das Verhältnis von Produktionsergebnis (Mengen, Stückzahl) und eingesetzten Mitteln (Arbeitsstunden, Material, Maschinen):

$$\text{Produktivität} = \frac{\text{Produktionsergebnis (Output)}}{\text{eingesetzte Mittel (Input)}}$$

Nach der Art der eingesetzten Mittel erhält der Betrieb die Kennziffern für

- **Arbeitsproduktivität** (Produktionsergebnis : Arbeitsstunden),
- **Materialproduktivität** (Produktionsergebnis : Materialmenge),
- **Maschinenproduktivität** (Produktionsergebnis : Maschinenstunden).

Die wichtigste Größe ist die Arbeitsproduktivität. Die Zunahme der Arbeitsproduktivität beruht auf verschiedenen Ursachen. Eine höhere Arbeitsleistung kommt z. B. durch eine größere körperliche Leistung der Arbeitskräfte, durch den Einsatz neuer Maschinen oder durch Verbesserung der eingesetzten Materialien zustande.

**Beispiel:** In einer Kartonagenfabrik wurden bisher in acht Arbeitsstunden 4800 Kartons produziert. Durch eine neue Maschine und weniger Ausschuss können in der gleichen Arbeitszeit jetzt 7200 Kartons hergestellt werden.

Arbeitsproduktivität bisher

$$\frac{4800 \text{ Kartons}}{8 \text{ Stunden}} = 600 \text{ Kartons in 1 Std.}$$

Arbeitsproduktivität jetzt

$$\frac{7200 \text{ Kartons}}{8 \text{ Stunden}} = 900 \text{ Kartons in 1 Std.}$$

Die Arbeitsproduktivität hat sich somit um 50 % erhöht.

Die Arbeitsproduktivität spielt auch als Kennziffer für Tarifverhandlungen eine wesentliche Rolle. Die Gewerkschaften argumentieren vor allem, dass sich die Einkommen der Arbeitnehmer an der Arbeitsproduktivität orientieren müssen.

## Wirtschaftlichkeit

Ein Betrieb arbeitet wirtschaftlich, wenn seine Erlöse höher sind als die bei der Produktion anfallenden Kosten. Die Leistungen werden nach dem Wert (Erlös) der Waren oder Dienstleistungen zu Marktpreisen ermittelt.

$$\textbf{Wirtschaftlichkeit} = \frac{\textbf{Erlös}}{\textbf{Kosten}}$$

Je höher das Ergebnis über der Kennziffer 1 liegt, umso größer ist die Wirtschaftlichkeit. Der Betrieb kann die Wirtschaftlichkeit erhöhen, indem er die Kosten senkt oder einen höheren Verkaufserlös für seine Produkte erzielt.

**Beispiel:** Die Kartonagenfabrik hatte im letzten Jahr einen Erlös von 5,1 Mio. Euro. Die Kosten betrugen 4,25 Mio. Euro. Durch Einsparungen und weniger Ausschuss konnten die Kosten bei gleichem Erlös auf 4,08 Mio. Euro gesenkt werden.

Wirtschaftlichkeit bisher

$$\frac{5{,}1 \text{ Mio. €}}{4{,}25 \text{ Mio. €}} = 1{,}2$$

Wirtschaftlichkeit jetzt

$$\frac{5{,}1 \text{ Mio. €}}{4{,}08 \text{ Mio. €}} = 1{,}25$$

## Rentabilität

Wenn ein Sparer sein Geld bei der Bank anlegt, so erhält er dafür Zinsen. Der Unternehmer, der Kapital ins Unternehmen einbringt, erwartet ebenfalls eine Verzinsung. Wie hoch der Zins ist, hängt vom Gewinn des Unternehmens ab. Durch das Verhältnis von Gewinn zum eingesetzten Kapital lässt sich die Verzinsung oder Rentabilität eines Betriebes errechnen:

$$\text{Rentabilität} = \frac{\text{Gewinn x 100\,\%}}{\text{eingesetztes Kapital}}$$

**Beispiel:** Ein Betrieb mit einem Gesamtkapital von 2,5 Mio. Euro hat im letzten Jahr einen Gewinn von 180000 € erzielt.

$$\text{Rentabilität} = \frac{180000 \text{ x } 100\,\%}{2500000} = 7{,}2\,\%$$

Die betriebliche Kennziffer Rentabilität ist nur aussagekräftig im Vergleich mit den Zinsen, die von den Banken für das eingesetzte Kapital gezahlt würden. Erst dann kann beurteilt werden, ob sich das unternehmerische Risiko auch gelohnt und der Betrieb rentabel gearbeitet hat.

1. **An welchen Daten kann die Leistungsfähigkeit eines Betriebes abgelesen werden?**
2. **a) Was versteht man unter der Maschinenproduktivität?**
   **b) Wodurch kann sie gesteigert werden?**
   **c) Welchen Einfluss hat eine höhere Maschinenproduktivität auf die Arbeitsproduktivität?**
3. **Durch einen Verbesserungsvorschlag können in einer Papierfabrik aus zwei Tonnen Zellstoff statt 30 Rollen jetzt 32 Rollen Papier hergestellt werden.**
   **a) Errechnen Sie die alte und neue Produktivität.**
   **b) Um wie viel Prozent hat sich die Produktivität erhöht?**
4. **Worin besteht der Unterschied zwischen den Kennziffern Produktivität und Wirtschaftlichkeit?**
5. **Durch welche Maßnahmen kann ein Betrieb seine Wirtschaftlichkeit erhöhen?**
6. **In der Papierfabrik konnten durch Verbesserungsvorschläge die Kosten von bisher 220 000 € auf 200 000 € gesenkt werden. Die Erlöse erhöhten sich von 210 000 € auf 260 000 €.**
   **a) Errechnen Sie die Wirtschaftlichkeit vor und nach den Verbesserungsmaßnahmen.**
   **b) Arbeitet die Fabrik wirtschaftlich?**
7. **Ein Betrieb hat 87 500 € erwirtschaftet. Sein Kapitaleinsatz betrug 1,25 Mio. Euro.**
   **a) Wie hoch ist die Rentabilität des Betriebes?**
   **b) Vergleichen Sie die Kennziffer mit den momentanen Marktzinsen der Banken. Hat sich das Risiko für den Unternehmer gelohnt?**
8. **Warum sind die betrieblichen Kennziffern allein wenig aussagekräftig?**

# 8 Gründung und Rechtsformen von Unternehmen

## 8.1 Die Bedeutung von Existenzgründungen

Jessica und Mike haben nach der Gesellenprüfung im Friseurhandwerk ihre Meisterprüfung erfolgreich abgelegt. Während des Meisterkurses hat sich der Gedanke, sich gemeinsam selbstständig zu machen, immer mehr verfestigt.

**Existenzgründungen** sind für den Wirtschaftsstandort Deutschland von großer Bedeutung. Sie sind wie eine „Frischzellenkur" für die Wirtschaft der Bundesrepublik. Denn mit ihnen kommen auch neue Ideen, Produkte und Dienstleistungen auf den Markt. Dies belebt die Konkurrenz und stärkt die Marktwirtschaft. Innovative Geschäftsideen verändern die Unternehmenslandschaft, machen sie zukunftssicher. Ein gutes Beispiel dafür sind Neugründungen im Bereich der digitalen Medien; jede fünfte Existenzgründung ist „digital".

Jede Gründerin und jeder Gründer schafft mindestens einen neuen Arbeitsplatz. Jährlich entstehen durch die Existenzgründungen über 520 000 neue Ausbildungs- und Arbeitsplätze. Fast alle Existenzgründungen erfolgen überwiegend im Mittelstand als kleine und mittlere Unternehmen. Hierzu zählen Unternehmen mit einer Größe bis zu 250 Mitarbeiterinnen und Mitarbeiter. Der Mittelstand ist und bleibt der Motor unserer Wirtschaft.

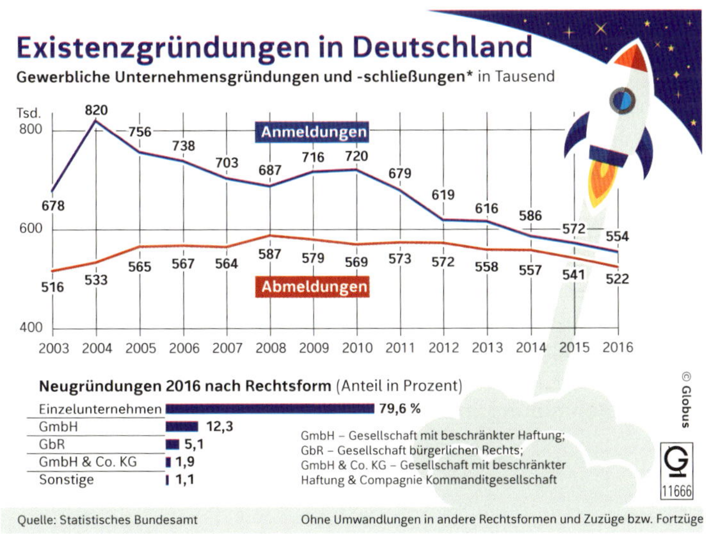

## 8.2 Voraussetzungen für die Unternehmensgründung

Jessica und Mike wollen selbstkritisch prüfen, ob der Weg in die Selbstständigkeit für sie infrage kommt.

„Jeder ist seines Glückes Schmied." Das gilt für alle, die sich selbstständig machen wollen. Viele haben ihr Glück gemacht, manchen ging es aber auch wie „Hans im Glück" – zweifellos ein Beispiel für eine schlecht geplante Existenzgründung.

Deshalb sollte sich jeder, der ein eigenes Unternehmen gründen will, die Chancen und Risiken bewusst machen. Insbesondere sind persönliche, fachliche und rechtliche Voraussetzungen für eine geplante Existenzgründung zu beachten.

Sein eigener Herr zu sein bedeutet in der Regel, dass nicht weniger, sondern mehr gearbeitet werden muss. Leistungsbereitschaft und Eigeninitiative sind wesentliche Eigenschaften für die Selbstständigkeit.

Außerdem sollte jede Existenzgründerin und jeder Existenzgründer u. a. folgende Fragen zu seiner **persönlichen Eignung** beantworten:

- Bin ich neuen Ideen gegenüber aufgeschlossen und innovativ?
- Bin ich körperlich und geistig den Anforderungen gewachsen?
- Kann ich klare Entscheidungen treffen?
- Kann ich mit Rückschlägen und Kritik gut umgehen und daraus lernen?
- Kann ich auf Menschen offen zugehen und Kontakte knüpfen?
- Kann ich Mitarbeiterinnen und Mitarbeiter überzeugen, motivieren und führen?
- Bin ich mir der Chancen und Risiken der Existenzgründung bewusst?

Neben den persönlichen Voraussetzungen sollten angehende Existenzgründerinnen und -gründer selbstkritisch prüfen, ob sie über ausreichend **fachliche Voraussetzungen** und Kenntnisse verfügen. Dazu gehören Fachkenntnisse, Kenntnisse über Organisation und Planung, aber auch grundlegende kaufmännische Kompetenzen und Fähigkeiten.

Fast 40 % aller Neugründerinnen und Neugründer haben Startprobleme wegen zu geringer kaufmännischer Kenntnisse. Bei jeder fünften Existenzgründung fehlen ausreichende Fach- und Branchenkenntnisse. Auch unklare Vorstellungen über den Kundenkreis und den Nutzen der Geschäftsidee für den Kunden sind typische Defizite.

Die Gründung eines Betriebes ist durch den Gesetzgeber an eine Reihe von **rechtlichen Voraussetzungen** gebunden:

- Rechts- und Geschäftsfähigkeit
- Meisterprüfung oder andere Qualifikationsnachweise
- behördliche Genehmigung in besonderen Fällen, z. B. für den Umgang mit Gefahrenstoffen

## 8.3 Wege in die Selbstständigkeit

Jessica und Mike haben sich nach kritischer Selbstprüfung entschieden: Sie wollen zusammen den Schritt in die Selbstständigkeit wagen und einen eigenen Friseursalon betreiben. Welchen Weg sollen sie einschlagen?
Ein neues Geschäft selbst aufbauen? Einen Friseursalon als Franchise-Unternehmen betreiben oder einen bestehenden Salon übernehmen?

Es gibt verschiedene Wege in die Selbstständigkeit. In der Planungsphase stehen die Gründer an einer Wegegabelung und müssen sich entscheiden welcher Weg für sie und ihre Geschäftsidee infrage kommt:

- Neugründung eines Unternehmens
- Selbstständigkeit im Rahmen des Franchising
- Übernahme eines bestehenden Betriebes

### Neugründung

Die Neugründung eines Unternehmens ist die häufigste Form der Existenzgründung. Die Gründer können ihre Ideen einbringen und das Unternehmen nach eigenen Vorstellungen gestalten. Allerdings sind damit auch große Anstrengungen und Risiken verbunden. Vor einer Neugründung ist eine sorgfältige Analyse des Marktes, der Konkurrenz oder des Standortes erforderlich. Denn schließlich müssen Neugründer sich erst auf dem Markt behaupten und Kunden gewinnen.

**Start-up**

Junges, schnell wachsendes Unternehmen mit einer innovativen Geschäftsidee.

Oft erfolgen Start-up-Gründungen in den Bereichen Technologie und Digitalisierung.

### Franchising

Eine Alternative zur Neugründung ist das Franchisesystem. Das Prinzip ist einfach: Ein Unternehmer (**Franchise-Geber**) gibt sein bereits erprobtes und erfolgreiches Geschäftskonzept an einen Existenzgründer (**Franchise-Nehmer**) weiter. Dafür muss der Franchise-Nehmer eine (monatliche) Gebühr zahlen.

Die Vorteile für den Franchise-Nehmer sind, dass die Marke bereits bekannt ist und kaufmännische und fachliche Schulung und Beratung angeboten werden. So werden die Gründer gerade in der schwierigen Anfangsphase unterstützt. Damit sinkt das Risiko, dass die Existenzgründung scheitert. Allerdings ist der Gestaltungsspielraum bei der Produktauswahl und dem Erscheinungsbild des Betriebes eingeschränkt. Alle Geschäfte sehen gleich aus, verkaufen die gleichen Produkte oder bieten die gleichen Dienstleistungen an.

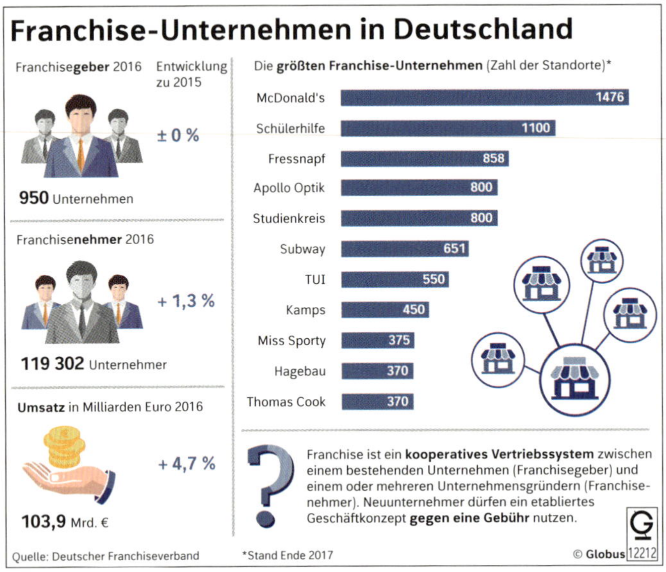


## Übernahme eines Unternehmens

Viele Unternehmen stehen irgendwann vor der Frage: Wer soll das Unternehmen weiterführen? Dies bietet für angehende Existenzgründer einen interessanten Weg in die Selbstständigkeit, indem sie ein bestehendes Unternehmen übernehmen und weiterführen. Die Vorteile liegen auf der Hand: Das Unternehmen ist auf dem Markt, es ist bekannt und hat einen Namen, Geschäftsbeziehungen zu Kunden und Lieferanten sind aufgebaut und die Dienstleistung oder das Produkt sind eingeführt. Zudem kann die Unternehmensnachfolgerin oder -nachfolger auf eingearbeitete Mitarbeiter zurückgreifen.

Das Bundeswirtschaftsministerium hat mit anderen Institutionen eine Internetplattform eingerichtet, um nachfolgeinteressierte Unternehmen und Existenzgründerinnen und –gründer zusammen zu bringen: www.nexxt-change.org/DE/Startseite/inhalt.html.

nexxt-change UNTERNEHMENSBÖRSE

## 8.4 Fördermittel und Anmeldung

Jessica und Mike haben die wichtigsten Hürden auf dem Weg in die Selbstständigkeit genommen. Bei der Erstellung ihres Businessplans haben sie auch nach Fördermitteln für die Existenzgründung Ausschau gehalten. Dabei sind sie auf die Datenbank des Bundeswirtschaftsministeriums gestoßen:

Wer ein Unternehmen gründen will, sollte sich gründlich informieren, z. B. bei der Industrie- und Handelskammer, den Handwerkskammern oder Verbänden der freien Berufe. Bei Finanzierungsfragen helfen Banken und Sparkassen. Der Staat unterstützt die Gründung neuer Unternehmen.

Im Internet hat das Bundeswirtschaftsministerium unter **www.foerderdatenbank.de** eine Informationsseite eingerichtet. Hier können sich Existenzgründerinnen und -gründer einen ersten Überblick über öffentliche Fördermöglichkeiten und Förderprogramme verschaffen. Öffentliche Finanzhilfen können zur Gründung oder Festigung einer selbstständigen Existenz, zur Übernahme eines bestehenden Betriebes, für Beteiligungen oder für Investitionen in Grundstücke, Gebäude, Einrichtungen, Maschinen oder Warenlager beantragt werden.

Neben dem Bundesministerium für Wirtschaft gibt es noch weitere bundesweite Kontaktbörsen, die folgende Fragen beantworten:

- **Welche Fördermittel gibt es?**
- **Wer hat Chancen auf Fördergelder?**
- **Wo bekommt man als Existenzgründer/-in günstige Kredite?**
- **Welche Unterlagen braucht man?**

Wichtige Kontakt- und Informationshinweise finden sich im Internet unter folgenden Adressen:

- **www.kfw.de**
- **www.dihk.de**

## Überblick über Förderprogramme

- **KfW-StartGeld** – Startkapital für Existenzgründer, Freiberufler und kleine Unternehmen, die weniger als drei Jahre am Markt tätig sind.
- **KfW-Unternehmerkredit** – für Existenzgründer, mittelständische Unternehmen und freiberuflich Tätige, die in Deutschland investieren.
- **ERP-Regionalförderprogramm** – zur langfristigen Finanzierung von Investitionen in den strukturschwachen Gebieten.
- **KfW-Sonderprogramm** – für Freiberufler und gewerbliche Unternehmen, die Finanzierungsbedarf für Vorhaben in Deutschland haben.
- **ERP-Kapital für Gründung** – für Existenzgründer und junge Unternehmer bis drei Jahre nach Geschäftsbeginn.

Gründerinnen und Gründer kommen am Gang zur Behörde nicht vorbei. Die erste Station auf dem Anmeldeweg ist die **Gewerbeanmeldung beim Gewerbeamt**. Diese Behörde informiert die zuständige **Industrie- und Handelskammer (IHK)**. Die Mitgliedschaft in der örtlichen IHK ist Pflicht.

Nach der Gewerbeanmeldung ist ein Gang zum Notar notwendig, um das neue Unternehmen beim Amtsgericht im **Handelsregister** eintragen zu lassen. Eine Eintragung ist nicht nötig, wenn als Rechtsform die Gesellschaft des bürgerlichen Rechts (GbR) gewählt wurde.

Wer einen Handwerksbetrieb gründet, muss sich bei der zuständigen **Handwerkskammer (HWK)** anmelden.

Das **Finanzamt** ist über die Gründung zu informieren. Die Existenzgründerin bzw. der Existenzgründer erhält eine Steuernummer.

Werden im neuen Unternehmen Mitarbeiterinnen oder Mitarbeiter beschäftigt, so sind diese bei den **Sozialversicherungen** anzumelden. Dazu erfolgt zuerst die Anmeldung bei der **Bundesagentur für Arbeit**. Diese vergibt eine Betriebsnummer für die Anmeldung bei den Sozialversicherungen. Mit der Betriebsnummer erfolgt die Anmeldung der Mitarbeiterinnen und Mitarbeiter bei deren Krankenkasse. Die **Krankenkasse** meldet die Beschäftigten bei der Pflegekasse und der Rentenversicherung an.

Die letzte Station ist die Anmeldung der Mitarbeiterinnen und Mitarbeiter bei der zuständigen **Berufsgenossenschaft** (Träger der gesetzlichen Unfallversicherung).

## 8.5 Rechtsformen von Unternehmen

1. **Was verbirgt sich hinter den Firmenbezeichnungen?**
2. **Welche Firmenbezeichnung trägt Ihr Ausbildungsbetrieb?**

Unternehmen lassen sich nach der Rechtsform in Einzelunternehmen und Gesellschaftsunternehmungen unterteilen.
Welche Unternehmungsform gewählt wird, hängt von verschiedenen Überlegungen ab:

- Kann das Kapital für den Betrieb von einer Person allein aufgebracht werden?
- Wer soll die Haftung übernehmen?
- Wie kann die Haftung verteilt oder eingeschränkt werden?
- Erfordert die Größe des Betriebes weitere Mitinhaber?
- Wie soll der Gewinn verteilt werden, wer trägt Verluste?

**Überblick über Unternehmensformen**

**Einzelunternehmung**

nur **eine** Person ist Unternehmer

**Gesellschaftsunternehmungen**

**zwei** oder **mehrere** Personen schließen sich zusammen

| Personengesellschaften | Kapitalgesellschaften | Genossenschaften |
|---|---|---|
| Die Personen (Gesellschafter) sind mit der Gesellschaft persönlich verbunden. Sie führen die Geschäfte und haften persönlich voll bzw. eingeschränkt. | Die Gesellschaft selbst ist eine juristische Person. Die Gesellschafter sind mit der Unternehmung nur durch ihr Kapital verbunden. | Sie sind eine juristische Person. Als Vereinigung fördern sie die wirtschaftlichen Belange ihrer Mitglieder durch gemeinsamen Geschäftsbetrieb. |
| **OHG** (offene Handelsgesellschaft)<br>**KG** (Kommanditgesellschaft)<br>**GmbH & Co. KG**<br>**Stille Gesellschaft**<br>**BGB-Gesellschaften (GbR)** | **AG** (Aktiengesellschaft)<br>**GmbH** (Gesellschaft mit beschränkter Haftung)<br>**Ltd.** (Limited Company)<br>**SE** (Societas Europaea) sog. Europa-AG | **eG** (eingetragene Genossenschaft) |

## 8.5.1 Die Einzelunternehmung

1. **Wie erklären Sie sich, dass die meisten Betriebe als Einzelunternehmung geführt werden?**
2. **In den letzten Jahren wurden auch im Handwerksbereich verstärkt Kapitalgesellschaften gegründet. Welche Gründe hat dies?**

Die häufigste Rechtsform ist die Einzelunternehmung. Die Gründung erfolgt durch den Inhaber und das Unternehmen erhält in der Regel als Firmenbezeichnung seinen Namen und Vornamen. Es können auch andere Firmenbezeichnungen gewählt werden, allerdings mit dem Zusatz „e. K.“, „e. Kfm.“ oder „e. Kffr.“. Das notwendige Kapital wird vom Firmengründer in den Betrieb eingebracht. Der Einzelunternehmer trägt allein die Verantwortung und entscheidet über Produktion oder Dienstleistung des Betriebes. Alleinige Entscheidung und Verantwortung bedeuten aber auch alleiniges Risiko für Gewinne und Verluste. Der Betriebsinhaber haftet für die Schulden des Betriebes mit seinem gesamten Vermögen, also mit dem Geschäfts- und dem privaten Vermögen.

1. **Weshalb ist die Einzelunternehmung noch immer die häufigste Rechtsform?**
2. **Welche Vor- und Nachteile sind mit der Einzelunternehmung verbunden?**
3. **Welche Gründe könnten einen Einzelunternehmer zur Umwandlung in eine Personengesellschaft veranlassen?**
4. **Beschreiben Sie die Voraussetzung für die Gründung eines Unternehmens.**
5. **Frauen sind als Einzelunternehmer unterrepräsentiert.
Diskutieren Sie diesen Sachverhalt.**

## 8.5.2 Personengesellschaften

Der Schreinermeister Heinz Kipper will seinen Betrieb modernisieren und erweitern. Dazu ist ein erheblicher Kapitalaufwand erforderlich. Zudem überlegt Herr Kipper, wie er in Zukunft die zusätzlichen Aufgaben personell bewältigen kann. Seine Tochter Marlene hat gerade ihre Meisterprüfung im Tischlerhandwerk bestanden. Der Sohn arbeitet im Verkauf des elterlichen Betriebes. Zusammen mit seinen Kindern prüft Schreinermeister Kipper, wie er seinen Betrieb für die zukünftigen Aufgaben umstrukturieren kann.
Marlene ist bereit, im elterlichen Betrieb mitzuarbeiten und Verantwortung zu übernehmen. Sie schlägt ihrem Vater vor, die Einzelunternehmung in eine Personengesellschaft umzuwandeln.

1. **Welche Vorteile verspricht sich Marlene für den Betrieb?**
2. **Welche Rechtsformen kommen infrage?**
3. **Was wird sich für Heinz Kipper ändern, wenn er sein Einzelunternehmen in eine Personengesellschaft umwandelt?**

Kennzeichnend für Personengesellschaften ist die Mitarbeit der Gesellschafter im Unternehmen. Sie sind Kapitalgeber, führen die Geschäfte und vertreten die Gesellschaft.

Nach der Verteilung von Risiko und Haftung sowie von Gewinn und Verlust lassen sich mehrere Rechtsformen unterscheiden.

**Die Offene Handelsgesellschaft – OHG**
Wenn zwei oder mehrere Personen eine Unternehmung gründen, kann dies in der Rechtsform der **Offenen Handelsgesellschaft (OHG)** erfolgen. In einem Gesellschaftsvertrag werden u. a. auch die Kapitaleinlagen der Gesellschafter und die Gewinnverteilung festgelegt. Ist keine vertragliche Vereinbarung getroffen, gilt die gesetzliche Regelung: Jeder Gesellschafter erhält 4 % seiner Kapitaleinlage; der Restgewinn wird zu gleichen Teilen (nach Köpfen) verteilt.

Alle Gesellschafter sind für den Betrieb verantwortlich und an der Geschäftsführung beteiligt. Der Firmenname muss den Zusatz OHG enthalten. Es können Personen-, Sach- oder Fantasienamen verwendet werden, z. B. Schwarz OHG, Schwarz & Co., Schwarz & Weiß, Schwarz & Sohn, Schwarz & Tochter, Holzdesign OHG, Ikarus OHG.

Jeder Gesellschafter hat das Recht, die OHG nach außen zu vertreten und Geschäfte abzuschließen. Die Haftung gegenüber den Gläubigern ist für jeden Gesellschafter umfassend; sie ist

- unmittelbar, d. h. persönlich;
- unbeschränkt, d. h., dass mit der Kapitaleinlage und dem Privatvermögen gehaftet wird;
- solidarisch, d. h., jeder Gesellschafter haftet für die Gesamtschulden der OHG, auch für die Schulden der anderen Gesellschafter.

Die umfassende Haftung bei der OHG setzt voraus, dass zwischen den Gesellschaftern ein großes Vertrauensverhältnis besteht. Die OHG findet sich deshalb häufig bei traditionellen Familienunternehmen, hauptsächlich im Handwerk. Bei Neugründungen ist der Anteil der OHG nur noch sehr gering.

## Die Kommanditgesellschaft – KG

Schreinermeister Heinz Kipper sieht durch die Bereitschaft seiner Tochter, im Betrieb mitzuarbeiten und ihn mitzuführen, die personellen Probleme als gelöst an. Allerdings ist die Frage nach der Beschaffung des notwendigen Kapitals noch offen. Ein Freund der Familie wäre bereit, in den Betrieb zu investieren. Bedingung für den Kapitaleinsatz ist eine gute Verzinsung; außerdem will er unter keinen Umständen für Verluste mit seinem Privatvermögen haften. Der Freund kann und möchte im Betrieb und in der Geschäftsführung nicht mitarbeiten.

1. **Warum kommt die Rechtsform der OHG nicht infrage?**
2. **Schreinermeister Kipper sieht in dem Angebot des Freundes wesentliche Vorteile gegenüber einem Bankkredit. Welche sind das?**

Viele Einzelunternehmer haben bei Erweiterung und Modernisierung des Betriebes Schwierigkeiten, das notwendige Eigenkapital aufzubringen. Hier bietet sich die Möglichkeit, eine Kommanditgesellschaft (KG) zu gründen. Diese Personengesellschaft entsteht, indem ein oder mehrere Geldgeber in die Einzelunternehmung oder in eine OHG aufgenommen werden. Sie werden aber nicht an der Geschäftsführung beteiligt.

Der wesentliche Unterschied zur OHG besteht darin, dass es in der KG zwei Arten von Gesellschaftern gibt. Mindestens ein Gesellschafter ist als **Vollhafter** (Komplementär) einzusetzen. Der oder die Gesellschafter haften als **Teilhafter** (Kommanditisten) nur mit ihrer Kapitaleinlage.

Der Komplementär hat die gleichen Rechte und Pflichten wie ein Einzelunternehmer oder die Gesellschafter einer OHG. Er führt die Geschäfte und vertritt die KG nach außen. Der Kommanditist hat lediglich ein Kontrollrecht und bei außergewöhnlichen Geschäften ein Widerspruchsrecht.

Die Firma der KG kann wie die OHG mit Personen-, Sach- oder Fantasienamen firmieren. Durch einen Zusatz muss verdeutlicht werden, dass es sich um eine Personengesellschaft handelt. Mögliche Bezeichnungen sind z. B. Schwarz KG, Schwarz & Co., Schwarz Mode KG, Elite 2000 KG.

Für die Gewinn- und Verlustverteilung gilt nach der gesetzlichen Regelung, dass jeder Gesellschafter 4 % Verzinsung seiner Kapitaleinlage erhält und der Rest angemessen verteilt wird. Oft ist im Gesellschaftsvertrag aber eine andere Regelung vorgesehen.

1. **Unter welchen Namen kann Schreinermeister Kipper seine Firma führen**
   **a) nach der Umwandlung in eine OHG,**
   **b) nach der Umwandlung in eine KG?**
2. **a) Worin unterscheidet sich die KG von der OHG?**
   **b) Was haben beide Unternehmensformen gemeinsam?**
3. **Was ist bei der Namensgebung der OHG zu beachten?**
4. **Die Gesellschafter einer OHG sind mit folgendem Kapital beteiligt:**
   **a) 700 000 €, b) 300 000 €, c) 200 000 €.**
   **Im abgelaufenen Geschäftsjahr ist ein Gewinn von 108 000 € erzielt worden. Errechnen Sie, wie der Gewinn nach der gesetzlichen Regelung auf die Gesellschafter verteilt wird.**

**Die GmbH & Co. KG**

Alle Beteiligten sind sich einig: Der Schreinerbetrieb Heinz Kipper soll in eine Personengesellschaft umgewandelt werden. Das zukünftige Risiko erscheint Vater und Tochter allerdings zu hoch.

Der Freund der Familie ist weiterhin bereit, sich finanziell am Betrieb zu beteiligen. Er schlägt deshalb beiden vor, eine GmbH mit einer KG zu verbinden. Damit könne für alle Beteiligten die Haftung mit dem Privatvermögen ausgeschlossen werden.

Mit folgendem Schema verdeutlicht der Freund die Rechtsform der GmbH & Co. KG:

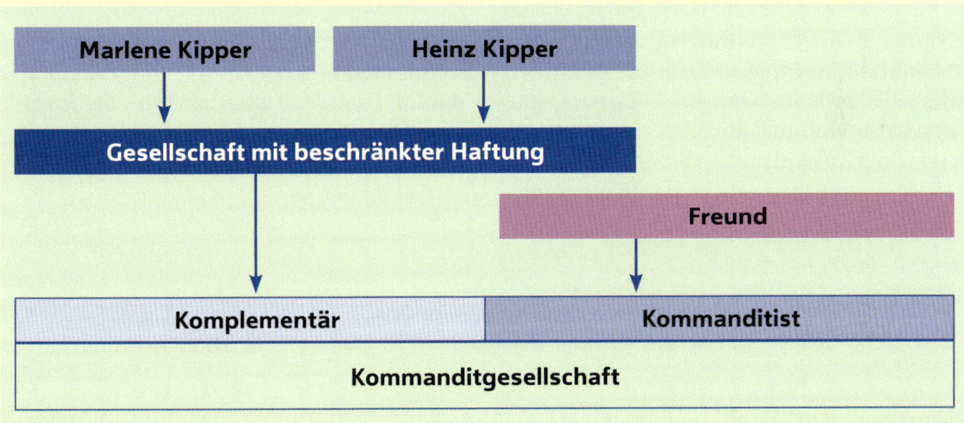


Die GmbH & Co. KG ist aus mehreren Gründen gerade für mittelständische Unternehmen interessant. Zum einen wird die Vollhaftung des Komplementärs auf das Stammkapital der GmbH (mindestens 25 000 Euro) beschränkt. Der Teilhafter haftet nur mit seiner Einlage. Zum anderen entstehen beim Tod des Komplementärs keine Nachfolgeprobleme, wie dies bei einer KG der Fall wäre. Häufig sind die Gesellschafter der GmbH auch gleichzeitig die Kommanditisten der KG.

Ein wichtiger Vorteil ist auch, dass die GmbH & Co. KG handels- und steuerrechtlich eine Personengesellschaft bleibt; damit ist sie auch nicht körperschaftsteuerpflichtig. Die Firma muss mit dem Zusatz GmbH & Co. KG ins Handelsregister eingetragen werden. Wegen der starken Haftungsbeschränkung ist zumeist die Kreditwürdigkeit dieser Unternehmensform eingeschränkt.

**Stille Gesellschaft**
Wenn eine Kapitalbeteiligung nach außen nicht erkennbar werden soll, bietet sich die Möglichkeit einer **stillen Gesellschaft** an. Die Einlage des Kapitalgebers (stillen Gesellschafters) geht in das Betriebsvermögen des Geschäftsinhabers über. Gewinn- und Verlustbeteiligung sind in einem Gesellschaftsvertrag vereinbart.

Die **Gesellschaft des bürgerlichen Rechts (GbR)** ist keine eingetragene Firma, sondern ein vertraglicher Zusammenschluss von zwei oder mehreren Personen zur Erreichung eines gemeinsamen Zieles (§ 705 ff. BGB); ein Beispiel für eine GbR ist die Lottogemeinschaft.

## 8.5.3 Kapitalgesellschaften

### Aktiengesellschaft – AG

**PUMA:**
**Vom Einzelunternehmen zur Kapitalgesellschaft**

Aus der kleinen Schuhfabrik ist eine weltweit tätige Sportartikelfirma entstanden. Das Unternehmen wurde 1924 als „Gebr. Dassler Schuhfabrik" gegründet. Erst Ende der 1950er-Jahre entstand der Name PUMA, nämlich die „PUMA-Schuhfabriken Rudolf Dassler KG". Mitte der 1980er-Jahre war ein hoher Kapitalbedarf notwendig, um das Unternehmen für die Zukunft zu rüsten. Mehr als 15 Mio. mussten in Sachanlagen investiert werden. Dazu war die Eigenkapitaldecke zu dünn. Die Konsequenz für die Gesellschafter war, das Unternehmen an der Börse einzuführen.

Deshalb wurde 1985 die Personengesellschaft in die „PUMA AG" umgewandelt. Seit 2011 ist das Unternehmen eine Europäische Aktiengesellschaft: PUMA SE. Die SE (Societas Europaea) entspricht in vielen Bereichen der AG.

*Autorentext*

1. **Skizzieren Sie die Entwicklung des Unternehmens.**
2. **Welche Gründe haben die Inhaber der KG dazu bewogen, eine AG zu gründen?**

Die Aktiengesellschaft (AG) bietet sich als Unternehmensform vor allem für Großunternehmen mit erheblichem Kapitalbedarf an. Für die Gründung ist ein Grundkapital von mindestens 50 000 € erforderlich. Das Grundkapital wird in Anteile (Aktien) gestückelt. Nach Erstellung des Gesellschaftsvertrags (Satzung) wird die AG durch eine oder mehrere Personen gegründet. Die Satzung bestimmt u. a.:

- Firmennamen und Sitz der Gesellschaft,
- Gegenstand des Unternehmens,
- Höhe des Grundkapitals (mindestens 50 000 €).

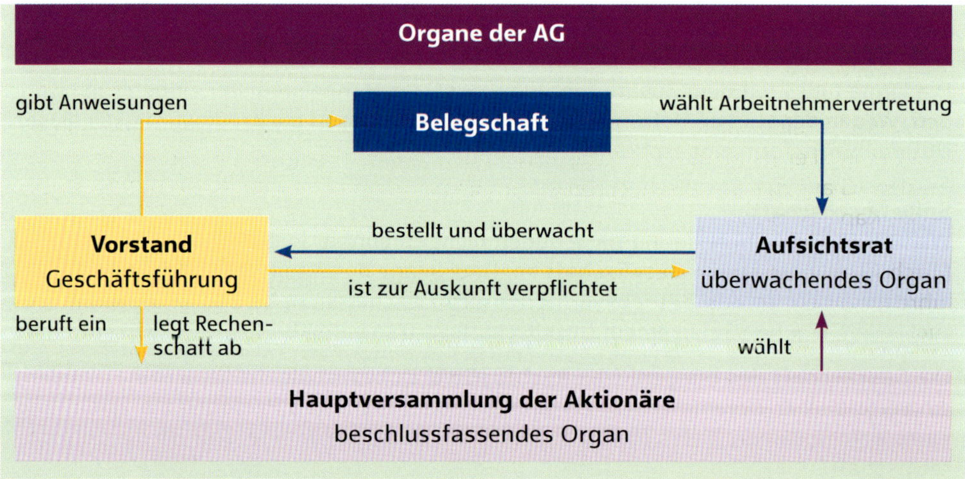

1. **Wie bildet sich der Kurs einer Aktie?**
2. **Aus welchen Gründen werden Aktien gekauft?**
3. **Mit welchem Anteil ist der Inhaber einer Aktie am Unternehmen beteiligt?**

Das Grundkapital einer AG wird in Aktien zerlegt. Eine Aktie ist ein Teilhaberschein eines Unternehmens. Aktien werden entweder als anonyme Inhaber- oder als Namensaktien ausgegeben. Die Aktionäre sind in Höhe ihres Aktienanteils am Unternehmen beteiligt. Bei der Hauptversammlung hat der Aktionär ein Stimmrecht entsprechend seiner Aktienanteile. Die jährliche Hauptversammlung entscheidet über Grundfragen der AG, z. B. Satzungsänderungen, Kapitalerhöhung und Gewinnverteilung.

Aktien werden an der Börse gekauft und gehandelt. Der Kurswert, der Preis für eine Aktie, wird hier durch Angebot und Nachfrage festgelegt; er kann erheblich vom Nennwert abweichen.

Mit dem Kauf einer Aktie stellt der Aktionär der AG Kapital zur Verfügung. Erzielt die AG Gewinn, wird er daran in Form einer Dividende (Gewinnanteil) beteiligt. Die Haftung ist bei der AG auf das Gesellschaftsvermögen beschränkt; jeder Aktionär trägt das Risiko seiner Kapitaleinlage.

Durch Ausgabe neuer Aktien kann die Aktiengesellschaft eine Kapitalerhöhung durchführen. Dabei haben zunächst die „alten" Aktionäre ein Anrecht auf neue Aktien (Bezugsrecht).

**Gesellschaft mit beschränkter Haftung – GmbH**

## Handelsregister

**Amtsgericht**
**99084 Erfurt**

HR B 1183 Erf – 10.10.15: HUS Gesellschaft für Hygiene-, Umwelt- und Sanierungstechnologien mbH, in Arnstadt (Weinstraße 77). Gegenstand des Unternehmens: Die Durchführung von Untersuchungen und Begutachtungen, die Herstellung und der Vertrieb von Arbeitsmaterialien der Umwelthygiene und Umweltchemie sowie Beratung und Durchführung von Sanierungen im Bereich der Wohnungs- und Umwelthygiene sowie die Entwicklung von Sanierungstechnologien. Stammkapital: 25 000 €.
Geschäftsführer: Dr. Hannes Waader, Biochemiker in Arnstadt, Sabine Waader, Hausfrau in Arnstadt, und Rainer Scherer, Technischer Zeichner in Bad Berka. Gesellschaft mit beschränkter Haftung. Der Gesellschaftsvertrag ist am 10. August 2015 geschlossen. Die Gesellschaft hat einen oder mehrere Geschäftsführer. Es können auch stellvertretende Geschäftsführer bestellt werden. Ist nur ein Geschäftsführer bestellt, vertritt er die Gesellschaft allein. Sind mehrere Geschäftsführer bestellt, so wird die Gesellschaft durch zwei Geschäftsführer gemeinschaftlich vertreten. Einzelnen Geschäftsführern kann durch Gesellschafterbeschluss Alleinvertretungsbefugnis erteilt werden. Dr. Hannes Waader und Sabine Waader sind jeweils alleinvertretungsberechtigt.

*Autorentext*

Wie der Name schon sagt, besteht für die Gesellschafter einer GmbH nur eine „beschränkte Haftung". Sie beschränkt sich auf das Stammkapital, das mindestens 25 000 € betragen muss.

Nach Abschluss eines Gesellschaftsvertrages wird die Firma im Handelsregister eingetragen. Hier werden u. a. der Gegenstand des Unternehmens, die Höhe des Stammkapitals, der/die Geschäftsführer sowie die Vertretung nach außen aufgeführt.

Organe der GmbH sind die Gesellschafterversammlung und die Geschäftsführung. Die Gesamtheit der Gesellschafter wählt und kontrolliert die Geschäftsführung. Bei Gesellschaften mit mehr als 500 Beschäftigten ist ein Aufsichtsrat notwendig. Gewinn und Verlust werden entsprechend dem Vertrag auf alle Gesellschafter verteilt. Die Geschäftsführung vertritt die Firma nach außen. Es ist auch möglich, dass ein Gesellschafter allein eine GmbH gründet (Eine-Person-GmbH). Existenzgründer mit wenig Stammkapital können auch eine sogenannte „Mini-GmbH" gründen. Für die haftungsbeschränkte Unternehmensgesellschaft – UG (haftungsbeschränkt) – ist lediglich 1 Euro Stammkapital pro Gesellschafter nötig. 25 % des Gewinns müssen jährlich im Unternehmen verbleiben und bis zum Stammkapital einer „normalen" GmbH angespart werden.

**Limited (Ltd) – private company limited by shares**
Als Alternative zur GmbH ist die Limited company (Ltd) als englische Rechtsform wegen ihrer geringen Gründungskosten für viele Existenzgründer eine neue Alternative. Im Gegensatz zur GmbH wird für die Gründung nur ein Stammkapital von mindestens 1 Pfund Sterling benötigt. Die Gründung erfolgt durch Antrag beim Companies House, dem zentralen englischen Gesellschaftsregister; hierzu ist kein Notar notwendig.

**Genossenschaft – eG**
Im Unterschied zu den übrigen Unternehmensformen steht bei der Genossenschaft nicht die Gewinnerzielung im Vordergrund. Vielmehr will die Genossenschaft ihre Mitglieder durch einen gemeinsamen Geschäftsbetrieb fördern. Genossenschaften können zu verschiedenen Zwecken gegründet werden, z. B. als:

- **Produktionsgenossenschaft** (Winzer, Brennerei, Molkerei);
- **Absatzgenossenschaft** (Obsterzeuger, Schreinerhandwerk);
- **Einkaufsgenossenschaften** (EDEKA);
- **Kreditgenossenschaften** (Volks- und Raiffeisenbanken);
- **Betriebsgenossenschaft** (Maschinenring).

Mindestens drei Personen (Genossen) sind zur Gründung einer Genossenschaft notwendig. Sie erstellen eine Satzung (Statut), in der u. a. die Geschäftsanteile und eventuelle Nachschusszahlungen geregelt sind. Die Genossenschaft wird im Genossenschaftsregister beim Amtsgericht eingetragen und erhält den Namenszusatz eG.

Ähnlich der AG hat die Genossenschaft drei Organe: Generalversammlung, Aufsichtsrat und Vorstand. Die Aufgabenverteilung entspricht der der AG. Anders als bei der Aktiengesellschaft hat jeder Genosse in der Generalversammlung – unabhängig von der Höhe seiner Beteiligung – eine Stimme.

| Unternehmensform | Gründung | Geschäftsführung, Vertretung | Haftung | Gewinnverteilung |
|---|---|---|---|---|
| Einzelunternehmung | allein | allein | allein, unbeschränkt | allein |
| OHG | mind. 2 Personen | jeder Gesellschafter | unmittelbar, unbeschränkt, solidarisch | 4 %, Rest nach Köpfen |
| KG | mind. 2 Personen | nur Komplementär | Komplementär wie OHG, Kommanditist mit Einlage | 4 %, Rest im angemessenen Verhältnis |
| GmbH & Co. KG | GmbH und KG | Geschäftsführer GmbH | Komplementär wie GmbH, Kommanditist mit Einlage | nach Vereinbarung |
| Stille Gesellschaft | Inhaber übernimmt stille Beteiligung | Geschäftsinhaber | stiller Gesellschafter mit Einlage | nach Vereinbarung |
| GbR (BGB-Gesellschaft) | mind. 2 Personen | jeder Gesellschafter | mit dem gesamten Vermögen | nach Vereinbarung |
| AG | eine oder mehrere Personen | Vorstand | Aktienbetrag | Dividende |
| GmbH Ltd. | eine oder mehrere Personen | Geschäftsführer | Geschäftsanteile | nach Vereinbarung |
| Genossenschaft | mind. 3 Genossen | Vorstand | Genossenschaftsanteile, ev. Nachschusspflicht | nach Geschäftsguthaben |

## 8.6 Unternehmenszusammenschlüsse

### Aluett verhandelt über Verkauf oder Übernahme

LANDAU. Die Aluett Leichtmetall-Räder GmbH & Co. KG und ihre Schwestergesellschaft Strato Leichtmetall-Räder GmbH verhandeln mit einem großen westdeutschen Felgenhersteller über Verkauf oder Übernahme des pfälzischen Unternehmens oder eine enge Kooperation. Ziel der Verhandlungen mit dem Felgenhersteller sei, so der geschäftsführende Gesellschafter beider Firmen, die erst vor zwei Jahren aufgenommene Produktion mit zurzeit 56 Beschäftigten zu erhalten. Die beiden Pfälzer Alufelgen-Fabriken produzierten im letzten Jahr rund 100 000 Leichtmetallräder und erreichten einen Umsatz von etwa 6,5 Millionen Euro. Aluett- und Stratofelgen werden in Deutschland über den Autozubehör- und Versandhandel vertrieben. Bei beiden Unternehmen ist die technische Produktionskapazität nicht ausgelastet. Für das Unternehmen sei es deshalb schwierig, für den stark umkämpften Markt wirtschaftlich zu produzieren.

*Autorentext*

**1. Warum verhandeln die Felgenhersteller mit einem Großunternehmen?**
**2. a) Welche Formen eines Zusammenschlusses kommen infrage?**
**b) Worin unterscheiden sie sich?**

In den letzten Jahren hat die Zahl der Unternehmenszusammenschlüsse weiter zugenommen. Dies erfolgt, um die Marktstellung zu festigen, auszubauen, neue Märkte zu erschließen oder die Produktpalette zu erweitern. Zusammenschlüsse erleichtern es oft, das erforderliche Kapital für wichtige Investitionen aufzubringen, z. B. für neue Technologien oder für Forschung und Entwicklung. Zukunftsprobleme, wie die Energieversorgung und die Lösung von Umweltproblemen, lassen sich durch die Zusammenarbeit von Unternehmen eher meistern. Die Wettbewerbsfähigkeit auf nationalen und internationalen Märkten wird gestärkt. Unternehmen, die in wirtschaftlichen Schwierigkeiten sind, können durch Zusammenschluss erhalten und Arbeitsplätze gesichert werden.

Es gibt verschiedene Möglichkeiten und Formen, wie Unternehmen zusammenarbeiten bzw. sich zusammenschließen können:

- **Kooperation** (Zusammenarbeit), wenn die beteiligten Unternehmen in ihrer Selbstständigkeit nur unwesentlich eingeschränkt werden, z. B. Franchising, Kartelle.
- **Konzentration** (Zusammenschluss), wenn durch Kapitalbeteiligung oder Übernahme einzelne Unternehmen ihre Selbstständigkeit teilweise oder ganz verlieren, z. B. Konzern, Trust.

Die zunehmenden Zusammenschlüsse von Unternehmen können auch Gefahren für eine funktionierende Marktwirtschaft beinhalten. Denn mehr Konzentration bedeutet auch gleichzeitig weniger Wettbewerb unter den Anbietern und weniger Auswahl für den Verbraucher. Mit dem Gesetz gegen Wettbewerbsbeschränkungen (Kartellgesetz) wurde ein Instrument geschaffen, diese Gefahren einzudämmen.

## Formen der Kooperation

### Millionenbuße für Haribo und Einzelhändler

Wegen verbotener Preisabsprachen hat das Bundeskartellamt Geldstrafen in einer Höhe von insgesamt 48,5 Millionen Euro verhängt. Für Fruchtgummis und Lakritze der Marke Haribo musste der Verbraucher jahrelang erhöhte Preise bezahlen. Der Süßwarenhersteller hatte mit großen Einzelhandelsunternehmen wie Edeka, Rewe, Kaufland, Metro und Aldi illegal Mindestverkaufspreise vereinbart.
Haribo überwachte die Ladenverkaufspreise und schritt umgehend ein, wenn eine Unterschreitung der festgelegten Preisuntergrenze durch einen Händler drohte.

*Autorentext nach dem Fallbericht B 10-040/14 des Bundeskartellamtes*

1. **Was sind Kartelle?**
2. **Welche Absprachen hat der Süßwarenhersteller getroffen?**
3. **Warum bestraft das Kartellamt diese Absprachen?**

Kartelle sind vertragliche Absprachen von Unternehmungen (oft aus der gleichen Branche), um bestimmte wirtschaftliche Vorteile zu erzielen. Die Unternehmen bleiben rechtlich selbstständig, sie verlieren jedoch teilweise ihre wirtschaftliche Unabhängigkeit. Durch das Kartell wollen die beteiligten Unternehmen Markt und Wettbewerb in ihrem Inte-resse beeinflussen.

Kartelle, die den Wettbewerb beeinträchtigen oder einschränken, sind grundsätzlich durch das Gesetz gegen Wettbewerbsbeschränkungen untersagt. Für die Bundesrepublik Deutschland überwacht das Bundeskartellamt in Berlin die Einhaltung des Gesetzes. Im Rahmen der EU ist die Kartellbehörde in Brüssel zuständig.
Grundsätzlich **verboten** sind folgende Absprachen:

- **Preiskartelle:** Für Waren oder Dienstleistungen werden gleiche Preise vereinbart.
- **Mengenkartelle:** Auf dem Markt wird das Angebot beschränkt.
- **Gebietskartelle:** Der Markt wird zwischen den Anbietern aufgeteilt.
- **Produktionskartelle:** Die Anbieter begrenzen ihre Produktpalette.

Das Kartellgesetz (§ 2 GWB) lässt eine Reihe von Kartellen zu. Wenn Unternehmen Vereinbarungen treffen, müssen sie prüfen, ob die positiven Wirkungen größer sind als die wettbewerbsbeschränkenden Wirkungen. Ist dies der Fall, sind sie vom Kartellverbot freigestellt. Solche Ausnahmen sind z. B.:

- **Verbraucherbeteiligung am Gewinn,**
- **wirtschaftlicher Nutzen (Effizienzgewinn),**
- **keine Wettbewerbsausschaltung,**
- **nur kartellbezogene Auflagen (Unerlässlichkeit).**

# Formen der Konzentration

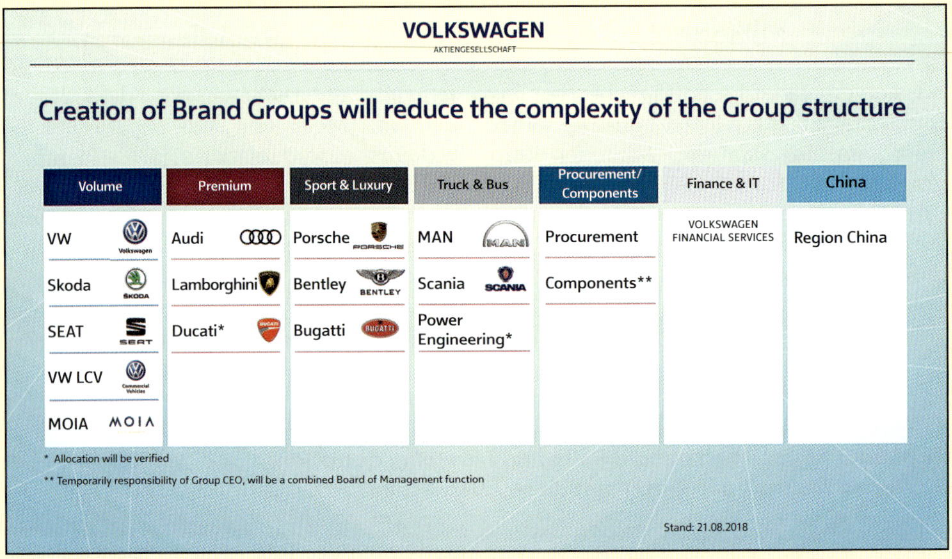


1. **In welchen Wirtschaftsbereichen ist der VW-Konzern tätig?**
2. **Warum werden die Unternehmen unter ihrem alten Firmennamen weitergeführt?**

Wenn selbstständige Unternehmen wirtschaftlich zusammengefasst werden, entsteht ein **Konzern**. Die wirtschaftliche Leitung liegt bei der **Muttergesellschaft** (Konzernspitze), die übernommenen **Tochtergesellschaften** bleiben jedoch rechtlich selbstständig. Die Übernahme oder Beteiligung bei einer Aktiengesellschaft erfolgt durch den Kauf von Aktienanteilen, bei der GmbH geschieht dies durch den Aufkauf von Gesellschafteranteilen. Die Gründe für die Konzernbildung sind vielfältig. So spielten bei der Volkswagen Aktiengesellschaft die Ergänzung des Produktprogramms, Expansionschancen, Kostensenkungen im Rahmen der internationalen Arbeitsteilung in einem globalen Produktionsverbund und die Streuung der Risiken eine wichtige Rolle.

Eine **Holdinggesellschaft** übernimmt die Verwaltung eines Konzerns, der aufgrund seiner verschiedenen Unternehmensbereiche unübersichtlich ist. Die Holding übernimmt die Kapitalanteile zur Verwaltung, hat selbst jedoch keine Produktionsstätten.

Der **Trust** ist die engste Form eines Zusammenschlusses von Unternehmen. Ein Trust entsteht durch die Übernahme eines Unternehmens durch ein anderes Unternehmen **(Fusion)**. Die wirtschaftliche und rechtliche Selbstständigkeit des übernommenen Unternehmens geht dabei verloren. Es ist aber auch möglich, dass zwei oder mehrere Unternehmen zu einem neuen Unternehmen verschmelzen (**Neugründung**).

Wichtigstes Instrument, um die Unternehmenskonzentration zu kontrollieren, ist das **Gesetz gegen Wettbewerbsbeschränkungen**. Das Bundeskartellamt bzw. die EU-Kartellbehörde können Unternehmenszusammenschlüsse, durch die eine marktbeherrschende Stellung entstehen oder eine bestehende verstärkt würde, verbieten. Zudem kann das Kartellamt gegen marktbeherrschende Unternehmen vorgehen, wenn sie ihre Machtstellung missbrauchen.

## 8.7 Unternehmensinsolvenz

### Hoffnung für Möbelhersteller trotz Insolvenz

Nach dem Insolvenzantrag versucht der Insolvenzverwalter die Produktion wieder in Gang zu bringen. Voraussetzung für eine erfolgreiche Sanierung des Unternehmens ist, dass die Lieferanten wieder bereit sind, Spanplatten und andere Materialien zu liefern. Denn die Auftragsbücher des insolventen Möbelherstellers sind voll. Der Insolvenzverwalter ist guter Dinge, dass die Arbeitsplätze vieler Mitarbeiter gerettet werden können. Im nächsten Schritt soll ein neuer Investor und Käufer für die Übernahme des Traditionsunternehmens gefunden werden.

*Autorentext*

1. **Was bedeutet Insolvenz?**
2. **Welches Ziel verfolgt ein Insolvenzverfahren?**
3. **Welche Aufgabe hat der Insolvenzverwalter?**

Gerät ein Unternehmen in Zahlungsunfähigkeit (Insolvenz) und ist eine außergerichtliche Einigung mit den Gläubigern nicht möglich, wird das gerichtliche Insolvenzverfahren eingeleitet. Dazu muss vom Schuldner oder vom Gläubiger beim zuständigen Amtsgericht ein Antrag auf Eröffnung des Verfahrens gestellt werden.

Das Amtsgericht bestellt einen Insolvenzverwalter, der die Insolvenzmasse, also das gesamte Vermögen des Unternehmens, erfasst.

Ziel des Insolvenzverfahrens ist es, die Fortführung eines angeschlagenen Unternehmens zu ermöglichen, sodass eine Zerschlagung verhindert werden kann. Damit lassen sich auch Arbeitsplätze sichern.

Der Insolvenzverwalter erarbeitet einen Insolvenzplan, um
- die Gläubiger so weit wie möglich zu befriedigen,
- das Unternehmen zu sanieren oder
- Investoren für die Übernahme des Unternehmens zu finden. Wenn Aussicht auf Sanierung gegeben ist, ist ein „Schutzschirmverfahren“ möglich. Das Unternehmen kann in Eigenverantwortung weitergeführt werden.

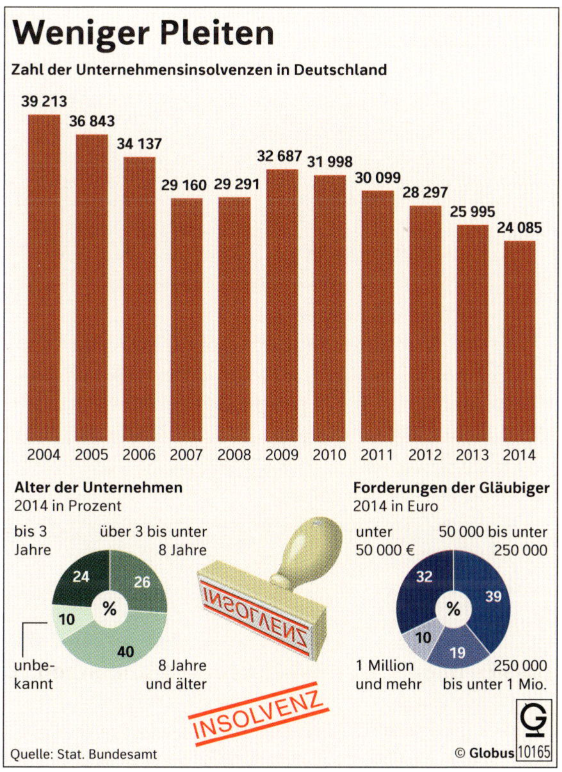

## Zur Wiederholung

1. Nennen Sie die wichtigsten Voraussetzungen für die Gründung eines Unternehmens:
   a) persönlicher Art, b) fachlicher Art, c) rechtlicher Art.
2. Was versteht man unter einem Start-up-Unternehmen?
3. Erläutern Sie das Prinzip von Franchising.
4. Worin unterscheidet sich die Haftung der Gesellschafter einer OHG von der einer KG?
5. Erklären Sie bei der KG die Begriffe „Kommanditist" und „Komplementär".
6. Frau Münch und Frau Heinz gründen eine Mode-Boutique. Unter welchen Namen könnten sie die Firma führen, wenn sie als Rechtsform
   a) eine OHG, b) eine KG, c) eine GmbH wählen?
7. Frau Münch und Frau Heinz lassen sich bei der Industrie- und Handelskammer beraten. Der Berater erklärt ihnen, dass in der Regel eine OHG kreditwürdiger ist als eine GmbH & Co. KG. Prüfen Sie, ob der Berater recht hat.
8. Frau Münch und Frau Heinz haben sich für die Rechtsform einer OHG entschieden. Entwerfen Sie einen Gesellschaftsvertrag für eine OHG. Berücksichtigen Sie dabei, dass Frau Münch doppelt so viel Kapital einbringt wie Frau Heinz.
9. Listen Sie auf, bei welchen Behörden und Stellen Frau Münch und Frau Heinz ihr neues Unternehmen anmelden müssen.
10. Nennen Sie die Organe der AG und erläutern Sie deren Aufgaben.
11. Erläutern Sie, weshalb gerade die GmbH & Co. KG für mittelständische Unternehmen interessant ist.
12. Beschreiben Sie den Gründungsvorgang einer GmbH & Co. KG.
13. Bei über 80 % der Neugründungen von Unternehmen wird die GmbH als Rechtsform ins Handelsregister eingetragen. Wie erklären Sie sich die Beliebtheit dieser Unternehmensform?
14. Aus dem Wirtschaftsteil einer Tageszeitung: „Die **Hauptversammlung** hat nach heftiger Diskussion dem **Vorstand** Entlastung erteilt. Streitpunkte waren vor allem die **Kursverluste** der letzten Monate und die vorgeschlagene magere **Dividende.** Die Hauptversammlung hat einer Kapitalerhöhung zugestimmt; das **Bezugsrecht** soll 3:1 betragen."
    a) Um welche Unternehmensform handelt es sich?
    b) Erläutern Sie die im Text markierten Begriffe.
15. a) Erklären Sie den Unterschied zwischen dem Stimmrecht eines Genossen und dem eines Aktionärs.
    b) Auf welche Grundgedanken ist dies zurückzuführen?
    c) Nennen Sie Beispiele für Unternehmen, die genossenschaftlich organisiert sind.
16. Welche Gründe führen zu Unternehmenszusammenschlüssen?
17. Welche Gefahren sehen Sie, wenn ein Produkt nur von einigen wenigen Firmen angeboten wird?
18. Erläutern Sie, weshalb
    a) bestimmte Kartelle grundsätzlich verboten sind,
    b) andere genehmigt werden können.
19. Erläutern Sie die Aufgaben der Kartellbehörden.

# Handlungsimpulse

## A Einen Behördenführer erstellen

Die Gründung oder Übernahme eines Unternehmens erfordert die Anmeldung bei verschiedenen Behörden.
Erstellen Sie in Gruppenarbeit einen Behördenführer für Existenzgründer in Ihrem Berufsfeld. Führen Sie darin alle wichtigen Behörden Ihrer Region mit Adressen und Ansprechpartnern auf.

## B Eine Checkliste für Existenzgründer erarbeiten

Jeder, der ein Unternehmen gründen oder übernehmen will, sollte sich die Chancen und Risiken vor Augen führen.
Erarbeiten Sie in Gruppenarbeit eine Checkliste für Existenzgründer in Ihrem Berufsfeld.

## C Einen Gesellschaftsvertrag entwerfen

Sie wollen zusammen mit einem Partner bzw. einer Partnerin ein Unternehmen übernehmen und es in Form einer GbR weiterführen.
Entwerfen Sie einen Gesellschaftsvertrag für die neue GbR.
Achten Sie auf möglichst eindeutige Vereinbarungen, um Streitigkeiten oder Unklarheiten zu vermeiden.

## D Argumente für und wider Unternehmenszusammenschlüsse präsentieren

Die Konzentration von Unternehmen auf dem deutschen und internationalen Markt schreitet weiter voran.
Sammeln Sie in Gruppenarbeit aktuelle Beispiele.
Erarbeiten Sie die Vor- und Nachteile von Unternehmenszusammenschlüssen und präsentieren Sie Ihre Ergebnisse (z. B. in Form einer Wandtafel).

## E An einem Planspiel teilnehmen, z. B.

www.dgp-schueler.de/top/

**StartUp-Werstatt/Deutscher Gründerpreis** ist das größte Existenzgründer-Planspiel für Schüler ab Klasse 9 von allgemein- und berufsbildenden Schulen. In Teams gründen die Jugendlichen fiktive Unternehmen und lernen so spielerisch die Welt der Wirtschaft kennen. Über praxisorientierte Aufgaben knüpfen sie erste Kontakte zu echten Unternehmern. Jedes Teammitglied übernimmt einen eigenen Verantwortungsbereich, selbstständiges Denken und Handeln werden gefördert. Die Schüler stärken dabei ihre Team- und Führungsqualitäten und beweisen über vier Monate ihre Fähigkeit, komplexe Fragestellungen mit Engagement und Kreativität zu lösen. Auf diese Weise sammeln sie Erfahrungen, die eine frühzeitige berufliche Orientierung und Qualifikation ermöglichen. Bei erfolgreicher Teilnahme erhalten die Schüler ein individuelles Juryfeedback und ein Teilnahmezertifikat für spätere Bewerbungsunterlagen. Spielplattform ist das Internet.

# Sachwortverzeichnis


**A**

Abmahnung 24
Abnahme 75
Absatz 162
Absatzmarkt 155
Absatzweg 163
Aktie 132
Aktien 183
Aktiengesellschaft (AG) 182
Allgemeine Geschäftsbedingung 78, 81
Allgemeines Gleichbehandlungsgesetz (AGG) 43
Anfrage 73
Angebot 74
Anlageform 132
Annahme 75
Arbeit 139
Arbeitgeberverband 61
Arbeitnehmerorganisation 60
Arbeitnehmersparzulage 133
Arbeitsgerichtsbarkeit 47
Arbeitskampf 54, 64
Arbeitsmittelbenutzungsverordnung 36
Arbeitsschutz 17
Arbeitsschutzbestimmung 18
Arbeitssicherheitsgesetz 36
Arbeitsstättenverordnung 36
Arbeitsstrukturierung 32
Arbeitsvertrag 14
Arbeitszeitgesetz 23
Aufsichtsrat 182
Ausbildungsordnung 12
Ausbildungsverhältnis 8
Aussperrung 64
Auszubildendenvertretung 55
Automatisierung 161

**B**

Barzahlung 112
Bausparen 132
Bedarf 122
Bedürfnis 41, 44, 122
Berufsausbildung 8
Berufsausbildungsvertrag 12
Berufsbildungsgesetz (BBiG) 11, 13
Berufsgenossenschaft 34
Berufskrankheit 32
Berufung 47
Beschaffung 156
Beschaffungsmarkt 155
Bestellung 75
Betrieb 39, 151
Betriebliche Grundfunktion 155
Betriebliche Kennziffer 168
Betriebsklima 43
Betriebsrat 51, 52, 56
Betriebsratswahl 56
Betriebsvereinbarung 43
Betriebsverfassungsgesetz 49
Betriebsversammlung 54
Bezahlung 75
Beziehung, formelle 41
Beziehung, soziale 41
Biostoffverordnung 36
Boden 139
Bundesurlaubsgesetz 23
Bürgschaft 135

**D**

Dauerauftrag 115
Debitkarte 117
Deflation 146
Dienstleistung 123
Dienstvertrag 106
Digitalisierung 173
Dispositionskredit 116, 135
Duales System 10, 11

**E**

E-Commerce 104
Eigenfinanzierung 158
Eigentumsvorbehalt 83
Einigungsstelle 52, 54
Einzelfertigung 160
Einzelunternehmung 177, 178
Elterngeld 28
Elternzeit 28
Erfüllungsort 84
Ergonomie 31
Existenzgründung 171

**F**

Facharbeiterausbildung 9
Fernabsatzgesetz 105
Festgeld 132
Finanzierung 155
Fixkauf 88
Fließfertigung 161
Förderprogramm 176
Franchising 173
Fremdfinanzierung 158
Führungsstil 44

**G**

Gefahrstoff 34
Gefahrstoffverordnung 36
Geldkarte 117
Geldkreislauf 143
Genossenschaft 185
Gerätesicherheitsgesetz 36
Gerichtsstand 84
Geschäftsfähigkeit 68, 70, 71, 72
Geschäftsunfähigkeit 71
Gesellschaft mit beschränkter Haftung (GmbH) 184
Gesellschaftsunternehmung 177
Gesetz gegen Wettbewerbsbeschränkungen (GWB) 188
Gewährleistungsfrist 86
Gewerbeaufsichtsamt 20, 23
Gewerkschaft 61
Gläubigerverzug 91
GmbH & Co. KG 181
Gruppenfertigung 161
Güter 123
Güterkreislauf 143
Gütliche Einigung 47

**H**

Handelsgesetzbuch (HGB) 68
Hauptversammlung 182
Hemmung 97
Holdinggesellschaft 188
Humanisierung 31
Hypothek 135

**I**

Inflation 145
Influence-Marketing 128

**J**

Jugendarbeitsschutz 20
Jugendarbeitsschutzbestimmung 21
Jugendarbeitsschutzgesetz 17
Jugendvertretung 55
Juristische Person 69

**K**

Kapital 139
Kapitalbeschaffung 158
Kapitalgesellschaft 182
Kartell 187
Käufer 86
Kaufvertrag 73, 76, 83
Kinderarbeit 17, 18, 20
Kommanditgesellschaft (KG) 180
Kommanditist 180
Komplementär 180
Konsum 129
Kontokorrentkredit 135
Konventionalstrafe 89
Konzentration 186
Konzern 188
Kooperation 186
Kostendeckung 167
Kredit 134, 135
Kreditkarte 117
Kundenkarte 117
Kündigung 12, 24, 25
Kündigungsfrist 24

Kündigungsschutz 24, 26
Kündigungsschutzgesetz 25

L
Lastschriftverfahren 116
Lean Production 32
Leasingvertrag 108
Lieferungsbedingung 77
Limited (Ltd) 184

M
Mahnverfahren 93, 94
Marktforschung 162
Massenfertigung 160
Maximalprinzip 142
Mietvertrag 100
Minimalprinzip 142
Mitbestimmung 57, 59
Mitbestimmungsrecht 53
Mittelstand 171
Mutterschutz 27
Mutterschutzgesetz 27

N
Nacherfüllung 86
Nachhaltigkeit 142
Nachnahme 114
Natürliche Person 69
Neugründung 173
Nicht-Rechtzeitig-Lieferung 88
Nicht-Rechtzeitig-Zahlung 92
Notverkauf 91

O
Offene Handelsgesellschaft (OHG) 179
Ökonomisches Prinzip 141
Organigramm 152

P
Pachtvertrag 101
Peer-to-Peer-Sharing 125
Personalbeschaffung 157
Personalvertretungsgesetz (PersVG) 50
Personengesellschaft 179
Pfändung 95
Preisgestaltung 163
Probezeit 12
Produktgestaltung 163
Produkthaftungsgesetz 87
Produktion 160
Produktionsfaktor 139
Produktivität 168
Produktsicherheitsgesetz 36

R
Ratenkauf 98
Ratenkreditvertrag 134
Recht 123
Rechtsfähigkeit 68, 69
Rechtsform 177
Rentabilität 168, 170
Rentenpapier 132
Revision 47
Rollenkonflikt 40

S
Schadenersatz 86
Scheck 114
Schlechtleistung 85
Schlichtungsspruch 64
Schufa 135
Schwerbehindertenschutz 29
Schwerbehindertenvertretung 30
Schwerbehinderter 29
Selbstfinanzierung 158
Selbsthilfeverkauf 91
Serienfertigung 160
Sharing Economy 125
Sicherungsübereignung 135
Sortenfertigung 160
Soziales System 39
Sozialpartner 60
Sparbrief 132
Spareinlage 132
Sparen 129, 130
Sparförderung 133
Sparquote 129
Start-up 173
Stille Gesellschaft 181
Streik 64

T
Tarifautonomie 62
Tarifvertrag 62, 63
Technischer Arbeitsschutz 33
Termingeld 132
Trust 188

U
Überschuldung 136
Unfallverhütungsvorschrift 34, 35
Unternehmenszusammenschluss 186
Urabstimmung 64

V
Verbraucherinsolvenz 136
Verbrauchervertrag 73
Verjährung 96, 97
Verjährungsfrist 96
Vermögensbildung 130
Versicherungssparen 132
Vertragsfreiheit 14
Vorstand 182

W
Währung 145
Wechselkurs 145
Werbemittel 163
Werklieferungsvertrag 106
Werkstattfertigung 161
Werkvertrag 106
Wertschöpfungskette 150
Wirtschaftlichkeit 168, 169
Wirtschaftskreislauf 143, 144

Z
Zahlschein 114
Zahlung, bargeldlose 112
Zahlung, halbbare 112
Zahlungsart 112
Zahlungsbedingung 79

# Bildquellenverzeichnis

**akg-images GmbH, Berlin:** akg-images 148; Hine, Lewis W. 17.

**AVERY ZWECKFORM GmbH, Oberlaindern/Valley:** 112, 114.

**BC GmbH Verlags- und Medien-, Forschungs- und Beratungsgesellschaft, Ingelheim:** 37, 37, 37, 37, 37, 37, 37, 37, 37, 37, 37, 37, 37.

**Bergmoser + Höller Verlag AG, Aachen:** 28, 31, 48, 107, 168, 178.

**Bundesministerium für Wirtschaft und Energie, Berlin:** 174, 175.

**Deutsche Postbank AG, Bonn:** 113.

**DIHK Deutscher Industrie- und Handelskammertag e.V., Berlin:** 10, 70.

**DriveNow GmbH & Co. KG, München:** 126.

**EURO Kartensysteme GmbH, Frankfurt am Main:** 117.

**Foto Stephan - Behrla Nöhrbaß GbR, Köln:** 52.

**fotolia.com, New York:** Alexander Raths 122; Arsgera 163; Fatman73 122; hanaschwarz 163; Hannes Eichinger 27; Petrus Bodenstaff 183; PhotoMan 122.

**Hild, Claudia, Angelburg:** 119, 149.

**Institut für ökologische Wirtschaftsforschung (IÖW), Berlin:** 125, 126.

**iStockphoto.com, Calgary:** DNY59 122; FARBAI 118; hanibaram 122; SolStock 21; sturti 7.

**Jouve Germany GmbH & Co. KG, München:** 58, 133.

**Picture-Alliance GmbH, Frankfurt/M.:** Baumgarten, Ulrich 60; dpa-infografik 9, 19, 19, 30, 35, 61, 65, 92, 104, 104, 126, 128, 129, 130, 134, 138, 171, 174, 174, 189; dpa/ Dürrwald, Hans 141; dpa/Mirgeler, Lino 64; dpa/Stein, Silas 7; Eckes 121; Kjer, Inga 105.

**Stiftung Warentest, Berlin:** 73.

**stock.adobe.com, Dublin:** 279photo 116; Africa Studio 151; contrastwerkstatt 76, 83; Daniel Ernst 41; Darren Baker 20; ehrenberg-bilder 21; Eisenhans 140; Firma V 29; fisherman3d 110; Gina Sanders 76, 83; guruXOX 160; industrieblick 160; JackF 171; Jörg Lantelme 171; LIGHTFIELD STUDIOS Titel; m.kie 111; Martinan 20; MoreVector 78; Petinovs 159; pictworks 39, 41; pressmaster 111; spotmatikphoto 7; Stockfotos-MG 115; Thorben Wengert 111; tournee 108.

**VDE Prüf- und Zertifizierungsinstitut GmbH, Offenbach:** 36, 36, 36.

**Volkswagen AG, Emden:** 188.

**Wetterauer, Oliver, Stuttgart:** 32, 32, 33, 109, 109, 109, 109.

**Wilk, Jacek, Myslakowice:** 131.

Wir arbeiten sehr sorgfältig daran, für alle verwendeten Abbildungen die Rechteinhaberinnen und Rechteinhaber zu ermitteln. Sollte uns dies im Einzelfall nicht vollständig gelungen sein, werden berechtigte Ansprüche selbstverständlich im Rahmen der üblichen Vereinbarungen abgegolten.